成年监护社会学

[日] 税所真也 ◎ 著
胡澎　卞显乐 ◎ 译

世界知识出版社

© SAISHO Shinya　2020
Simplified Chinese Edition Copyright © WORLD AFFAIRS PRESS
All rights reserved.

图书在版编目（CIP）数据

成年监护社会学／（日）税所真也著；胡澎，卞显乐译 . --北京：世界知识出版社，2024.2
ISBN 978-7-5012-6694-4

Ⅰ.①成… Ⅱ.①税… ②胡… ③卞… Ⅲ.①成年人—监护制—研究—日本 Ⅳ.①D931.33

中国国家版本馆 CIP 数据核字（2023）第 199509 号

图字：01-2023-4343 号

责任编辑	刘豫徽
责任出版	李　斌
责任校对	张　琨
书　　名	成年监护社会学 Chengnian Jianhu Shehuixue
作　　者	［日］税所真也
译　　者	胡澎　卞显乐
出版发行	世界知识出版社
地址邮编	北京市东城区干面胡同51号（100010）
经　　销	新华书店
网　　址	www.ishizhi.cn
电　　话	010-65233645（市场部）
印　　刷	北京虎彩文化传播有限公司
开本印张	880 毫米×1230 毫米　1/32　12$\frac{1}{4}$印张
字　　数	240 千字
版次印次	2024 年 2 月第一版　2024 年 2 月第一次印刷
标准书号	ISBN 978-7-5012-6694-4
原著书号	ISBN 978-4-326-60328-2
定　　价	68.00 元

版权所有　侵权必究

本书中文版获得"公益财团法人三得利文化财团"2022年度海外出版资助及"独立行政法人日本学术振兴会"2022、2023年度研究成果公开促进费（学术图书）（22HP6004）出版资助

This publication was supported by the Suntory Foundation's financial support and JSPS KAKENHI Grant Number JP22HP6004

序 一

当今日本的人口老龄化率为28%，是世界上老龄化程度最深的国家。

很多人希望直到生命的最后一刻都是健康、意识清醒的……但现实生活中实现的概率很低。在伴随衰老产生的各种担忧之中，人们最恐惧的是失去判断力和决定能力。据说每五个老年人中就有一人患有认知症。年龄越大认知症的发病率越高。这一概率不会因民族不同而有差异。认知症目前是一种连原因、预防方法、治疗方法都没有搞清楚的疾病。不仅如此，有医生都认为认知症不是"病"，不过是单纯的年龄增长出现的现象。如果不可能避免，就有必要提前做好准备。

到目前为止，主要是由家人代替那些丧失自我决定能力的老年人去做决定，然而，随着长寿化和少子化的进展，出现了没有家人、失去家人、想依靠的家人却没有照顾能力、有家人但住得很远、不想依靠家人……的群体，而且家人并不一定代表老年人的"最佳利益"。家人也可能站在老年人利益的对立面。这样一来，就有必要将自我决定权委托给家人以外的第三方，于是产生了成年监护制度。不仅仅是老年人需要这一制度，失去父母的残障儿童以及残障人士也需要能够维护自身权利的成年监护人。

成年监护制度诞生于 1999 年，即便在日本也只有很短的历史。即便如此，成年监护制度自诞生之日起一直进行着种种尝试，在试错的过程中不断积累实践案例。成年监护制度是一种什么样的制度呢？这一制度什么地方存在问题？应该托付谁担任成年监护人呢？监护人又能帮自己做多少事呢？成年监护人真的值得信赖吗？要花多少钱呢？等等。

本书是社会学者税所真也从成年监护的制度与运用两方面对日本经验进行的实证研究。成年监护是把自己的生命和财产托付出去，因此责任重大，必须讲究信用。成年监护人的负面新闻也曾被报道。虽然成年监护制度的课题堆积如山，但自该制度实施以来，人们对成年监护的需求一直在增加，预计今后也会越来越多。成年监护对于高龄社会来说是一种不可或缺的制度。

税所先生尤为关注民间非营利组织（NPO）践行的成年监护事业。那些不以营利为目的、充满善意的人们实践的成年监护事业也许看起来有点理想主义，但现实的市民社会中有这样一群相互支持的人的存在给我们带来了希望。

经历了压缩的现代化的东亚社会在人口少子老龄化方

序 一

面也急速地追赶着日本，中国也不例外。对中国的老龄化社会来说，日本的经验一定会有借鉴意义的。一个即便想依靠家人但无家人可依靠的社会已经等候在我们面前了。

上野千鹤子

日本社会学家

东京大学名誉教授

认定非营利组织法人"女性行动网络"理事长

序 二

我们处于一个大变革的时代，老龄化浪潮席卷而来，人口结构叠加家庭结构的变动深刻地重塑着经济与社会的方方面面。随着老龄化程度不断加深，社会关注的焦点逐渐从宏观到微观、从经济影响到民生福利、从经济保障到身体照护。2019年，上海一位88岁孤寡老人将价值300万元的房产送水果摊主的新闻引发全社会的关注与热议，很多人开始了解到成年监护问题。这代表着深度老龄化社会中认知症老年人意识代理问题的冰山一角浮出水面。

认知症？目前看似遥远、鲜有涉猎、于己无关的词汇，在社会进入深度老龄化阶段后，将频繁地出现在媒体报道中、身边亲友之间，甚至我们自身也难以置身事外。中国老龄协会2021年发布的《认知症老年人照护服务现状与发展报告》预测，到2030年，我国认知症老年人的数量将达到2 220万，而到2050年，这一数字将升至2 898万，超过75岁的老年人中，将有10%的人患有认知障碍，而超过85岁的老年人中，将有三分之一的人患有此症。

当老年人由于认知障碍而失去完全的民事行为能力时，

序 二

他们就成为限制民事行为能力人或无民事行为能力人，这时就需要一位成年监护人来代理他们的意愿。在传统社会中，这一功能通常由配偶或子女承担，我国民法典也对此有着明确的规定。然而，随着离婚率的上升、不婚率的增加以及丁克家庭的增多，家庭结构的孤老化将逐渐成为一个新兴问题。当大量没有配偶、没有子女的老年人出现认知障碍时，社会化的成年监护服务将成为新的迫切需求。目前来看，我国孤寡老人的数量尚不多见，但失独老人家庭和实际孤寡家庭（因子女定居国外或两代关系疏远等原因缺乏法定监护人）的需求已在像北京、上海、广州等大城市显露出来，社会化的成年监护服务需求急剧上升，供不应求。

面对这一深度老龄化社会的新兴刚需，我国从2021年开始实施的《中华人民共和国民法典》确立了"家庭监护为基础，社会监护为补充，国家监护为兜底"的监护制度体系。然而，目前我国的成年监护服务体系仍然面临着政策规定细节不足、缺乏系统的问责机制、管理体系职责不明确以及尚未建立配套服务体系等一系列问题。

他山之石，可以攻玉。作为亚洲第一个步入超老龄化社会的国家，日本的成年监护服务体系经过20多年的发展，积累了丰富的经验与教训，形成了较为完善的政策法规和服务体系。而且，日本与中国有着相似的文化背景和人口变迁模式，同属大陆法系，因此日本的成年监护制度对于我国成年监护制度的建设与完善具有重要的借鉴意义。

本书作者税所真也是笔者在东京大学文学部社会学系求学期间的同门师兄。他有着敏锐的学术洞察力与惊人的专注力。虽然日本的成年监护制度起初是由法学家主导的，但随着成年监护服务实践的不断发展，法学的理论框架已不再满足实际需求，迫切需要社会学等新兴领域的理论研究和指导。税所真也敏锐地察觉到这一需求，从2009年开始，在硕士研究期间，他就着手进行社会学视角下的成年监护研究，并专注于这一领域长达十五年之久。他不仅关心着日本的成年监护制度发展，还对中国以及亚洲其他地区的成年监护制度发展充满浓厚的兴趣，并多次前来中国进行成年监护制度的学术交流和实践指导。本书是税所真也持续、深入观察日本超老龄化社会的成年监护服务发展，经过"十五年磨一剑"倾心打磨而成的著作。我坚信，这本书将为我国的成年监护制度的政策制定者、从业人员、研究者以及所有对成年监护感兴趣的读者带来深刻的启发和思考。

张继元
中国社会保障学会青年委员会副主任委员
华东师范大学公共管理学院副教授

目 录

前言 ………………………………………………… 001

序章 分析视角与本书结构

一、问题产生的背景 ……………………………… 005

二、问题设定 ……………………………………… 010

三、本书的研究意义与结构 ……………………… 013

四、调查中对隐私的保护 ………………………… 017

第一章 成年监护制度

第一节 成年监护制度的概要 …………………… 023

一、法定监护制度与意定监护制度 ……………… 023

二、成年监护人的作用与职责 …………………… 026

第二节 成年监护登上历史舞台的背景 ………… 034

一、旧制度的问题点 ……………………………… 034

二、国际人权意识高涨 …………………………… 035

三、社会福利基础结构改革中成年监护制度的地位

……………………………………………………… 038

第三节 作为宣传标语的"成年监护社会化" ……… 041
　一、作为概念的"成年监护社会化"的登场 …… 041
　二、作为宣传标语的"成年监护社会化" ……… 046

第二章　成年监护社会化

第一节 "成年监护社会化"的法学阐释 …………… 051
　一、从日本成年监护法学会的探讨看四个
　　　"成年监护社会化" ……………………………… 052
　二、"成年监护社会化"的法学阐释 ……………… 061

第二节 "护理社会化"的社会学阐释 …………… 064
　一、作为宣传标语提出的"护理社会化" ……… 064
　二、政策研究的"护理社会化" ………………… 067
　三、社会学的"护理社会化" …………………… 070

第三节 成年监护社会化对"护理社会化"的补充
　…………………………………………………… 074
　一、"护理社会化"及其局限性 ………………… 075
　二、作为"护理社会化"补充的成年监护社会化
　　　…………………………………………………… 077
　三、成年监护社会化的外缘 ……………………… 080

第三章　成年监护制度与个体化

第一节　从亲属监护人到第三方监护人
　　——家庭的变化 …………………… 090
　　一、分析对象和方法 …………………… 090
　　二、分析与考察 …………………… 098

第二节　市町村长申请制度运行中中间集团的作用 … 106
　　一、问题设定 …………………… 106
　　二、从与先行研究的关联看本节的定位 ………… 110
　　三、市町村长申请的需求 …………………… 112
　　四、第三方监护的供应力 …………………… 118
　　五、中间集团的作用 …………………… 123

第四章　基于成年监护的财产管理社会化

第一节　生命保险给付申请中成年监护制度的措施
　　——对市场的包容 …………………… 132
　　一、申请利用成年监护制度的动机 ………… 134
　　二、保险金的支付原则与实际情况 ………… 140
　　三、考察 …………………… 152

第二节 家庭法院选定监护人标准的变化
——具有专业资格人士作为专职监护人的主流化 ·········· 156
一、问题设定 ·········· 156
二、方法论的立足点——调查对象的妥当性 ····· 161
三、分析——为何出现"成年监护社会化" ····· 164
四、考察——从成年监护社会化看"护理社会化" ·········· 171

第三节 通过成年监护实现家庭收支管理的社会化
——家庭收支的独立核算与分家立户 ········ 174
一、通过成年监护制度实现家庭收支的独立核算 ·········· 175
二、案例研究——成年监护社会化对家庭的影响 ·········· 178
三、分析和考察 ·········· 183

第五章 基于成年监护的人身监护社会化

第一节 监护人对居住环境的援助
——当事人居住场所的形成 ·············· 191
一、从居住场所看监护人的作用 ·············· 191

二、分析基准和分析案例的概要 …………… 194
三、案例研究 …………………………………… 196
四、通过人身监护发挥居住环境援助的功能 …… 222

第二节　人身监护与自我决定
　　——协商机制的社会化 ……………………… 225
一、关于智障人士自我决定的研究课题 ………… 226
二、本节案例分析的特征 ………………………… 230
三、案例研究 ……………………………………… 233
四、围绕当事人意愿专职人员之间的对立和
　　三个分析标准 ………………………………… 249
五、基于人身监护的协商机制的社会化 ………… 252

第三节　生活协同组合的成年监护
　　——从"人身监护"到生活援助 …………… 264
一、生协福利最前沿的成年监护事业 …………… 265
二、生协成年监护事业的定位 …………………… 268
三、福祉俱乐部生协与生协成年监护援助合作社的
　　组织特性 ……………………………………… 276
四、案例①——意定监护生效前的援助案例 …… 290
五、案例②——面向意定监护生效的援助案例 … 297
六、分析与考察 …………………………………… 308
七、从有限的"人身监护"到生活援助 ………… 316

终章 本书的成年监护社会化概念

一、成年监护社会化概念再评价 ………………… 321
二、从成年监护社会化看个体、家庭、市场与
　　国家的关系 ……………………………………… 327
三、结语——面向成年监护制度的新可能性 …… 331

参考文献 ………………………………………………… 335

后　记 …………………………………………………… 365

前　言

日本是一个超老龄社会，"百岁人生"这个词听到的频率也越来越高了。"百岁人生"是人类历史所期盼社会的实现，当然，随着寿命的延长，身体机能和判断能力也会随之下降，在这种情况下，人们希望能够灵活运用现有制度和服务，实现一个能够在自己住惯的地方直至生命最后一刻的社会。为实现这样一个社会，有必要从医疗、年金、护理等多方面予以探讨，本书拟从成年监护制度相关联的角度进行论述。

本书之所以冠以《成年监护社会学》，是因为它是日本社会学领域第一部关于成年监护制度的著作。所谓社会学，就是质疑被认为是理所当然的事情，用社会学的方法对其进行验证的学问。社会学的研究对象宽泛，对社会学研究的最低要求是要符合上述要求。

基于这一考虑，笔者在后文探讨的成年监护社会学就是质疑此前围绕成年监护制度的议论，运用访谈和参与观察等田野调查方法，对各种现象给出自己的解释，再重新推导出与既有研究不同的观点。

社会学是要以当事人的主体性为中心来设定问题并以

此作为基础，当事人在利用成年监护制度时往往缺乏判断能力，这是本研究启动之初的给定条件，换句话说，在当事人判断能力不足后，当事人的主体性就被忽视了，相反，当事人周围的人替当事人表达想法的机会就增加了，这就造成了社会向周围人寻求当事人的想法并努力确保当事人意愿这样一种结果。本书拟通过成年监护制度的运用来体现这一联动关系。

本书以社会上通行的"成年监护社会化"概念作为分析对象，以创新性的分析概念重新阐释成年监护社会化概念。本研究的最大特点是通过田野调查推导出独创性的社会化概念。

第三、第四、第五章作为本书的核心，论述的是成年监护的现状、课题与展望，同时从社会学角度分析考察各种现象。这三章中每一章都是独立的，读者可以任意从某一章开始阅读。这三章的大致内容如下：第三章描述了在个体化社会中对制度需要者启动成年监护制度的初始阶段；第四章从现行运行的成年监护制度与人们的生活有着怎样的关系、产生怎样的影响，来论述成年监护制度的适用或展开过程；第五章考察的是，成年监护制度从本质上来讲是人权保护与人权侵害的"双刃剑"，在确保当事人财产、契约权利的同时，又从当事人那里获取代理权力，针对这样一种蕴含了某种强制力的制度，人们是如何操纵、抗衡以及按照目标去驾驭它的。

序章

分析视角与本书结构

序章　分析视角与本书结构

一、问题产生的背景

在个体化、老龄化、老年认知症[1]患者增加等背景下，超老龄社会的成年监护制度引起了社会的高度关注。成年监护制度由日本民法的法定监护制度和意定监护契约法基础之上的意定监护制度组成，是一种帮助缺乏判断能力的当事人实施财产管理和人身监护的制度。现行成年监护制度是在1999年修订、2000年后开始施行的民法基础上形成的，与旧版民法中的禁治产、准禁治产[2]宣告制度有着明显的区别。关于2000年以后实施的成年监护制度，笔者通过实施田野调查来分析、考察近20年来成年监护制度的利用和普及状况，旨在厘清社会是如何对待那些缺乏判断能力之人在私有财产和人身监护方面的决定。

法定监护制度是以判断欠缺能力之人（老年认知症患者、智力残疾者、精神残疾者）为对象，由当事人或四亲

---

[1] 即阿尔茨海默病（Alzheimer's Disease, AD），也叫老年性痴呆，本书用日文的"认知症"一词来表述。——译者注
[2] "禁治产"，法律术语，指的是禁止精神疾患等心智丧失者对自己财产管理、处理，由别人管理的制度。"准禁治产"，法律术语，指的是针对虽不是心智丧失但缺乏正常判断能力的人，同样被禁止管理和处理自己的财产。——译者注

以内[1]的亲属、市町村长等向家庭法院提出申请选出成年监护人，由其履行当事人财产管理和生活有关的契约行为（人身监护），其中根据当事人所具有的判断能力，分为成年监护、保佐[2]、补助三种类型。

意定监护制度是当事人在自己判断能力下降之前，与希望委托监护事务的人订立契约，为将来判断能力下降做准备的制度。预先指定希望由谁担任监护人，在有判断能力的时候，事先与家人、朋友、可信赖的第三方缔结契约并进行公证，是以个人（市民）之间签订的契约为基础的制度。因此，既可以选择亲属，也可以选择家人以外的第三方作为自己的监护人。另一方面，对于事前毫无思想准备、判断能力突然下降的群体，在利用法定监护制度时谁合适担任成年监护人呢？这类问题开始凸显出来。

那么，对于第三方——成年监护人等制度的利用者来说又具有何种意义呢？在利用法定监护制度不足8成（76.6%）的监护类型[3]中，将财产管理和决定这一通常属于当事人

---

[1] "四亲"按照日本民法亲属范围的规定，从血缘关系、婚姻关系的远近来列举。例如，从当事人角度来看，子女是一类亲属，孙子孙女是二类亲属，曾孙是三类亲属；或父母是一类亲属，祖父母是二类亲属，曾祖父母是三类亲属；等等。——作者注

[2] 保佐：指辅导、帮助或监督限制行为能力及无行为能力人实施民事行为以保护其合法财产权益的法律制度。——译者注

[3] 最高裁判所事務総局家庭局『成年後見関係事件の概況』，https://www.courts.go.jp/toukei_siryou/siryo/kouken/index.html。

序章　分析视角与本书结构

的不能让渡给其他人的固有权利移交给第三方（监护人），这种对当事人以及其家人生活带来重大影响的制度是如何被利用的？作为决定当事人财产管理和人身监护负责人的成年监护人为什么由第三方来承担？或者说，将近90%的第三方成年监护人由专职人员担任这一现状是如何产生的呢？

截至目前，日本利用成年监护制度的人数不断增加。据日本最高法院统计表明，截至2018年12月末，法定监护和意定监护共计218 142人（不包括因死亡等原因而结案的）[1]，显示出利用者大幅增加的态势。

2016年4月，日本国会颁布了《关于促进成年监护制度利用的法律》（以下简称《成年监护制度利用促进法》，4月15日公布，5月13日施行）。由于利用成年监护制度尚不充分，国家便担负起大力推广成年监护制度的责任。2017年3月，内阁决议通过了"成年监护制度利用促进基本计划"。2018年4月，在厚生劳动省设立了促进成年监护制度利用办公室。由此，当今政策显示了更广泛地普及成年监护制度、增加利用者人数的趋势。选定成年监护人等类别的变化参见图序-1。

---

[1] 最高裁判所事務総局家庭局『成年後見関係事件の概況』、https://www.courts.go.jp/toukei_siryou/siryo/kouken/index.html。

成年监护社会学

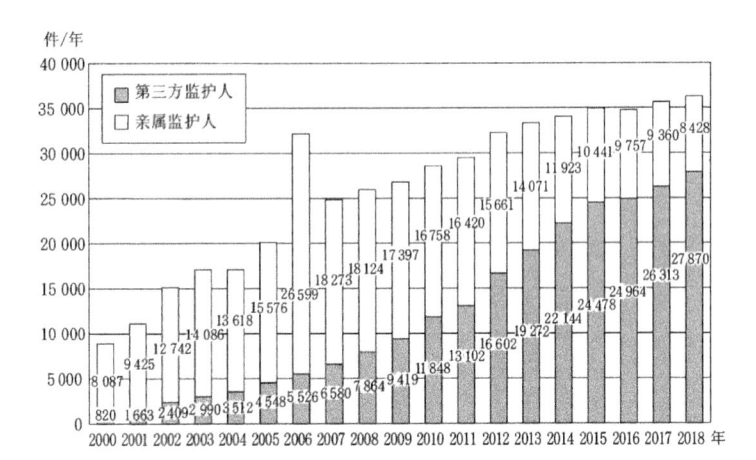

图序-1 选定成年监护人等类别的变化

注：（1）最高裁判所事务总局家庭局、「成年後見関係事件の概况（各年版）」、裁判所ホームページ、2019、http://www.courts.go.jp/about/siryo/kouken/；（2）将"配偶""父母""子女""兄弟姐妹""其他亲属"作为亲属监护人来合计，将"律师""司法书士""社会福祉士""社会福祉协议会""税理士""行政书士""精神保健福祉士""市民监护人""其他法人""其他个人"作为第三方监护人来合计；（3）2006年申请件数升高的背景是，同年实施了《残疾人自立支援法》，在社会福祉法人运营的机构发生了集体申请的状况，并且在同年实施的《高龄者虐待防止法》中明确规定了有效利用成年监护制度。

资料来源：笔者制作。

另外，社会上也存在强烈反对成年监护制度的意见。有观点认为，将成年监护制度定位于有利用价值的《成年监护制度利用促进法》是否是逆世界潮流？是否与残疾人权利相关条约（《残疾人权利公约》）相抵触？指出"成年监护制度自身的家长式介入限制了以残疾人自我决定权为代表的各种人权"。[1]

《残疾人权利公约》第十二条第一款有"缔约国重申残疾人享有在法律面前的人格在任何地方均获得承认的权利"的条款。第2款有"缔约国应当确认残疾人在生活的各方面在与其他人平等的基础上享有法律权利能力"的条款（日本在2014年1月20日批准），似乎将制约那些权利的成年监护制度作为前提积极地予以承认。[2] 当今的方针政策虽并不很切实，但至今仍"强烈地感受到对成年监护制度缺乏防范，作为老龄化社会的维权制度需要更广泛地予以运用"。[3] 这些研究为我们敲响了警钟。

对于现行成年监护制度而言，既存在着对维护权利和意见决定这一制度予以支持的立场，也存在着另一种立场，即认为这一政策是对当事人意志的压制，敦促在推行这一政策时应充分予以留意，这两种观点混杂在一起。在截然相反的阐释与评价相互交织的情况下，本书多角度地分析了成年监护制度的普及以及这一制度对利用者生活所产生

---

[1] 池原毅和「法的能力」、松井亮輔、川島聡編『概説 障害者権利条約』、法律文化社、2010、185頁。
[2] 池原毅和「法的能力」、松井亮輔、川島聡編『概説 障害者権利条約』、法律文化社、2010、185頁。
[3] 池原毅和「法的能力」、松井亮輔、川島聡編『概説 障害者権利条約』、法律文化社、2010、196頁。

的影响。

二、问题设定

成年监护制度作为社会学的分析对象之所以重要，是因为当个体判断能力缺乏、个人主体性逐渐丧失的时候，社会应如何对待这些个体，个体与社会又该如何相处，这些社会性判断深深地影响了该制度的利用和运行。那么，社会该如何决定那些缺乏判断能力个体的私有财产和人身监护，社会又该如何面对那些缺乏判断能力的个体呢？

成年监护制度在尽量避免利用该制度的人们和希望普及该制度的社会之间，是一种既紧张又纠结的关系。同时，也存在着在当事人主体意识模糊时，社会所应承担的职责反而凸显的情况。此时，当事人本人、家属、民间企业、监护人、邻居、司法、行政、地域等相关群体在利用成年监护制度时产生了各种摩擦。

在通过"契约"构建多种关系的现代社会中，成年监护制度在人们的生活中有多少是必需的呢？或者说人们在什么样的情况下才不得不利用该制度呢？对利用该制度的追问也是对当代社会理想状态的思考。从这个意义上说，成年监护制度的社会学分析亦是对当今超老龄社会的一种社会诊断。

序章　分析视角与本书结构

福祉社会学和家庭社会学对家庭成员以外承担照顾责任的可能性进行了探索，成年监护制度又是如何回答这些问题的呢？在老龄社会不断进展、单身家庭数量持续增加、家庭规范不断变化的社会变迁中，作为第三方的成年监护人究竟是否可以作为一种选择呢？本书希望通过对成年监护制度的分析找出上述问题的答案。

本书主要以"监护类型"为中心讨论"法定监护制度"，这是因为成年监护制度的利用者总数中有近90%的人属于"法定监护"（意定监护制度的利用者人数为2 611，占全体的12%左右，这里意定监护制度的利用者指的是判定意定监护人选、意定监护契约生效的状态），并且在成年监护、保佐、补助三种类型中，有约80%的利用者（218 142人中有169 583人属于监护，约占全体的77.7%）属于"监护类型"。[1] 本书第五章第三节将市民监护类型之一生活协同组合的成年监护事业作为分析对象，因此，这里主要分析的是成年监护事业中的意定监护制度。

另外，笔者还要对本书的用语进行说明。"成年监护人"原意是指监护类型的成年监护人，保佐类型被称作"保佐人"[2]，补助类型被称作"补助人"，以这样的表述来

---

[1] 最高裁判所事務総局家庭局『成年後見関係事件の概況』、https://www.courts.go.jp/toukei_siryou/siryo/kouken/index.html。

[2] "保佐人"指的是成年监护制度中对那些因精神残障、认知症等导致判断能力低下但并不是很严重的人进行保护的人。——译者注

区分。成年监护人、保佐人、补助人一同出现的时候，一般写作"成年监护人等"。但本书以法定监护的类型为主要分析对象，因此，只要没有特别标注就写作"成年监护人"。

笔者还要对本书主题的成年监护社会化的用法进行说明，这是本书论述中最重要的部分。首先，对于被法学家使用的"社会化"用"成年监护社会化"来表示。对此，笔者通过分析和考察，对作为独创性推导出的新概念的社会化不加引号，用成年监护社会化来表示。这样区分二者的社会化，是把成年监护社会化提炼为一个新的分析概念，本书的目的就是对其重新定义，也就是说，笔者希望通过本书的写作将"成年监护社会化"的引号去掉，也可以说这是一项颇具新意和启发性的工作。

本书将此作为目的，是因为本书既不是法学意义的探讨，也不是政策建议类的探讨，而是从社会学视角对成年监护制度的论述。社会学家一直以来都将社会化概念的用法、语法、含义作为关注点。本书的目的是从社会学的立场出发重新探讨成年监护社会化概念，从有别于法学家的视角出发，分析其独特性的社会化概念，提炼出新的分析概念。笔者拟通过各章各节的讨论，把成年监护社会化作为一个社会学共通的问题，把成年监护制度定位于社会学的研究对象。

序章　分析视角与本书结构

三、本书的研究意义与结构

本书成年监护社会学研究具有以下三点意义。

第一，本书分析了成年监护制度从开始到现在对人们生活的影响，以经验性方式揭示现行制度的特点。另外，为更好地予以说明，本书从成年监护制度发展的角度出发，即从一般市民和利用者、实务工作者、立法、行政、司法、民营企业、福利机构等参与该制度的角度出发，以"复眼"视角重新聚焦成年监护制度，进而从社会学立场揭示成年监护制度在现代社会中的地位与问题，向人们呈现他们所期待的另一种社会化形式。

第二，伴随社会学的发展，社会化概念被用来准确把握当时社会的变化和特征，描述该社会的状态。本书反其道而行之，将这种不断变迁的社会化概念特征用来描述成年监护制度如何在社会上传播、普及并影响人们的生活，引用社会学中社会化概念的丰富内涵，质疑以往"成年监护社会化"这一概念，以笔者自己的论证方式，重新对成年监护社会化进行更具魅力的呈现。

第三，本书展示了成年监护社会学研究所涉及学科领域的广度和深度。一直以来，对成年监护制度的研究主要集中在法学和社会福祉学领域，本书基于商学、家政学

成年监护社会学

(家庭关系学)、家庭社会学、社会福利学、协同组合（合作社）研究、建筑规划学等学科既有的先行研究和问题点，揭示其与成年监护的关系并将其定位于各领域的研究课题。如图序-2 所示。

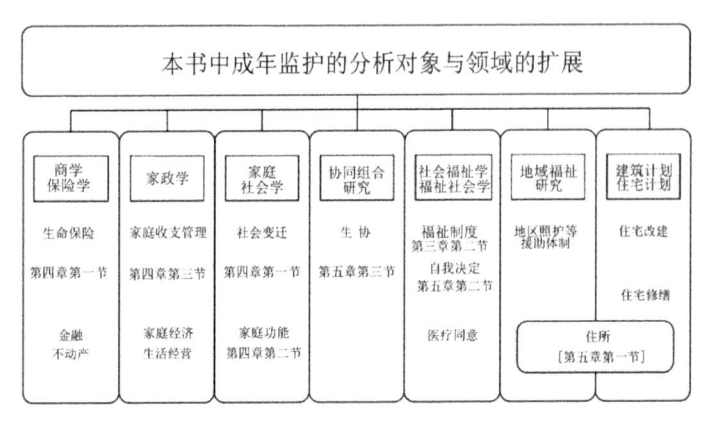

图序-2　本书的研究对象与成年监护研究的扩展

资料来源：笔者制作。

下面介绍一下本书的结构。

第一章总结了成年监护制度的概要（第一节），之后，将现行制度实施的背景与国际人权意识的高涨、20 世纪 90 年代社会福利基础结构改革和护理保险制度导入联系在一起进行研究（第二节），并且引用以创设护理保险制度为目的运动中所使用的"护理社会化"这一概念，指出"成年监护社会化"是一项希望人们广泛利用的政策上的课题（第三节）。

序章　分析视角与本书结构

第二章以日本成年监护法学会的讨论为中心探讨如何理解"成年监护社会化"（第二节）。之后，论述社会学是如何理解"护理社会化"的，特别是推导出其社会化概念的不稳定性，在此基础上，本书阐明自己的立场，即：对既存的"成年监护社会化"如何认识，如何对其重新定义（第二节）。最后，对家庭社会学所讨论的"护理社会化"的内涵与外延进行补充，将其定位于成年监护社会化，以期把先行研究中存在的问题与本书的分析结合起来（第三节）。

第三章关注社会福利中作为权利维护的成年监护制度的作用和功能，论述成年监护社会化。结合个体化分析成年监护制度所必需的因素（第一节）。从权利维护的视角，通过具体事例探讨其实践上是如何利用这一制度的，尤其指出在成年监护制度费用社会化的过程中，中间集团在利用市町村长申请制度时起到了重要作用（第二节）。根据以上内容，第三章从"个人与国家"的关系来探讨成年监护社会化。

第四章重点讨论财产管理社会化，讨论成年监护制度的定位，呈现了由于缺乏判断能力而无法办理合同手续的当事人因利用成年监护制度被市场再次接纳的现状（第一节）。另外，谁来承担监护人这一职责（第二节）？或者通过利用成年监护制度，从家庭收支管理、家庭户管理（第三节）的视角考察其对家庭成员产生的影响。根据上述状况，第一节从"个人与市场"、第二节和第三节从"个人与家庭"的角度研究成年监护社会化。

第五章从"原居安老"（Aging in Place）的角度探讨人身监护社会化。针对当事人选择的居住场所和选择的护理方式，探讨监护人如何对当事人的居住环境进行援助，使之继续居住在其住惯的地方（第一节）。其次，通过人身监护社会化来考察对被监护人生活带来的影响。笔者认为，成年监护制度原本是让当事人和相关方能聚在一起，讨论对被监护人的最佳利益（"协商机制"），然而，这一可以发挥成年监护制度的条件却被忽视了，进而从成年监护制度的去专家/去专职化的观点出发，提出人身监护社会化的应有状态，重新聚焦既存的"人身监护"概念，提出新的社会化形式。根据以上内容，第五章从"个人与专职"的视角来探讨成年监护社会化。

通过上述各章各节的论述，本书得出结论如下：

第一，从居民的角度描绘成年监护制度的利用过程以及利用后人们生活的变化，并在现代社会成年监护制度的现状和课题的基础上进行展望，阐述其未来形态。第二，通过揭示成年监护社会化的发展进程，对所有的社会化进行划分，对成年监护社会化概念进行再评价，从中找到当今的社会化丢失的那些内容，由此构建出具有独创性的成年监护社会化表现形式。

为清晰概括上述内容，本书描绘了成年监护社会化的示意图如图序-3。

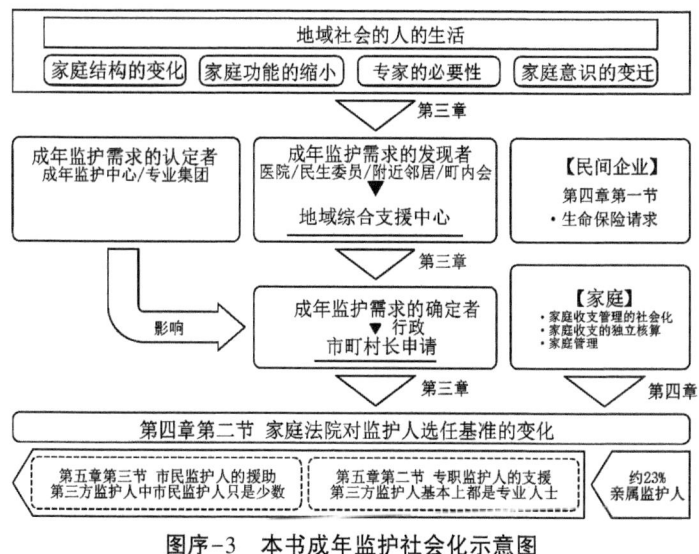

```
┌─────────────────────────────────────────────────────────┐
│                   地域社会的人的生活                      │
├──────────┬──────────┬──────────┬──────────────────────────┤
│家庭结构的 │家庭功能的 │专家的必要性│    家庭意识的变迁       │
│  变化    │  缩小    │          │                         │
└──────────┴──────────┴──────────┴──────────────────────────┘
                          ▽ 第三章
┌──────────────┐  ┌──────────────────┐  ┌──────────────┐
│成年监护需求的 │  │成年监护需求的发现者│  │ 【民间企业】  │
│  认定者      │  │医院/民生委员/附近邻居/│ │ 第四章第一节 │
│成年监护中心/ │  │       町内会      │  │ ·生命保险请求│
│  专业集团    │  │  地域综合支援中心 │  │              │
└──────────────┘  └──────────────────┘  └──────────────┘
       │                  ▽ 第三章                │
       │           ┌──────────────────┐  ┌──────────────┐
       │  影响     │成年监护需求的确定者│  │  【家庭】    │
       └──────────→│       行政        │  │·家庭收支管理的社会化│
                  │  市町村长申请      │  │·家庭收支的独立核算│
                  └──────────────────┘  │·家庭管理     │
                          ▽ 第三章        └──────────────┘
                                                ▽ 第四章
┌─────────────────────────────────────────────────────────┐
│   第四章第二节  家庭法院对监护人选任基准的变化           │
└─────────────────────────────────────────────────────────┘
┌──────────────────┐┌──────────────────┐┌──────────────┐
│第五章第三节 市民监护人的援助││第五章第二节 专职监护人的支援││约23%亲属监护人│
│第三方监护人中市民监护人只是少数││第三方监护人基本上都是专业人士││              │
└──────────────────┘└──────────────────┘└──────────────┘
```

图序-3　本书成年监护社会化示意图

资料来源：笔者制作。

四、调查中对隐私的保护

本书的核心是对笔者在访谈和参与观察基础上获得数据的分析与考察。这些访谈获得了各调研机构负责人的许

017

可，采取事先发送问卷，再对调查对象进行半结构化访谈[1]的形式。

出于对监护人等的保密义务，笔者收集的案例大多是（由于当事人死亡）了结的案例。另外，对涉及监护人隐私的相关信息做了匿名化，以监护人等专职人员学习会和研讨会上报告的案例为中心实施了访谈。案例收集时没有对监护类型设定条件，所以案例中包含了成年监护、保佐、辅佐三种类型。

在访谈之前，笔者出于对调查对象隐私的保护，将下述项目制作成书面保证，并在发放之前进行说明。事先征求采访对象同意，再请求其在协助研究调查承诺书上签名。并且，在发表研究成果或撰写论文中使用这些数据时，笔者会事先标明引用出处，征询协助调查者的同意后方予以公开。

> （1）本调查得到的数据仅限于研究目的（学会发表、学术论文）使用。本调查是在日本学术振兴会的科学研究经费（11J06637、16J04845、17K13851）以及以下民间团体的研究资助下进行的（按顺序排列）：

---

[1] 半结构化访谈（Semi-structured Interviews），指按照一个粗线条式的访谈提纲而进行的非正式的访谈，该方法对访谈对象的条件、所要询问的问题等只有一个粗略的基本要求。——译者注

序章 分析视角与本书结构

公益财团法人生命保险文化中心生命保险研究资助（2014年度）

一般财团法人邮储财团研究资助（2014年度）

公益财团法人、健康、未来研究财团研究资助（2014年度）

公益财团法人明治安田心之健康财团第50届研究资助（2014年度）

公益财团法人生协综合研究所生协综合奖第12届研究资助事业（2014年度）

一般财团法人地域生活研究所一般研究资助（2015年度）

公益财团法人家庭收支经济研究所一般研究资助（2015年度）

一般财团法人不动产流通经营协会研究资助事业（2015年度）

一般财团法人住总研研究资助事业（2015年度）

（2）为避免损害个人、团体、组织等的名誉，避免展示无用的个人信息。

（3）为不让数据指向协助调查的个人，笔者需对数据进行匿名处理。

（4）在公布研究成果时，对地区、组织和其他实体做匿名处理，以防止任何调查参与者被识别（关于应该怎样记录，在征求同意的同时，笔者将在文书中明示有无公开地域、团体名、个人名的承诺）。

（5）案例数据用于学会发表、论文研究时，事先征得同意是原则。

（6）协助调查者有权在调查过程中或调查后的任何时候拒绝协助调查，还可请求修改或删除调查人员不希望的陈述。[1]

---

[1] 本书讨论的内容大多是论文最初发表时的内容，或案例是在此之前实施田野调查时的内容。因此，数据存在数年的滞后。近年来，成年监护政策变化频繁，各地区围绕成年监护的现状也有较大改进。本书出版之际，笔者尽可能更新了掌握的数据，但也有数据保持原样。笔者事先声明，由于以上原因，本书的数据不一定是最新的。——作者注

第一章

成年监护制度

第一章 成年监护制度

第一节 成年监护制度的概要

一、法定监护制度与意定监护制度

如序章所述，成年监护制度由民法上的法定监护制度与意定监护契约法基础之上的意定监护制度构成，是对缺乏判断能力之人在财产管理和人身监护（契约行为）方面进行援助的制度。现行成年监护制度是1999年民法修订、2000年施行的，与旧民法中以往的禁治产、准禁治产宣告制度有明显区别。法定监护制度是以缺乏判断能力的人（老年认知症患者、智力残疾者、精神残疾者）为对象，经市町村长等向家庭法院申请，在当事人和四亲内的亲属中选定成年监护人等并进行当事人的财产管理（保护其不受恶性契约侵害等）和生活有关的契约行为（人身监护）。根据当事人判断能力的高低分为成年监护、保佐、补助三种类型。针对被赋予一揽子代理权的成年监护人，为发挥被保佐人和被补助人其所残存的能力，只有家庭法院认可的行为才会被赋予代理权。

意定监护制度是在当事人判断能力下降之前，由其本人与负责监护事务的委托者签订协议（以公证书为准），以便为将来自身判断能力下降做准备。序章中也已指出，成

成年监护社会学

年监护制度是在当事人有判断能力的时候预先指定监护人，与家人、朋友、可靠的专业人员等第三方订立公证过的合同，是以个人间的意定契约为基础的制度。意定监护人可选择亲属也可选择第三方。

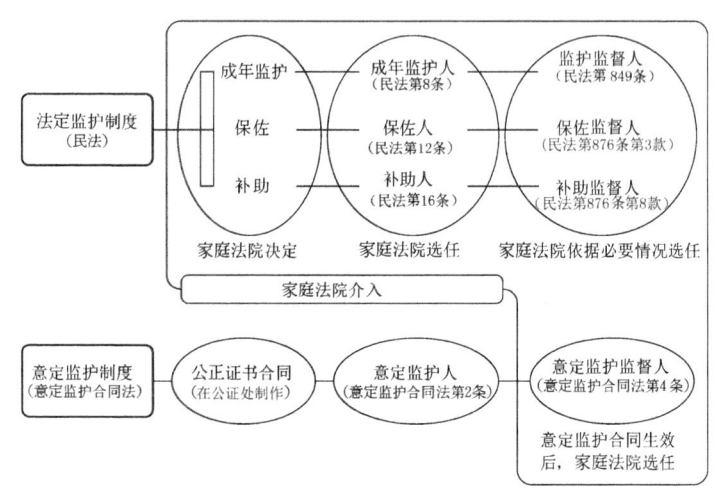

图 1-1 成年监护制度（成年监护法）概要

注：制作本图时参考了上山泰的『専門職後見人と身上監護』（民事法研究会、2008）的研究。

资料来源：笔者制作。

成年监护人大致分为亲属和亲属以外第三方两类。第三方成年监护人（以下简称"第三方监护人"）是指家属或亲属以外的第三方（具有资格的专职人员、法人、市民等）担任成年监护人。在现行成年监护制度引入后，亲属监护人数量减少，而第三方监护人数量逐年增加，目前，第三方监

第一章　成年监护制度

护人占到七成以上（76.8%）。另外，约九成第三方监护人是"专职监护人"。按受委托件数来排序的话，专职监护人中，司法书士10 512件（37.7%）、律师8 151件（29.2%）、社会福祉士4 835件（17.3%）、行政书士942件（3.4%）、税理士62件（0.2%）、精神保健福祉士33件（0.1%）。[1]

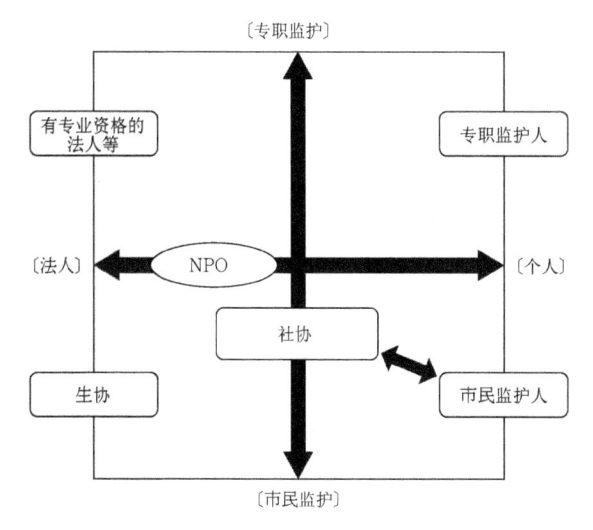

图1-2　第三方监护人的类型

注：NPO即民间非营利组织。

资料来源：笔者制作。

---

[1] 司法书士，指从事受委托办理各种登记手续并写成书文材料上交到法院、检察厅的工作的人；社会福祉士，指利用自身专业知识和技能，帮助因身体或精神残疾或环境原因导致日常生活困难的人的福利工作人员；行政书士，指代理个人或企业法人同政府部门打交道，处理登记、报批、办理执照、项目审批等业务的法律工作者，须有执业资格；税理士，指税务专家，协助纳税人通过计算自身收入、计算纳税额来完成纳税申报制度。——译者注

除此之外，第三方监护人还有"法人监护"和"市民监护"两种形式，其主体有社会福祉协议会、非营利法人、生活协同组合等，但这些主体被选定为成年监护人的比例较低。社会福祉协议会 1 233 件（4.4%），市民监护人单独接受 320 件（1.1%），其他法人 1 567 件（5.6%），其他个人 215 件（0.8%），这些全部加起来也只有一成左右。[1]

二、成年监护人的作用与职责

成年监护人由家庭法院选定后开始处理相关事务。本节研究的是第三方监护人的作用、权限及义务，聚焦于利用成年监护制度占比较大的成年监护人的业务内容。首先，成年监护人为了掌握当事人的生活状况和身体状况，要访问当事人的生活场所，与当事人及相关人员面谈，确认财产状况及人身监护。另外，本部分引用和概括了培训社会福祉士的教材，[2] 参照了民法学者小贺野 2012 年发表的关于人身监护的研究。

---

[1] 最高裁判所事務総局家庭局『成年後見関係事件の概況』、https://www.courts.go.jp/toukei_siryou/siryo/kouken/index.html。

[2] 馬場雅貴「成年後見制度の概要—成年後見の実際の流れ」、新井誠、池田惠利子、金川洋編『権利擁護と成年後見 MINERVA 社会福祉士養成テキストブック 17』、ミネルヴァ書房、2009。

第一章 成年监护制度

(一) 财产管理

成年监护人应确保将存款存折、股票等有价证券、保险单、不动产权证、年金证书等财产、印章、健康保险证等从当事人或管理者手里接过来并予以保管。如交接不顺利，可到银行等金融机构或保险公司办理遗失、补发手续。[1]

依据民法第 853 条，成年监护人须对代管的财产等进行调查，并在家庭法院裁定成年监护后一个月内制作财产目录并提交至家庭法院。[2] 银行账户的名称由当事人名义变更为"当事人和成年监护人的姓名"。公共费用、护理保险的自费部分、设施使用费等通过扣款等方式支付。另外，股票、投资信托、债权等有价证券也要向证券公司申报指定的监护人信息。

针对当事人不居住的房屋，如年久失修有倒塌风险以及有纵火危险的情况下，在充分考虑当事人自身健康状况、生活设计、资产状况等基础上，可做出修理、拆除、出售等决定，处理当事人居住用的不动产相关事项，需向家庭

---

[1] 馬場雅貴「成年後見制度の概要―成年後見の実際の流れ」、新井誠、池田惠利子、金川洋編『権利擁護と成年後見 MINERVA 社会福祉士養成テキストブック 17』、ミネルヴァ書房、2009、74 頁。

[2] 馬場雅貴「成年後見制度の概要―成年後見の実際の流れ」、新井誠、池田惠利子、金川洋編『権利擁護と成年後見 MINERVA 社会福祉士養成テキストブック 17』、ミネルヴァ書房、2009、77 頁。

法院提交申请并获许可。

家庭购买以增值为目的的证券、期货等带有金融风险的产品，虽超出了监护范围，但如保管的股票有暴跌风险，监护人也有必要承担处理股票的职责。[1] 被监护人的收入中如有股票分红、租金等不动产所得、不动产转让所得等，成年监护人需进行核准、申报。[2]

成年监护人应掌握当事人每年在日常生活、医疗、疗养护理及财产管理方面所需费用，如年金、租金等收入低于护理相关费用在内的生活费，则有必要动用其存款、股票、债权、个人住宅等财产。如预见其财产将耗尽，应考虑代其申领生活保护费。

（二）人身监护

成年监护人对当事人的身心状态、生活状况负有照顾义务（民法第858条）。在与当事人定期面谈，了解其生活和健康状况的同时，成年监护人应从照护当事人的护理人员、机构职员、医生等处获取信息并与他们协商，帮助当事人改善生活环境。成年监护人应登门入户或到养老机构

---

[1] 馬場雅貴「成年後見制度の概要—成年後見の実際の流れ」、新井誠、池田惠利子、金川洋編『権利擁護と成年後見 MINERVA 社会福祉士養成テキストブック 17』、ミネルヴァ書房、2009、81 頁。

[2] 馬場雅貴「成年後見制度の概要—成年後見の実際の流れ」、新井誠、池田惠利子、金川洋編『権利擁護と成年後見 MINERVA 社会福祉士養成テキストブック 17』、ミネルヴァ書房、2009、81－82 頁。

第一章　成年监护制度

与当事人进行面谈，面谈次数应根据当事人的身心状态进行调整，大多数情况下以"大概1个月1次为宜"。为最大限度地保障和代表当事人的人身权益，"希望尽可能多与当事人接触"。[1]

在当事人居家生活难以自理的情况下，要办理入住能提供护理服务的收费养老院或特别养护养老院等相关合同手续。成年监护人要根据当事人的身心状态，协助其签订"要护理"认定申请、上门看护助手的派遣等护理保险服务合同。成年监护人的职责"不仅限于当事人现实生活所必需的护理和看护，若拖延支付护理和看护服务费用，也会被追究违反人身照顾义务的责任"。[2] 另外，关于健康检查的就诊、治疗、住院等相关合同的签订也是成年监护人的基本职责。当事人健康状态发生变化，要确保其得到切实的医疗服务。[3]

为让当事人获得适当的医疗救治，成年监护人有必要

---

[1]　馬場雅貴「成年後見制度の概要―成年後見の実際の流れ」、新井誠、池田惠利子、金川洋編『権利擁護と成年後見 MINERVA 社会福祉士養成テキストブック 17』、ミネルヴァ書房、2009、82 頁。

[2]　馬場雅貴「成年後見制度の概要―成年後見の実際の流れ」、新井誠、池田惠利子、金川洋編『権利擁護と成年後見 MINERVA 社会福祉士養成テキストブック 17』、ミネルヴァ書房、2009、84 頁。

[3]　馬場雅貴「成年後見制度の概要―成年後見の実際の流れ」、新井誠、池田惠利子、金川洋編『権利擁護と成年後見 MINERVA 社会福祉士養成テキストブック 17』、ミネルヴァ書房、2009、83 頁。

与医生就治疗方案进行沟通，但并不具有手术等刺激身体[1]行为方面的同意权。当必须签署医疗同意书时，须找到亲属并征求其同意，或者成年监护人向其说明并确认治疗内容及其危险性，成年监护人的权限仅此而已。

由于医疗同意权涉及尊严死等问题，绝不能只讨论当事人的医疗同意权。这一成年监护制度的课题至今未能解决。[2] 医疗现场的惯例往往是，医生或医疗机构在救治过程中，若得不到当事人、家属、成年监护人签署的医疗同意书，有时候会放弃最佳治疗方案，以免日后产生医疗纠纷。这种情况下会产生不同的治疗效果。[3]

最后，人身监护范围比较重要的是，成年监护人的作用归根结底是与人身监护相伴随的法律行为的签订，家务、护理等事实行为不在人身监护之列。例如，签订护理合同和安排必要的医疗、护理都是法律行为，这些虽涵盖在成年监护人的人身监护范围内，但当事人的护理、看护等事实行为不属于成年监护人的工作。成年监护人的人身监护作用说到底就是代替当事人履行"在决定权基础之上的决

---

[1] 医学上是指有可能扰乱生物体内部环境稳定性的全部刺激，包括用药、注射、手术等医疗行为以及外伤、骨折、传染病等。——译者注

[2] 税所真也、飯島勝矢「今日の話題ー医師が知っておくべき成年後見制度」、『Medical Practice』文光堂、2018、35巻8期、1300—1302頁。

[3] 小賀野晶一『民法と成年後見法ー人間の尊厳を求めて』、成文堂、2012、165頁。

定和安排"，[1] 此乃人身监护的本质。

(三) 向监督机构（家庭法院）报告

成年监护人的监督机构是家庭法院。必要时，家庭法院可依职权选定监护监督人。[2] 监护监督人或家庭法院可对成年监护人行使监督权。随时可要求成年监护人提交监护事务报告及财产目录，调查监护事务及被监护人的财产状况（民法863条第1项）。

此外，家庭法院针对监护内容应根据监督的必要性以及工作的困难和复杂性，要求成年监护人提交监护事务的报告和财产目录。最近，监护类案件大幅增加，有的"2—3年出现1次"，职业监护人"即便没有收到家庭法院的申报提醒，也最好向家庭法院1年提交1次"，"希望向家庭法院汇报"。[3] 贯彻监护事务时，遇到不明白或拿不准的地

---

[1] 小贺野晶一『民法と成年後見法―人間の尊厳を求めて』、成文堂、2012、203頁。

[2] 家庭法院认为必要时可依当事人、其亲属或监护人的申请，或依职权选定监护监督人（民法典第849条）。家庭法院认为必要时可依被保佐人、其亲属或保佐人的申请或依职权选定保佐监督人（民法第876条第3款）。家庭法院认为必要时可依被辅助人、其亲属或辅助人的申请或依职权选定辅助监督人（民法典第876条第8款）。在意定监护制度中，在登记有意定监护合同的情况下，当事人由于精神残疾，缺乏分辨事物能力，会根据家庭法院，当事人、配偶、四亲等内的亲属或者意定监护受任人的申请，选定意定监护监督人（意定监护合同相关法律第4条）。

[3] 馬場雅貴「成年後見制度の概要―成年後見の実際の流れ」、新井誠、池田惠利子、金川洋編『権利擁護と成年後見 MINERVA 社会福祉士養成テキストブック 17』、ミネルヴァ書房、2009、85—86頁。

方，成年监护人最好与家庭法院沟通、协商。[1]

(四) 成年监护报酬的申请

成年监护人的报酬是由家庭法院规定的，给予报酬的金额、监护人及被监护人（当事人）的资产状况及其他情况应由家庭法院酌情决定。[2] 报酬额度由家庭法院根据被监护人的资产状况、事务工作的难易程度等因素决定。一般以每月 5 000 日元到 2 万日元为准（实际上是根据管理财产的数额等来决定的，如果管理财产数额较大，也有支付监护报酬高达一年 70 万日元左右的事例）。[3]

东京家庭法院立川支部规定，成年监护人进行一般监护事务的报酬为每月 2 万日元，管理财产金额在 1 000 万日元以上 5 000 万日元以下时，报酬为每月 3 万—4 万日元。如管理财产金额超过 5 000 万日元，据说基本报酬在每月 5 万—6 万日元。

---

[1] 馬場雅貴「成年後見制度の概要―成年後見の実際の流れ」、新井誠、池田惠利子、金川洋編『権利擁護と成年後見 MINERVA 社会福祉士養成テキストブック 17』、ミネルヴァ書房、2009、86 頁。

[2] 馬場雅貴「成年後見制度の概要―成年後見の実際の流れ」、新井誠、池田惠利子、金川洋編『権利擁護と成年後見 MINERVA 社会福祉士養成テキストブック 17』、ミネルヴァ書房、2009、89—90 頁。

[3] 税所真也「成年後見制度の利用が本人の消費行動と家計に及ぼす影響と変化―第三者の成年後見人による支援事例の分析を通して」、『季刊 家計経済研究』、家計経済研究所、2016、112 号、77 頁。

第一章　成年监护制度

（五）财产管理与人身监护的关系

最后再梳理一下"财产管理"和"人身监护"的关系。现行成年监护制度刚施行时，成年监护法学会曾多次讨论财产管理和人身监护哪个优先的问题。"民法学的主流"认为成年监护制度仍然"本质上只是一种财产管理制度"，[1] 成年监护制度的"立法负责人"也将"现行制度的本质作为对缺乏判断能力之人进行财产管理的制度来看待"。[2]

与此相反，专门研究成年监护制度的法学家在成年监护实践工作中，站在更为重视人身监护的立场，[3] 且主张财产管理和人身监护的关系是密不可分的，"成年监护人的财产管理权限被用于人身监护的目的，这一机制就是成年监护"。[4]

成立于2003年的日本成年监护法学会就是由一批认为成年监护制度的核心是人身监护的研究者、实干家和实践者组成的。

然而，以财产管理为目的的人身监护指的是什么，即

1　上山泰『専門職後見人と身上監護』、民事法研究会、2008、24頁。
2　上山泰『専門職後見人と身上監護』、民事法研究会、2008、1頁。
3　新井誠『高齢社会の成年後見法改訂版』、有斐閣、1999。小賀野晶一『成年身上監護制度論——日本法制における権利保障と成年後見法の展望』、信山社出版、2000。
4　上山泰『専門職後見人と身上監護』、民事法研究会、2008、108頁。

使是"参与现行法律立法的人们也不一定达成共识"。[1] 因此，成年监护人必须直面权限边界和义务边界的问题，从法学的视角回答上述问题并作为实践方法加以提炼，这项重任就落到了日本成年监护法学会的研究者及实干家们身上了。

第二节　成年监护登上历史舞台的背景

一、旧制度的问题点

现行成年监护制度成立于 1999 年 12 月、2000 年 4 月施行，是对旧"禁治产宣告"和"准禁治产宣告"进行修改、1999 年通过修改民法典和制定特别法而形成的。有观点认为，现行成年监护制度被认为是旨在修正几乎没有被利用的旧制度中存在的诸多缺陷，使之更容易被利用。[2] 作为"旧制度所存在的诸多缺陷"具体有以下几个问题。

第一，旧制度是由禁治产宣告和准禁治产宣告这两类型来规定的，没有应对轻度能力低下者的措施，也不能灵活地应对利用者的现实能力和需求的多样性。[3]

---

[1]　上山泰『専門職後見人と身上監護』、民事法研究会、2008、56 頁。
[2]　上山泰『専門職後見人と身上監護』、民事法研究会、2008、32 頁。
[3]　上山泰『専門職後見人と身上監護』、民事法研究会、2008、27—28 頁。

第二，旧制度在利用中存在心理标签的问题。正如"禁治产"这一用语是"禁止自己管理自己的财产"的意思，利用者的资格被无限放大了（不合格条款），这也与社会偏见相联系。而且，通过户籍上的标注进一步凸显了这一标签。不仅是制度利用者本人，就连其家人也希望避免使用旧制度。[1]

第三，利用旧制度，无论是在时间上还是在经济上都需花费巨大成本。接受禁治产宣告通常要花费6个月以上的鉴定时间，鉴定费用十分昂贵，一般在10万—20万日元不等。[2]

鉴于以上原因，禁治产制度没能促进人们利用，导致未被利用，"不如说是自然而然的结果了"。[3]

二、国际人权意识高涨

如上所述，有必要重新审视旧制度的缺陷，修订其问题点，并将其改造成一个便于利用的制度。这不仅仅是技术层面的问题，有必要从支撑制度技术的基本理念的层面重新予以审视。[4] 这里提出的新制度的基本理念是"尊重

---

[1] 上山泰『専門職後見人と身上監護』、民事法研究会、2008、28—29頁。
[2] 上山泰『専門職後見人と身上監護』、民事法研究会、2008、30頁。
[3] 上山泰『専門職後見人と身上監護』、民事法研究会、2008、31頁。
[4] 上山泰『専門職後見人と身上監護』、民事法研究会、2008、31頁。

自我决定（自律）""灵活运用当事人现有能力（残存能力）"以及"正常化"。

在日本谋求创设新成年监护制度的20世纪90年代，国外也同样在相继修订与成年监护法相关的制度。"欧美成年监护法的改革动向有两大趋势""代表这两种趋势可列举英、法、德的法律"。[1] 在"以尊重自我决定权为基础"方面，这些都是相同的。[2]

具体例子是，英国依据1986年3月10日实施的持续代理权授予法，修改了"'当事人一旦意识能力丧失，其赋予代理人的代理权随之失效'的惯用法原则，保证了当事人在意识能力丧失之后'可持续'（enduring）代理人也能得以选定"，也就是说，当事人在有能力时若提前将代理权授予代理人，即便自己丧失行为能力后也可以选定自己的代理人。[3]

另外，德国民法（BGB）中成年监护法的相关规定因1990年6月1日的修订带来了全面的修订。[4] 1990年9月制定了《成年人照顾法》并于1992年1月1日施行。由此，废除了旧的禁治产宣告制度，设置了对所有被保护人

---

1 新井誠『高齢社会の成年後見法改訂版』、有斐閣、1999、6頁。
2 新井誠『高齢社会の成年後見法改訂版』、有斐閣、1999、30頁。
3 新井誠『高齢社会の成年後見法改訂版』、有斐閣、1999、177—178頁。
4 新井誠『高齢社会の成年後見法改訂版』、有斐閣、1999、17頁。

第一章 成年监护制度

进行统一保护的"照管人",取代了从前的"监护"和"保护"。[1] 而且根据1999年1月1日施行的《照顾法修改法》,强化了意定监护。[2]

还有,在1968年修订的法国民法典中,增加了与旧的禁治产和准禁治产相对应的监护、保佐,"增设了新'法院保护'制度,使得依据能力衰退程度采取相应措施"成为可能。"这在日本广为人知,在成年监护立法时予以了借鉴"。[3]

"进入20世纪80年代,欧美各国竞相改革成年监护法",欧洲实施一连串成年监护法改革举措的背景是,平等观念深入人心以及尊重老年人自我决定权意识增强。[4] 除此之外,成年监护法的国际动向是,在成年监护法的比较法领域,出现了两项公约和两项劝告作为重要的条款。按时间顺序,有1999年的欧洲委员会《关于无行为能力成年人的法律保护原则的劝告》,2000年的海牙国际私法会议《成年人国际保护公约》,2006年的联合国《残疾人权利公约》,2009年的欧洲委员会《关于应对无行为能力采用意定监护和事前指示原则的劝告》。如上所述,在各国成年监

---

1 新井誠『高齢社会の成年後見法改訂版』、有斐閣、1999、178頁。
2 新井誠『高齢社会の成年後見法改訂版』、有斐閣、1999、179頁。
3 大村敦志『学術としての民法Ⅱ—新しい日本の民法学へ』、東京大学出版会、2009、222—223頁。
4 新井誠『高齢社会の成年後見法改訂版』、有斐閣、1999、30頁。

护法制定过程中，国际人权意识的增强对本国法律修订产生了一定影响。

三、社会福利基础结构改革中成年监护制度的地位

前文论述了欧美各国成年监护法的修订和颁布在一定程度上是受正常化理念[1]的深入人心和国际人权意识高涨的影响而向前推进的，日本成年监护制度的制定亦如此。上山泰根据时任法务省立法负责人的观点[2]指出，现行的成年监护制度是"在1993年残障者基本法的修订和1995年残障者计划（正常化7年战略）的动向中，站在残疾人福利的立场上，作为政府一项重要措施——充实残疾人福利的要求而实施的"。[3]

日本国内设立成年监护制度是社会福利制度的一大改革，对20世纪90年代的社会福利基础结构改革起着决定性作用，这是因为，希望"通过对政府社会福利基础结构改革问题的提出，实现从社会福利服务的供给、给付制度

---

[1] 20世纪50年代开始，北欧倡导"使残疾人尽可能地过上接近主流社会的生活"的"正常化"理念，即不是把残疾人隔离于社会，而是让他们在残疾状态下与健全人一起平等地生活。——译者注

[2] 小林昭彦、原司『平成11年民法一部改正法等の解説』、法曹会、2002、3—4頁。

[3] 上山泰『専門職後見人と身上監護』、民事法研究会、2008、16頁。

第一章 成年监护制度

的措施转向民法层面上的契约、制度的利用"，[1] 这里，福利服务利用者和供给者平等关系是实现目的的一种手段，也就是说，作为实现这一社会福利政策目标的手段，确立了民法基础之上的成年监护制度的位置。

"在引进成年监护制度契约并加以利用时，人们脑海中利用者""想当然是根据当事人的自由意志自我决定且能承担相应责任的人"，是"基于契约自由原则在理念乃至理论上所设想的人"。[2] 然而，"现实中的利用者""大多数人是缺乏应有能力的当事人或对成为当事人抱有消极、拒绝的态度的人"。[3]

像这样，将福利服务的接受由行政措施转变为个人与行业之间签订契约，前提是福利服务的接受者在某种程度上具备签订合同的行为能力，而像"需求解释的政治"[4]所指出的，应该可以想见，"本应最迫切需要利用制度的人"由于"无法用语言（明确）表达自己的需求"等，在维护和获得自身需求的必要资源上会面临最为窘迫的局面。

1　坂本忠次「戦前・戦後の社会保障・社会福祉財政の展開——介護保険制度導入の前提」、坂本忠次編『現代社会福祉の諸問題——介護保険の現状と財政を中心に』、晃洋書房、2003、8—33 頁。

2　古川孝順『社会福祉基礎構造改革－その課題と展望』、誠信書房、1998、206 頁。

3　古川孝順『社会福祉基礎構造改革－その課題と展望』、誠信書房、1998、206 頁。

4　齋藤純一『公共性』、岩波書店、2000、64 頁。

由于不能恰当表达自己的需求，或理解合同的内容有困难等，最需要服务的对象往往处于最劣势地位。针对这一预想，当时厚生省的"处方"是，"只要保护人、扶养义务人等家属成为合同的当事人或灵活运用成年监护制度就万事大吉了"。[1]

例如，《社会福利基础结构改革的中期总结》[2] 中写道："今后期望尽早制定'成年监护制度'，同时，不仅在财产管理方面，在日常生活方面进行援助也是非常重要的。因此，在社会福利领域，有必要导入和强化成年监护制度的利用以及对老年人、残疾人、儿童等合理利用各种服务进行援助的制度。"为使人们顺利地接受福利服务，日本政府完善了现行成年监护制度和福利制度中的地域福利权利维护事业。[3] 如此一来，被赋予保障民众接受福利服务功能的成年监护制度作为"社会福利体系的重要基础设施"，人们期待与护理保险一起作为"车的两个轮子"发挥作用。[4]

---

[1] 古川孝順『社会福祉基礎構造改革－その課題と展望』、誠信書房、1998、206 頁。
[2] 厚生労働省「社会福祉基礎構造改革について（中間まとめ）―報道発表資料」、1998、http://www1.mhlw.go.jp/houdou/1006/h0617-1.html。
[3] 炭谷茂「社会保障と人権－社会福祉基礎構造改革の目指す理念」、大山博、炭谷茂、武川正吾、平岡公一編『福祉国家への視座－揺らぎから再構築へ』、ミネルヴァ書房、2000、150—169 頁。
[4] 上山泰『専門職後見人と身上監護』、民事法研究会、2008、8 頁。

第三节 作为宣传标语的"成年监护社会化"

一、作为概念的"成年监护社会化"的登场

在本节,受与成年监护制度同时施行的护理保险制度提出的"护理社会化"的启发,笔者提出了"成年监护社会化"。另外,本书之前介绍了法学家提出的带引号的"成年监护社会化"的议论,本书希望读者将其与本书通过分析提出的成年监护社会化概念做一明确的区分。

具有代表性的实务类书籍《成年监护制度——法的理论与实务 第2版》以新井诚(日本成年监护法学会理事长)的"成年监护制度的现状与课题——面向成年监护社会化"作为书的首章。[1] 同为重要民法学者的上山泰[2]也在《职业监护人与人身监护》(民事法研究会出版)一书中以"成年监护社会化"作为第一章的题目。这样,"成年监护社会化"一词作为民法学者讨论成年监护制度时使用的关

---

[1] 新井誠「成年後見制度の現状と課題—成年後見の社会化に向けて」、新井誠、赤沼康弘、大貫正男編『成年後見制度—法の理論と実務 第2版』、有斐閣、2014、1—19頁。

[2] 上山泰『専門職後見人と身上監護』、民事法研究会、2008。

键用语被广泛使用。

　　民法学者使用的"成年监护社会化"的思考点是如何让人们更多利用成年监护制度这一"政策课题"，具有促进政府干预的含义，同时，也意识到了实施的护理保险制度中的"护理社会化"。护理保险制度将家庭中无偿的照护劳动有偿化，通过对其保障，使其成为社会性劳动，从而使家庭中的私有劳动转变为社会性劳动。这也导致了护理劳动功能的外部化。成年监护也以从家庭中的私人角色转变为全社会承担的工作为目标。[1] 民法学者称其为"成年监护社会化"。本书的写作目的是从社会学的角度重新阐释"成年监护社会化"，并期望提炼出一个独创的分析概念。

　　"成年监护社会化"这一用语在成年监护制度领域被普遍使用。那么，它是何时开始使用并推广开来的呢？从2003年日本成年监护法学会创立至今，担任该学会理事长、在日本国内成年监护制度的学术研究以及政策建议领域发挥重要作用的法学家新井诚发表过研究成年监护制度的专著《老龄社会的成年监护法》。新井诚将其著作置于"社会对于成年监护法的需求增多"进程中，"该领域第一部专著"，具有先驱性的位置。[2] 该书是现行成年监护制度，即《民法部分条款修订的法律》《意定监护契约的法

---

[1] 上山泰『専門職後見人と身上監護』、民事法研究会、2008。
[2] 新井誠『高齢社会の成年後見法改訂版』、有斐閣、1999、2頁。

第一章 成年监护制度

律》《监护登记等的法律》《实施民法部分条款修订的法律时相关法律的完善等法律》立法五年前的成果。

之所以这样说,是因为此前在老年人的财产管理、人身监护等问题方面,"一直以来日本的民法学几乎没有讨论过,是一个全新的领域",同样,"几乎没有与《成年监护法》相关的成果"。[1] 该书是对英、德两国成年监护法的比较研究,成为后来日本成年监护法研究之源,并最早提出现行制度提出的"尊重现有自理能力""重视人身监护""表达能力概念的相对化"等基本原理,起到了为日本新成年监护制度讨论指明方向的作用。

然而,在新井的研究中没有出现"成年监护社会化"一词。较早注意到"成年监护社会化"这一用语在学术论文和著作中使用的是该领域最具代表性的法学家之一上山泰。[2] 上山泰在现行成年监护制度引入三个月后的2000年7月曾就"成年监护社会化"作过如下论述,关于"今后新成年监护制度的整体运用方针""我本人理解的关键概念"是"成年监护社会化",更具体地说是"确立对成年监护人的综合援助体系"以及"作为其中一环的《职业成

---

[1] 新井誠『高齢社会の成年後見法改訂版』、有斐閣、1999、3頁。
[2] 上山泰『成年後見と身上配慮日本社会福祉士会成年後見シリーズ3』、筒井書房、2000。上山泰「『成年後見の社会化』について」、『みんけん(民事研修)』、2003、552期、3—10頁。

年监护人的积极运用》",[1] 确保向监护人提供咨询的援助体制,将成年监护的承担者扩大到职业监护人。

在这一时点,"成年监护社会化"概念并不包含政府支持的含义,更多讨论的是确保向监护人提供咨询的援助体制或将监护承担者扩大到专职监护人的问题。此时的三年后,"成年监护社会化"被加入了新的用法。

> 通过法定代理权、撤销权等机制,成年监护制度发挥了合同签署援助体系的功能,是现代日本社会福利事业中最重要的基础……因此,作为社会福利基础建设的一部分,保障普通市民享有成年监护制度是国家和地方政府的责任。这里可归结为"成年监护社会化"的视角。[2]

综上所述,以上是从让更多人利用的"政策性课题"来研究成年监护制度的,将"成年监护社会化"作为促进政府干预的用语,也有人说这是意识到了"护理社会化"。[3] 上山泰在论述"成年监护社会化"时,特别强调从

---

[1] 上山泰『成年後見と身上配慮日本社会福祉士会成年後見シリーズ3』、筒井書房、2000、112頁。
[2] 上山泰「『成年後見の社会化』について」、『みんけん(民事研修)』、2003、552期、4—5頁。
[3] 上山泰「『成年後見の社会化』について」、『みんけん(民事研修)』、2003、552期、5頁。

第一章　成年监护制度

"确保成年监护人等人力资源"的"政策性课题"和"对低收入阶层利用制度的费用进行经济援助"的视角把握"成年监护社会化"。

之后，在刚成立不久的日本成年监护法学会的研讨会上，"成年监护社会化"被频繁提及。日本成年监护法学会官网主页"概要"中有这样的内容："为谋求成年监护制度的研究和普及，一般社团法人日本成年监护法学会从2003年11月开展了多项学术活动。"第二年即2004年，召开了第一届学术大会（2004年5月29日），该学术研讨会的主题是"成年监护社会化"。[1] 之后，第二届学术大会的主题也是"成年监护社会化（2）——地域网络构建"。[2] 日本成年监护法学会在创立之初就把"成年监护社会化"置于研究的中心位置。如此一来，在日本成年监护法学会的活动以及隶属此学会的法学家和实干家们的实践中，"成年监护社会化"被作为一个重要的核心概念被认知。

日本成年监护法学会原本就是以普及成年监护制度为目标而成立的。"我们研究、实践成年监护，为构建便于使用的制度而提出建议。我们每年召开一次学术大会，为会员发表各自研究成果提供场所。此外，为普及成年监护制

---

[1] 日本成年後見法学会「統一テーマ——成年後見の社会化」、『成年後見法研究』、2005、2期、27—92頁。

[2] 日本成年後見法学会「統一テーマ——成年後見の社会化」、『成年後見法研究』、2005、2期、27—92頁。

045

度还召开形式多样的专题讨论会等"（见日本成年监护法学会官网主页）。[1] "成年监护社会化"这一专门用语从一开始就充满着对普及制度的期待。

二、作为宣传标语的"成年监护社会化"

本书第二章第一节总结了法学家在学术上对"成年监护社会化"含义的讨论。本节展现的是"成年监护社会化"是如何被作为成年监护制度的理想状态而利用的。独立行政法人国民生活中心主办的杂志《国民生活》[2] 刊载的"特辑"《活用成年监护制度为目标》中"成年监护社会化"不仅是面向专业人士，更是面向普通民众的词汇。新井对此做了如下介绍。

> 在"横滨宣言"中，成年监护制度被确立为无论利用者的资产有多少、有无申请人，"任何人都可以利用的制度"。为此，政府有必要对成年监护制度整体进行援助，这一政府的援助体系是"成年监护社会化"的实现，我建议构建一个由政

---

[1] 日本成年後見法学会「主な活動」、http://jaga.gr.jp/katudou/。
[2] 独立行政法人国民生活センター「特集　成年後見制度の活用をめざして」、『国民生活』、51、2016、http://www.kokusen.go.jp/wko/pdf/wko-201610_01.pdf。

第一章 成年监护制度

府来支持的制度体系。[1]

如上所述，对成年监护制度"社会化"的理解就是该制度获得广泛的支持、由政府支持成年监护制度是其"社会化"的用法。我们希望建构的是这样一种制度：即便在亲属申请原则下缺乏亲属出任申请人，或没有足够的资产支付成年监护制度的申请费和第三方成年监护人的报酬的情况下，也能利用的成年监护制度。笔者使用的"成年监护社会化"包含实现这样一种社会的含义。这里设想的具体制度是，申请方面利用市町村长申请制度、报酬费用方面利用成年监护制度援助项目等，因此"行政部门必须对成年监护制度整体给予支持"这一表述，有着充实完善制度利用体制的含义。

上述"横滨宣言"是2010年在日本召开的成年监护法领域首次国际会议上提出来的，全称是"关于成年监护制度的横滨宣言"。以"宣言"的形式公示，可以说是大多数法学家和实务工作者所对"成年监护社会化"取其最大公约数的一种用法。

此外，同样是成年监护法学会中心人物的民法典学者

---

[1] 「成年後見制度のこれまでとこれから—成年後見制度利用促進法と円滑化法の制定（特集　成年後見制度の活用をめざして）」独立行政法人　国民生活センター、『国民生活』、51、2016、http://www.kokusen.go.jp/wko/pdf/wko-201610_01.pdf。

小贺野晶一，从与护理社会化的关联中去解释"成年监护社会化"。他认为，二者意思迥异，"但在广泛寻求劳务和事务的承担者方面，护理与成年监护是共通的"，他从护理社会化中发现了"成年监护社会化"的位置。"成年监护社会化"绝不仅仅是成年监护的普及，更从根本上构筑了制度和人与人之间崭新的关系，祈盼民众福利的提高、地域社会的发展[1]。如上述所言，"成年监护社会化"含义中蕴藏了成年监护制度的利用和普及给地域社会带来的附加效果。

在上述法学家对"成年监护社会化"的讨论中，将"社会化"理解为在政府支持下运用成年监护制度。这一观点得到了众多相关人员的认可，被公认为是具有最大公约数的定义。该含义被明确写入"关于成年监护制度"的"横滨宣言"中的一节，也是在成年监护法领域国际会议上发布的。另外，小贺野在阐述"护理社会化"时从承担者与地域之间的关系来解释"成年监护社会化"。

笔者将在第二章第一节对代表性学者关于成年监护制度法学的四种观点进行梳理，并对"成年监护社会化"这一用语所蕴含的定义、用法和词法进行探讨。

---

[1] 小賀野晶一『民法と成年後見法—人間の尊厳を求めて』、成文堂、2012、129頁。

第二章

成年监护社会化

第二章 成年监护社会化

第一节 "成年监护社会化"的法学阐释

第一章第一节论述了成年监护制度的概要，第二节论述了成年监护制度成立的背景，第三节探讨了成年监护制度在创立伊始，"成年监护社会化"这一观念被专门研究成年监护的民法学者从护理社会化中借用过来，并由日本成年监护法学会以及专职的职能团体作为政策性观念提出来。当然，使用这一观念的人立场和语境不同，"成年监护社会化"的用法/语法含义可能也不同，但成年监护制度是在政府援助体制中被运用的，在这一点上多数相关人士是赞同的。

本节探讨的是研究者是如何讨论"成年监护社会化"的，特别是关于"成年监护社会化"的法学阐释，笔者归纳了代表性学者的四个观点，阐述"成年监护社会化"这一用语所包含的定义、含义、意图和所运用的范围。

请读者注意，本节围绕"成年监护社会化"的讨论与本书第三章以后展开的成年监护社会化是完全不同的。本书的立场是基于笔者对田野调查的分析和考察，试图将其提炼为一个具有独创性的社会化概念（去掉引号的成年监护社会化）。

一、从日本成年监护法学会的探讨看四个"成年监护社会化"

(一) 从市町村长申请制度看"成年监护社会化"

如上所述，2003年设立的一般社团法人日本成年监护法学会于2004年召开了第一届学术大会，提出了"成年监护社会化"。

代表性学者是民法学者岩志和一郎，他主要探讨的是对私人关系予以规定的民法之上的成年监护制度，期待其在社会福利制度中发挥作用。岩志列举了"市町村长申请"并将其作为体现"成年监护社会化"的基准。个体对平等、自由、幸福的追求是在各自独立的自我决定基础上与他人交涉、通过协商决定形成权利义务关系中获得的。在自我决定能力不足的情况下，"借助他者补充自己能力或以代理的方法帮其决定，作为对自我决定能力不足群体进行保护的监护制度"被吸纳进了私法制度。[1]

因此，成年监护制度可以说"具有对广泛私人自治进行补充完善的目的"，但另一方面，从财产管理方面来说，

---

[1] 岩志和一郎「成年後見の社会化の意義」、『成年後見法研究』、2005年第2期、27頁。

第二章　成年监护社会化

是以富裕阶层为对象的，并没有将无财产之人作为其利用对象。[1] 岩志认为，这是因为社会互助的视角没能被吸纳进民法之中。

但伴随少子老龄化的进展，没有家庭和财产以及有监护需求的群体数量在增加，如果想让人们在社会中安心度日并灵活运用成年监护制度，就有必要构筑使其有效发挥作用的社会体系。[2] 这样，成年监护制度逐渐被要求"超越单纯的私法制度框架，作为社会化体系被运用"。[3]

具体而言，针对以成年监护制度为前提的四亲等亲属提出的申请，新设立了市町村长申请制度。民法本来就是以申请制为基础的，因此，成年监护开始采用的也是申请制而不是强制执行的方式，在此基础上重新引入了地方政府首长的申请制度。不过，这项申请的规定是明确记载在《老人福祉法》及《智力障碍者福祉法》中，[4] 而非记载在民法中。

---

[1] 岩志和一郎「成年後見の社会化の意義」、『成年後見法研究』、2005、2期、27頁。

[2] 岩志和一郎「成年後見の社会化の意義」、『成年後見法研究』、2005、2期、29頁。

[3] 岩志和一郎「成年後見の社会化の意義」、『成年後見法研究』、2005、2期、29頁。

[4] 岩志和一郎「成年後見の社会化の意義」、『成年後見法研究』、2005、2期、30頁。

(二) 地域网络视角下的"成年监护社会化"

日本成年监护法学会第二届学术大会的主题是"成年监护社会化（2）——地域的网络建构"（见日本成年监护法学会官网主页）。第一届大会之后，"成年监护社会化"被作为学会初创期的主题被提出，这是因为日本成年监护法学会的研究者和实务工作者均认为其中有值得充分讨论的重要问题。

这里提醒读者注意的是，本节副标题"地域的网络建构"是该大会的主题，在"成年监护社会化"中，为何地域的网络建构受到重视，岩志在日本成年监护法学会第一届学术大会上做了如下阐述。

> 对于在个人的人际关系范围内未能挑选出合适的监护人或者连受保护的契机都得不到的那些需要保护的人，由地方自治体和权利维护的专家团体代替个人的人际关系，可使其接受必要的保护，正是由于（市町村长申请制度的运用）让成年监护具有了社会化的象征意义。[1]

---

[1] 岩志和一郎「成年後見の社会化の意義」、『成年後見法研究』、2005、2期、29頁。

第二章　成年监护社会化

　　岩志认为，成年监护制度包含了市町村长申请制度的社会性功能，通过运用制度，政府和专职人员与当事人产生了直接的联系，这就是"成年监护社会化"。因为，要想让成年监护制度在社会中得到有效利用，民间、政府、司法之间的合作不可或缺。在地域社会中守护需要监护者的医疗从业人员、福利相关人员、法律相关人员等的合作体制，即"地域网络"[1] 的存在非常重要。民法上的成年监护制度在运用中所蕴含的"社会互助"视角是划时代的。

　　日本成年监护法学会的主要讨论人之一上山泰曾论述道，在"摆脱以往依赖家庭的成年监护框架，向着全社会支持的制度转型"的过程中存在着"成年监护社会化"。[2] "社会化"最重要的指标之一是市町村长申请[3]制度。在遇到无家人可依靠或即便有家人但家人不配合的情况下，"在成年监护制度初创时基于'社会化'基本理念的社会支持是十分必要的"。[4]

　　观察各地方自治团体的市町村长申请制度的运用情况，就能了解地域网络在该地区发挥了多大作用。这里也包含了对地域福利问题的关注。岩志和上山泰认为"地域网络

　　1　岩志和一郎「成年後見の社会化の意義」、『成年後見法研究』、2005、2期、27頁。
　　2　上山泰『専門職後見人と身上監護』民事法研究会、2008、2頁。
　　3　上山泰『専門職後見人と身上監護』民事法研究会、2008、18頁。
　　4　上山泰『専門職後見人と身上監護』民事法研究会、2008、18頁。

的完善"是"成年监护社会化"的社会性条件,并在"成年监护社会化"的重要论述上提出了"成年监护社会化"概念。岩志和上山泰等法学家很早就认识到地域网络在市町村长申请制度有效运行中的重要性。

本书第三章以笔者亲自调查为基础对市町村长申请制度的运用进行了分析和考察。即便现在来看,以上法学家的观点也是非常有先见之明的。

(三) 成年监护承担者视角下的"成年监护社会化"

上山认为现行的成年监护制度在制度设计的时候已试图摆脱家庭,并由此发现了"成年监护社会化"。

成年监护制度在形式上存在于民法典中,实际是作为一种社会福利体系在发挥作用。为此,要建立一种全社会支持的成年监护运行体制。成年监护的"社会化"道路的目标是应对老龄社会和充实残疾人福利,可以说,在2000年计划制定成年监护制度的进程中就已包含了这些内容。"社会化"的关键不仅存在于与社会保障法相衔接的制度的外部,还隐藏于修订后的民法典内部。作为这一"社会化"的内因,成年监护制度和法人监护人制度这两项新制度的制定以及配偶法定监护制度的废止备受瞩目。[1]

修订前的旧民法规定,夫妻一方在被禁治产宣告或准

---

[1] 上山泰『専門職後見人と身上監護』民事法研究会、2008、19頁。

第二章 成年监护社会化

禁治产宣告的情况下，另一方必须成为监护人或保佐人（旧民法第 840 条、第 847 条第 1 款）。这样就与护理领域的"老老护理"[1] 一样产生"老老监护"这一社会问题的风险。上山泰还指出，"该制度也是将家庭成员束缚于成年监护，因此，废除旧制度是朝向'社会化'迈出的重要一步"。[2] 而且，现行法律废止了"配偶法定监护人制度"，理由是"不能因为是配偶就理所当然地成为监护人，还应将其他人纳入候选人的考虑范围，由家庭法院筛选出最佳人选"。上山泰对此给予了极高的评价。[3]

俗话说，"法不入家门"，"家庭成员是法律适用的一块圣域"，但这一领域正向家庭成员以外逐渐开放，也就是说，一直封闭在家庭内部的成年监护角色逐渐由第三方监护人承担。上山泰将其作为"成年监护社会化"来思考。[4]

综上所述，对上山泰来说"成年监护社会化"是"对成年监护的社会援助方法"。[5] 市町村长申请的动向以及第三方监护人的比例在客观数据上得到具体体现。[6] 就这样，在过去的 20 年间，谋求成年监护社会化的指标被纳入该制度的运用和完善进程（本书则相反，试图通过社会化概念

---

[1] "老老护理"，即低龄老年人照顾和护理高龄老年人。——译者注
[2] 上山泰『専門職後見人と身上監護』民事法研究会、2008、21 頁。
[3] 上山泰『専門職後見人と身上監護』民事法研究会、2008、22 頁。
[4] 上山泰『専門職後見人と身上監護』民事法研究会、2008、152 頁。
[5] 上山泰『専門職後見人と身上監護』民事法研究会、2008、23 頁。
[6] 上山泰『専門職後見人と身上監護』民事法研究会、2008、23 頁。

的多种含义提出作为"成年监护社会化"的前提并将其相对化)。

(四) 市民监护视角下的"成年监护社会化"

最后,再来看看小池信行[1]的观点。他在"成年监护社会化"中蕴含了对市民监护的期待。从市町村长申请制度及发挥成年监护中第三方作用的角度研究"成年监护社会化",在这一点上,小池与前述的岩志和上山泰的立场是相同的。

> 市町村长申请制度是依据福利关系法,在一定的条件下解除了自禁治产制度时代就存在的"由亲属申请"这一民法的制约,这对于以"成年监护社会化"为目的的制度具有极其重要的意义。[2]

如上所述,成年监护制度在社会法中的作用受到重视,小池对第三方监护人的选定比例有如下观点。

---

[1] 小池以法务省大臣官房审议官的身份参与了1999年的"成年监护相关4法"的立法工作,直到2006年才辞去法官职位。他作为一般财团法人民事法务协会的会长,为推动市民监护工作的发展作出了贡献。

[2] 小池信行「『地域後見』への途─我が国の成年後見制度の歩み」、森山彰、小池信行編『地域後見の実現』、日本加除出版、2014、24—25頁。

第二章 成年监护社会化

亲属监护人比例下降的背景是：近年来无依无靠的老人增多，亲属关系淡薄或亲属自身老龄化，再加上亲属之间围绕被监护人财产的纠纷日益增多等，这些因素导致出现无亲属可选做监护人的情况……在以德国为首的欧洲诸国，亲属监护人比例依然超过60%，从这点来看，我国"家庭成员监护"的社会条件正在迅速丧失。[1]

相较以德国为首的欧洲国家亲属监护人占60%以上，小池认为日本亲属监护人的选定比例下降、第三方监护人增加主要归因于个体化和亲属老龄化，或亲属间有财产纠纷等。这是法学家独特的观点。担任日本成年监护法学会理事长的法学家新井诚将委托第三方担任监护人的案例归纳为以下两种情况：(1)"亲属监护人难以处理的事案"（法律纠纷，亲属间对立，虐待等）；(2)"无依无靠或虽有亲属但由于居住距离较远，估计无法承担监护等职责"（无法期待亲属监护）。[2] 而且，由于家庭结构的变动、家庭意识的变化、亲属间的纠纷等原因，找不到可以担任监护人的亲属。这是第三方监护人出现的背景。

---

[1] 小池信行「『地域後見』への途―我が国の成年後見制度の歩み」、森山彰、小池信行编『地域後見の実現』、日本加除出版、2014、17頁。
[2] 新井誠「第三者後見人養成の意義」、『実践　成年後見』、2006年第18期、5頁。

成年监护社会学

　　小池对第三方监护人观点的独特性在于,他认为在承担成年监护的第三方监护人中存在以地域为主体的市民监护,特别是第三方监护人中市民监护人成为监护主体承担者,这对于"成年监护社会化"至关重要。

　　　　在我国(日本)社会日益严重的老龄化、少子化的背景下,从平成十五年(2003年)开始,人们就认识到了"成年监护社会化"的必要性。这种社会化的核心是很多普通市民成为监护主力军,然而,迄今为止尚未寻找到实现这一社会路径的方法。在这几年里,促进"社会化"的重要因素不断出现,我们十分期待"市民监护人"未来能成为该制度的主力军。

　　如上所述,小池把市民监护摆在了实现"成年监护社会化"的重要位置。除了岩志和上山泰认为申请利用成年监护制度需要建立地域网络之外,小池在讨论成年监护的负责人时还引入了混合型福利(welfare mix)以及福利多元化(welfare pluralism)[1]的视角。

---

[1] 在福利多元化视角下,将社会服务供应组织视为社会分工。分别从非正式部门(家庭成员、亲属、邻里等第一集团)、志愿部门(NPO、生活协同组合、社会福祉法人等)、市场部门(民间非营利部门、商业部门)、公共部门来进行讨论。

第二章 成年监护社会化

二、"成年监护社会化"的法学阐释

"成年监护社会化"一直以来被用作政策目标,笔者整理了专门研究成年监护法的民法学者的论述,以下从四方面予以介绍。

第一,民法的成年监护制度是通过灵活运用市町村长申请制度来解决社会福利问题的。这里,其民法特征发生了变化并产生出了"成年监护社会化"。

在完善市町村长申请制度的操作层面,成年监护制度超越私法框架具有划时代意义。民法是关于私人间私法法律关系的私法法规的一般法,把向家庭法院提出的申请权授予行政机关的规定置于民法之中,在法律上是不妥当的。因此,"相当于在作为公法的行政法规中设置关于该申请权的规定"。[1] 结果造成了市町村长申请制度不是民法,而是散见于各种残疾人制度的规定中,例如《老人福祉法》(第32条)、《智障者福祉法》(第28条)、《关于精神保健及精神残疾人福祉的法律》(第51条第11款第2项)。

第二,为了使市町村长申请制度得以顺利运用,地域网络是不可或缺的。凭借地域网络,有监护需求的人可以

---

[1] 小林昭彦、原司『平成11年民法一部改正法等の解説』、法曹会、2002、67页。

有针对性地利用成年监护制度，特别是从市町村长申请制度运用的角度，应把构建地域网络摆在实现"成年监护社会化"的优先位置。

这是因为，市町村长申请的案例一般是在了解到成年监护的需求之后，再去办理具体申请手续。如果行政机关和有监护需求者之间没有积极的互动，即便有成年监护需求也不会利用市町村长申请制度去申请成年监护。申请成年监护制度多向行政机关、地域综合支援中心、专职人员、护理援助专员、访问护理员、机构相关人员、民生委员、警察等寻求协助。因此，"市町村长申请的案例是成年监护社会化的缩影"。[1]

第三，成年监护是由家庭以外的人来承担的，也就是说，承担者由亲属向第三方的转移被认为是"成年监护社会化"的目标。这与社会学把家务和育儿的去家庭化表现为社会化的用法相同。但成年监护人为何由第三方担任？应从哪里探寻其主要原因？且实现后的社会化又是怎样的呢？本书在这些问题上得出了与前文中小池、新井不同的结论。笔者将在第四章对此展开详细探讨，这里不再赘述。

第四，有人指出，作为成年监护的承担者，不应单纯重视第三方，普通市民承担监护人也是"成年监护社会化"的要素。社会福利学者岩间伸之是这样描述市民监护的重

---

[1] 上山泰『専門職後見人と身上監護』、民事法研究会、2008、235頁。

第二章　成年监护社会化

要性的：市民监护开辟了一条"既有法律依据又能以市民的立场参与维护自身权利的道路"，使得成年监护制度通过最大限度地灵活运用"市民立场"而得以实现。[1] 这里我们看到，不能仅限于委托给第三方监护人就万事大吉，只有市民监护人才能思考具体实践的援助内容。

讨论成年监护人选不得不触及一些规范和价值判断的问题，例如，将会对当事人的生活产生多大影响？当事人的财产管理和人身监护（生活方面的自我决定）等某种权力怎样由社会分担？成年监护社会化具有怎样的形式？希望将这种权力赋予谁？又以何种方式赋予？这些都有必要探讨出最合适的方法。不仅要从法学视角，还要从对个人与社会关系持有浓厚兴趣的社会学的立场出发，对成年监护制度的运用和发展做综合性探讨，这是很有意义的。

综上所述，将"成年监护社会化"的法学理解整理为以下四点：第一，作为市町村长申请制度的民法包含了社会法的功能；第二，为有效发挥市町村长申请制度的作用，应探讨地域网络的理想状态；第三，监护承担者从亲属向第三方转换；第四，监护人不仅有第三方监护人，市民监护人也应承担起这份责任。

在专门研究成年监护制度的法学家们的讨论中，"成年

---

[1] 岩間伸之「『市民後見人』とは何か—権利擁護と地域福祉の新たな担い手」、『社会福祉研究』、2012、113期、9—16頁。

监护社会化"成为内涵丰富的用语,其内涵在不断更新、变化,今后也终将会被新的内涵所取代。回顾迄今为止的成年监护的讨论,我们可以清晰地看到,它已超越了狭义的法学范畴,而在社会学范畴上得以探讨,其设定的问题也被延伸和扩展了。

第二节 "护理社会化"的社会学阐释

上一节从四方面梳理和介绍了成年监护制度代表性学者提出的"成年监护社会化"用语是如何被运用的。本节拟从以下三个角度就"成年监护社会化"这一用语进行梳理,探讨其是如何诞生的?又是在何种语境中被提出的?

第一,在谋求建立护理保险制度的20世纪90年代,"护理社会化"用语被提出。笔者对此进行了归纳。第二,论述在政策研究中如何评价"护理社会化"。第三,阐述社会学是如何接受"护理社会化"这一概念的。

本节归纳了如何应对社会化的方法,探究了社会学中社会化的理想状态,阐述了如何应对成年监护社会化。

一、作为宣传标语提出的"护理社会化"

社会学家森川美绘全方位地分析了护理作为劳动是如

第二章 成年监护社会化

何被"可视化"的，现归纳如下：护理社会化是"对于建立长期护理保险制度的一种舆论的象征性表现"，是"市民运动宣传标语"，是一种"政治宣传"。[1] 樋口惠子作为法人的"改善老龄社会的妇女之会"是护理制度创设的主要力量，以"护理社会化"为宣传标语，开展了推动创设护理保险制度的运动。[2]

1996年，樋口惠子和堀田力成立了"推进护理社会化万人市民委员会"，呼吁把原本作为家庭功能的护理改为由社会承担。作为宣传标语的"护理社会化"自然带有多种含义，例如，其被赋予了"老龄时期的自立支援""自我决定权""选择的权利""从贫困救济措施到普遍的社会保险制度""契约""把家人从护理地狱中解放出来"等不同的立场以及多种含义。[3]

虽说如此，20世纪90年代后半期以后，"护理社会化"这一用语开始被广泛应用于老年人护理领域。[4] 政府在《厚生白皮书》平成十一年版（1999年版）等皮书上也

---

[1] 森川美絵『介護はいかにして「労働」となったのか』、ミネルヴァ書房、2015、19頁、141頁。
[2] 森川美絵『介護はいかにして「労働」となったのか』、ミネルヴァ書房、2015、19頁、141頁。
[3] 平田厚『権利擁護と福祉実践活動—概念と制度を捉え直す』、明石書店、2012、247頁。
[4] 森川美絵『介護はいかにして「労働」となったのか』、ミネルヴァ書房、2015、142頁。

开始使用这一诞生于市民运动的词汇——"护理社会化"。[1]

森川列举了以下三点政府顺应"护理社会化"论的意义[2]：第一，对家庭成员作为护理的供给主体与外部供给主体间的关系进行讨论。一直以来家庭作为供给主体是显而易见的，[3] 由于"护理社会化"这一用语的诞生，人们得以在与家庭成员和外部供给资源的平衡关系中发现了供给主体的家庭的存在方式，并对其重新予以定位。

第二，即使家庭成员中有能够提供护理的人员，社会保障制度也保证了选择外部服务来代替家庭成员。[4] 正如上野千鹤子把老年人福利称为"市场失灵"和"家庭失灵"的补充物，[5] 家庭成员作为护理资源时显而易见的，在此之前的服务付费条件是不包括同居家庭成员的，只局限于低收入人群。"护理社会化"颠覆了这一福利服务体制的结构。

第三，关于护理费用的承担。"护理社会化"使探讨家

---

[1] 森川美絵『介護はいかにして「労働」となったのか』、ミネルヴァ書房、2015、142頁。
[2] 森川美絵『介護はいかにして「労働」となったのか』、ミネルヴァ書房、2015、143頁。
[3] 森川美絵『介護はいかにして「労働」となったのか』、ミネルヴァ書房、2015、143頁。
[4] 森川美絵『介護はいかにして「労働」となったのか』、ミネルヴァ書房、2015、144頁。
[5] 上野千鶴子『ケアの社会学―当事者主権の福祉社会へ』、太田出版、2011。

第二章　成年监护社会化

庭成员的护理费用的社会化成为可能。以前的参与型福利社会论"把重点放在培养家庭以外多元化的护理供给资源","几乎不涉及"护理费用问题,[1] 与此形成鲜明对比的是,"护理社会化"这一用语的出现使得探讨替代家庭成员护理功能的社会保障制度成为可能。

二、政策研究的"护理社会化"

"护理社会化"诞生于市民运动中,政府在使用这一用语的过程中,将以往抽象的概念具体形象了,并进一步作为可供讨论的课题。

尽管如此,在我们讨论时,并不清楚学者们对"护理社会化"概念有多少共同认知。例如,在老年人护理领域,很少把"护理社会化"用于政策分析的操作性定义来归纳。[2] 这意味着,包括与此相似的术语在内,迄今为止许多讨论者在各种语境中使用了不同的含义。[3] 实际上,家庭社会学家藤崎宏子在护理保险制度刚开始实施时也谈及

---

[1] 森川美絵『介護はいかにして「労働」となったのか』、ミネルヴァ書房、2015、144頁。
[2] 森川美絵『介護はいかにして「労働」となったのか』、ミネルヴァ書房、2015、144頁。
[3] 下山昭夫『介護の社会化と福祉・介護のマンパワー』、学文社、2001、44頁。

"护理社会化""实际上究竟意味着什么是比较模糊的"。[1]说到底，这只是一种旨在摆脱护理依赖家庭这一既往状态的泛泛的说法，并没有跳出宣传标语的范畴。

因此，关于"护理社会化"的内涵，专家们的用法/语法都十分混乱。在护理保险制度的创设期，最早论述"护理社会化"的是社会福祉学（老年人福利）专家下山昭夫。早在护理保险制度实施后不久的 2001 年，下山昭夫就把"护理社会化"本质论述为"从私人护理到社会护理的基础的改变"。他将"护理社会化"阐述为"对有需求的老年人进行身体护理和子女等家庭成员的私人护理为基础的体系，转变成了以社会护理为基础的体系，其法律上的第一责任主体发生了变更"。[2]并且，下山昭夫还将"市场机制的利用""地域社会相互扶助这一社会连带关系""扩充公共服务"作为重新构建社会护理的方法。[3]

这样一来，一直被认为是个人在私人生活领域的活动或发挥作用的护理，在社会责任的基础上逐渐被承担起来，

---

[1] 藤崎宏子「介護保険制度と介護の『社会化』『再家族化』」、『福祉社会学研究』、2009、6 期、41—57 頁。

[2] 下山昭夫『介護の社会化と福祉・介護のマンパワー』、学文社、2001、44 頁。

[3] 下山昭夫『介護の社会化と福祉・介護のマンパワー』、学文社、2001、44 頁。

第二章 成年监护社会化

下山昭夫找到了"护理社会化"概念。[1] 之后,"护理社会化"概念又被分为以下两个用法,一个是护理服务的"外部化",另一个是根据护理服务的外部化产生的护理费用的"社会负担"。[2] 相同的是,森川把这种家庭外供给主体的"替代性"以及对家人的护理支出和公共制度筹资的理想状态的"费用化"表现出来。[3] 如此一来,受到家政学研究者伊藤(伊藤セツ)的"生活社会化"论的影响,"护理社会化"概念就集中在"劳动的社会化"和"费用的社会化"这两个用法上。[4]

如上所述,"护理社会化"概念的诞生使"从作为劳动的'替代性'和'费用化'的观点来理解家庭护理"成为可能。而且,在这一问题构成的基础上"在政策和政治上创造了探讨空间",这一观点获得了好评。[5]

---

[1] 下山昭夫『介護の社会化と福祉・介護のマンパワー』、学文社、2001、44頁。
[2] 下夷美幸「家族福祉政策研究の展開と現代的課題」、『家族社会学研究』、1998、10期、85—110頁。
[3] 森川美絵『介護はいかにして「労働」となったのか』、ミネルヴァ書房、2015、144頁。
[4] 森川美絵『介護はいかにして「労働」となったのか』、ミネルヴァ書房、2015、144—145頁。
[5] 森川美絵『介護はいかにして「労働」となったのか』、ミネルヴァ書房、2015、142頁。

三、社会学的"护理社会化"

至此,我们梳理了"护理社会化"这一用语的形成过程,确认了在之后的政策研究中是如何评价"护理社会化"的。接下来,本节将总结社会学领域是如何看待"护理社会化"的。通过本部分的论述,我们可以清楚了解到,从社会学中的社会化论的谱系来看,"护理社会化"这一社会化用法不过是其中一种新用法。

在社会学中,社会化(socialization)论的历史演进受各个时代政治动向的影响,同时也反映了学术支配权的趋势。它在与各时代风潮对峙的同时,吸收多种含义后变得抽象,具有一种被赋予含义不断变化且持续更新的特质。社会学家市野川容孝[1]深入思考并将这种社会化变迁及其应有形式替换为"社会性的东西"。笔者在下文中根据市野川的梳理回顾了"日本社会科学中'社会化'一词的历史"。[2]

市野川认为,社会化的用法可分为以下四大类。[3] (1) 1907年在殖民语境中使用的"社会化"。从1873年(明治六

---

[1] 市野川容孝『思考のフロンティア 社会』、岩波書店、2006。市野川容孝『ヒューマニティーズ 社会学』、岩波書店、2012。市野川容孝「ネオリベラリズムと社会的な国家」、『社会的なもののために』、ナカニシヤ出版、2013、3—60頁。

[2] 市野川容孝『ヒューマニティーズ 社会学』、岩波書店、2012、95頁。

[3] 市野川容孝『ヒューマニティーズ 社会学』、岩波書店、2012、95—97頁。

第二章　成年监护社会化

年）到 1879 年（明治十二年），用"社会化"一词表现明治政府强制吞并琉球，即"琉球处分"。这一表达方式意味着社会将个人或社会作为部分社会成分或部分的事业。（2）从 20 世纪 20 年代到 30 年代，社会主义和马克思主义的语境中开始使用"社会化"一词。这意味着废除生产资料的私有，实行社会所有，且为了社会的利益由社会性机构管理和所属。但到 1944 年，"社会化"这一概念发生了变化，"这一社会主义的含义被彻底地从社会化这一词汇中抹去了"。（3）是被格奥尔格·齐美尔（Georg Simmel）的"社会化"概念取代的完全不同的一种解释。齐美尔研究的社会聚焦于人与人之间互相作用的人际关系不同形式的集合，他认为应要求每个人以统一的方式来谋求社会的统一，这就是"社会化"。（4）最后是"心理学化的社会化"。这是关注到人们如何将社会规范进行内化而使用的用法。在时间序列上是"社会化"概念发展至今的最终形态。

市野川基于上述梳理一针见血地指出，"现代社会学允许使用的"首先是（4），其次是（3）。（1）的社会化含义"几乎被遗忘"，（2）的社会化含义如"禁止其使用已成为一种潜规则"一样，"现代社会学在尽可能远离社会主义和马克思主义的同时，改变了其含义"。[1] 虽然"社会学家如果不用'社会性'这个词就没啥可说的"，但 20 世纪以

---

[1] 市野川容孝『ヒューマニティーズ 社会学』、岩波書店、2012、96—97 頁。

后,"社会性"的含义和用法发生了很大的扭曲和变化[1],他给社会学家提出了问题并促其产生一种自觉。

在讨论护理保险制度的兴盛期,从20世纪90年代后半期开始,"社会化"概念中被植入了新的表达方式,这就是"护理社会化"。市野川将"护理社会化"中的"社会化"置于"位于医疗社会化的延长线上"来研究。[2] 实际上,这与上述四项观点中的(2)最为接近。[3] 市野川此处所说的"医疗的社会化"中的社会化指的是不管"收入高低"和住在哪个"地域","任何人"都可以根据需要"平等"地接受必要的医疗服务。[4]

然而也有人指出,上述内嵌于"医疗社会化"内的理念,在本该"位于延长线上"的"护理社会化"中被剔除了,也就是说,由于护理保险制度是在新自由主义走强的时代背景下被制度化的,因此,本来"医疗的社会化"所蕴含的"无论何处、无论是谁都平等"利用的理念从"护理社会化"的用法中被隐去了。[5] 而且,由于护理主要是

---

[1]　市野川容孝『ヒューマニティーズ 社会学』、岩波書店、2012、94頁。
[2]　市野川容孝『ヒューマニティーズ 社会学』、岩波書店、2012、97頁。
[3]　市野川容孝「ケアの社会化をめぐって（特集　介護―福祉国家のゆくえ）」、『現代思想』、2000/28巻4期、114—125頁。
[4]　市野川容孝「介助するとはどういうことか―脱・家族化と有償化の中で」、上野千鶴子、大熊由紀子、大沢真理、神野直彦、副田義也編『ケアという思想 ケアその思想と実践1』、岩波書店、2008、135—150頁。
[5]　市野川容孝『ヒューマニティーズ 社会学』、岩波書店、2012、97頁。

第二章　成年监护社会化

由家庭，特别是由女性无偿承担的，因此只强化了"去家庭化"的意义，且"护理社会化"这一现在用法得到了普及。[1]

这样一来，通过对既存的社会化概念进行相对化和研究，才有可能重新探讨原本的"护理社会化"遗漏了什么，理想的"护理社会化"是怎样的。[2] 以"成年监护社会化"为分析对象进行研究，推导并提炼出"成年监护社会化"原本的分析概念，这就是本书希望事先厘清的问题。

综上所述，本节通过再次探究"护理社会化"这一用语，阐述了"社会化"被赋予的定义、含义以及用法随时代和语境变化而不同。在历史的解体与重构中，社会化概念在不断被忘却、被肢解和被再编的历史中带着一丝暧昧，自由地变幻着形式。也可以说，社会化概念是凭借其韧性在支撑着社会学的发展。

如果自由改变含义是社会化概念的特点，那么"成年监护社会化"也不例外。换句话说，重新探讨以往的"成年监护社会化"概念，洞悉其中未能言及之义，以更丰富的内涵重新评价"成年监护社会化"，将其重新描绘成更富

1　市野川容孝『ヒューマニティーズ 社会学』、岩波書店、2012、97頁。

2　另外，关于市野川遗漏的"护理社会化"可参见市野川2009年的论文，其中有详细介绍。一言以蔽之，市野川认为，原本"护理社会化"的存在方式不是"特定的人们所必须做的"这一特殊方式，而是应该把护理置于地域全体支持的范畴。

魅力的事物应该是可行的。这就是以"成年监护社会学"为题的拙作，选择以别样的形式聚焦于当今成年监护。同时，这一研究也显示了从社会学的问题设定跨学科讨论成年监护制度是可行的。本书以上述问题为立足点，开辟出原本可能存在的与众不同的社会化的可能性，同时沿着这一分析视角，从社会学立场探寻成年监护社会化概念。

第三节 成年监护社会化对"护理社会化"的补充

笔者在上一节从以下三个视角对"护理社会化"概念进行了梳理。

第一，"护理社会化"这一用语产生于市民运动并被提倡；第二，由此诞生的宣传标语"护理社会化"作为创新社会福利的前提条件的手段，在政策研究领域受到了好评；第三，指出目前"护理社会化"的用法脱离了"医疗的社会化"的语境。社会学把社会化视作多义性概念来处理，这对于本书推进成年监护社会化的讨论非常重要。

本节首先论述"护理社会化"通过护理保险制度给当事人和家人带来的影响及其局限性，然后，探讨成年监护制度如何参与"护理社会化"论的课题。从理论上将"护理社会化"与成年监护社会化连接起来。最后，总结成年监护社会化的外延。

笔者试图通过上述研究，在社会福祉学、家庭社会学所关注的问题之上，将成年监护社会化作为自己的研究课题。

一、"护理社会化"及其局限性

不仅要在护理保险制度层面，还要在年金制度层面对"护理社会化"进行探讨，这样方可使"护理社会化"的前提条件、预期效果以及局限性凸显出来。首先，年金制度的设立实现了老年人经济的社会化、扶养的社会化。护理保险制度让这一扶养社会化为前提的身体护理的必要性走入了人们的视野。[1]

学术界对"经济抚养的社会化"和"身体护理社会化"进行了持续的研究，[2] 但本书关注的是"护理社会化"之后的问题，继"经济抚养的社会化"之后，随着护理保险制度的导入，通过利用社会保险"身体护理社会化"得

---

1 大和礼子『生涯ケアラーの誕生―再構築された世代関係/再構築されないジェンダー関係』、学文社、2008。
2 広井良典『ケア学―越境するケアへ』、医学書院、2000。井口高志「支援・ケアの社会学と家族研究―ケアの「社会化」をめぐる研究を中心に」、『家族社会学研究』、2010年第22巻2期、165—176頁。

以完善，这是划时代之举。但在家庭社会学的研究中，有人指出"护理社会化"的原则和现状相乖离。例如，在利用居家护理服务上，由于2005年修订的法律重视护理预防，作为"抑制轻度患者利用的对策"将大部分的"要护理"1级下调为"要援助"2级。[1]

还有学者指出，现如今家庭成员的存在仍然会对支付标准的设定产生很大的影响。[2] 最新研究发现，老年人和其家庭成员"被要求'作为一个单位'自立且相互支持"，这与"护理的再家庭化"是联系在一起的，[3] 违背了不以家庭护理为前提的护理保险制度的原则，实际上，正因为有家庭成员的存在，护理居家养老的福利体制才得以成立。

与此相关联，有学者指出，围绕护理与家庭的存在方式产生了新问题，即护理社会化的外部问题。由于"护理社会化"是以家庭成员承担一定责任为前提而设计的，所以，即使具体的照护行为由家庭以外的机构或个人承担，在利用护理保险制度的过程中，照护管理和协调以及照护

---

[1] 森詩恵「高齢者の生活支援サービスからみた介護保険改正とその変遷—介護保険制度導入時から2014年介護保険改正まで」、『大阪経大論集』、2016、67巻2期、37頁。

[2] 藤崎宏子「ケア政策が前提とする家族モデル—1970年代以降の子育て・高齢者介護」、『社会学評論』2013、64巻4期、616頁。

[3] 藤崎宏子「介護の社会化—その問題構成」、『法律時報』、2006、78 (11)：37—43頁。藤崎宏子「介護保険制度と介護の『社会化』『再家族化』」、『福祉社会学研究』、2009、6期、41—57頁。藤崎宏子「ケア政策が前提とする家族モデル—1970年代以降の子育て・高齢者介護」、『社会学評論』2013、64巻4期、604—624頁。

的责任依然留给了家庭成员。[1] 站在互签服务合同责任主体的立场，或站在进行自我决定、生活管理者作为照护管理和协调主体的作用，护理保险制度并未使护理社会化，而是作为"护理社会化"的外缘问题被遗留了下来。

二、作为"护理社会化"补充的成年监护社会化

护理保险制度以家庭成员的存在为前提，这样一来，"护理社会化"的边界便清晰可见，同时也凸显出了新的研究课题。社会学家井口高志阐述道："照护的'社会化'这一动向带来的是，其并非全部由家庭外部承担，而是在家庭照护功能、责任意识以及分担意识依然残存的情况下不得不去分担"的现实。[2]

本书是继"经济的社会化"和"护理社会化"之后对第三种社会化的探讨，即服务决定权层次的社会化。笔者认为，社会如何分担"家庭的照护功能和责任意识"这一家庭社会学的研究命题可以通过成年监护社会化的探讨得

---

[1] 藤崎宏子「現代家族と『家族支援』の論理」、『ソーシャルワーク研究』、2000、26卷3期、180—186頁；藤崎宏子「介護の社会化―その問題構成」、『法律時報』、2006、78卷11期、37—43頁。

[2] 井口高志「支援・ケアの社会学と家族研究―ケアの「社会化」をめぐる研究を中心に」、『家族社会学研究』、2010、22卷2期、171頁。

以部分实现。这是因为，由家庭法院遴选的成年监护人有人身照顾的义务，无论是亲属还是第三方，一旦被选定为成年监护人，都要对当事人（成年被监护人）的人身担负起责任。

民法第858条明确规定了如下人身照顾的义务："成年监护人在对成年被监护人的生活、疗养护理以及财产管理履行相关义务时，须尊重成年被监护人的意愿，且须考虑其身心状态以及生活状况"，而且成年监护人有善管注意义务，"成年监护人一般被要求在一定程度的留意下采取行动的义务"。[1] 成年监护人通过合同来援助成年被监护人的生活，包括确保其医疗就诊、办理入住或退出养老机构以及确保适宜的居住环境，完善基础设施，导入必要的护理服务等。还必须注意不要因疏忽以上规定而给当事人造成损害。

因此，一旦成为第三方成年监护人，基于上述人身照护义务和善管注意义务，照护的管理责任将发生如下变化：在被监护人没有亲属的情况下，由第三方成年监护人负责办理被监护人的医院相关手续和与护理机构的服务合同等。或者，成年监护人作为代言人参加照护会议等活动，代表当事人传达自身意愿、希望。另外，与服务供给机构的协调工作也由成年监护人承担。这样，利用第三方成年监护

---

[1] 上山泰『専門職後見人と身上監護』、民事法研究会、2008、64頁。

第二章　成年监护社会化

人在一定程度上发挥了将照护当事人的责任主体从亲属转移到第三方的作用。

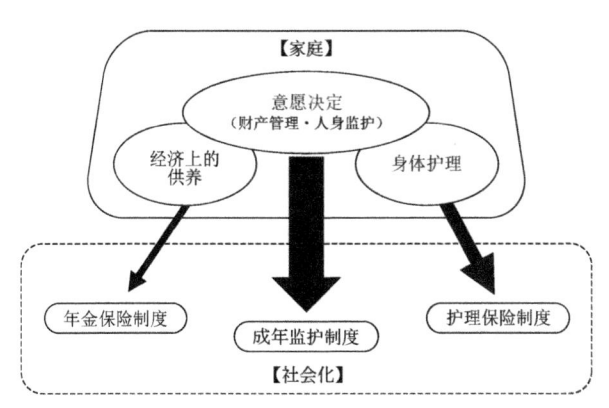

图 2-1　从家庭功能社会化看成年监护社会化

资料来源：笔者制作。

根据亲属的有无、第三方监护人的属性或专业性以及每位监护人能力的迥异等，监护人的干预方式也各不相同，但理论上可以认为通过选定第三方监护人，服务的决定权在一定范围内从亲属转移到了监护人。

仅就这点，在服务决定权层次的社会化讨论上，成年监护社会化研究向前迈进了一步，[1] 这是以往"护理社会化"研究没能充分予以探讨的。

因此，本书将服务的决定权的社会化定位于成年监护

---

[1] 通过对"照护的社会化"论的预期效果和界限探讨成年监护社会化，可以对各种观点进行相互补充。这一视角是笔者从藤崎宏子教授（御茶水女子大学）研究中得到的启发。特此表示感谢。

人的自我决定（财产管理和人身监护）的研究。这一问题使得从福祉社会学和家庭社会学角度探讨成年监护人社会化的研究成为可能（见图 2-1）。[1]

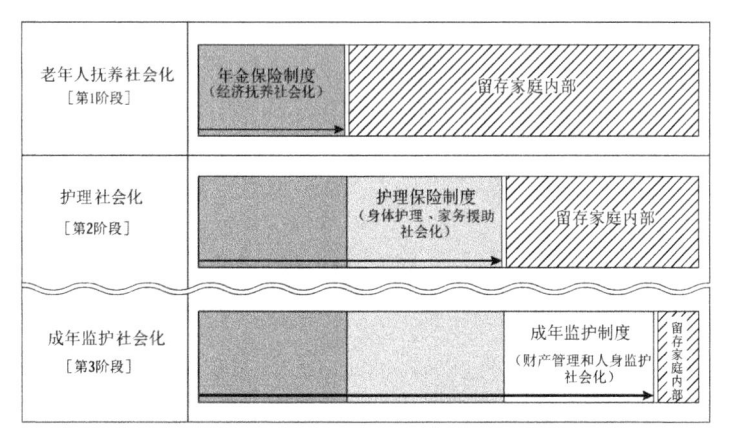

图 2-2　"护理社会化"与成年监护社会化的理论衔接
资料来源：笔者制作。

三、成年监护社会化的外缘

至此，了解了第三方成年监护人在照护管理、协调方面的主体定位，并且明确了与"护理社会化"论的关联性。这表明成年监护社会化是继"抚养的社会化"和"护理社会化"之后的第三阶段的社会化。当然，成年监护社会化

---

[1]　将成年监护人的财产管理（家庭收支管理）和人身监护（生活所需的服务决定和契约）的社会化视为"服务决定权限层次的社会化"的观点是从久保田裕之教授（日本大学）在 DFS 研究会议上的评论中获得的启发。特此表示感谢。

第二章　成年监护社会化

并不是完全的"去家庭化"，例如情感的功能和医疗同意等，即便通过成年监护社会化仍然作为家庭固有的功能保留在私人领域中（图2-2）。

在这里，笔者想简单提一下关于成年监护人医疗同意的讨论。医疗同意权只承认亲属，不得将其权限转移给成年监护人。如第一章第一节所述，如果治疗方式会给当事人造成身体创伤，成年监护人不具有这方面的医疗同意权。

但在临床实践中，"医生（医疗机关）有时会要求成年监护人签署医疗同意书"。[1] 在这种情况下，成年监护人不得不把亲属（即使与当事人关系疏远）叫来。在这种情况下，签署医疗同意书的家属权限是依据"形式上是家人"还是"与被监护人的实质关系"并不明确，不过是基于"习惯性或惯用方式"被认可而已。[2] 尽管如此，为获得适当的医疗救治，当事人不得不去依靠原本不想依靠的亲属，也就是说，在医疗中出现了"因家庭成员的有无而产生的不公平"。[3]

因为当某个医疗行为得不到亲属同意的情况下，医生和医疗机构为避免日后的纠纷，可能会出现没有给病人提

---

[1] 小賀野晶一『民法と成年後見法－人間の尊厳を求めて』、成文堂、2012、165頁。
[2] 小賀野晶一『民法と成年後見法－人間の尊厳を求めて』、成文堂、2012、182頁。
[3] 上山泰『専門職後見人と身上監護』、民事法研究会、2008、158頁。

供本应提供的医疗的情况,由此产生了"医疗差距"。[1] 在第三方监护人签署医疗同意书的问题上,还蕴含着另一个很难简单地下结论的问题,就是谁来决定临终医疗是继续还是中止,这关系到对作为医疗惯例延续至今的知情同意权和医疗同意权的全面重新思考。

日本律师联合会2011年发表了《关于代理无医疗同意能力者同意医疗的法律大纲》,提出以下特别法的应对方案,"在民法的监护事务一章中,有必要记入赋予成年监护人医疗同意权的相关规定,并有必要在特别法中规定其运用及其与家属同意权的关系"。[2] 从临床来看,有必要在实际操作层面解决成年监护人面临的课题,这就带来了试图约束成年监护人权限、以特别法谋求问题的实质性解决的动向。

不管怎么说,根据监护人属性(是亲属还是第三方)的不同以及家属的有无,当事人接受的医疗内容也会有所差异,这是不公正的。[3] 原本家属的医疗同意权就未必是妥当、合适的。围绕治疗效果的决定和判断涉及之后的护

---

[1] 小賀野晶一『民法と成年後見法―人間の尊厳を求めて』、成文堂、2012、165 頁。
[2] 日本弁護士連合会「医療同意能力がない者の医療同意代行に関する法律大綱」(2011)、https://www.nichibenren.or.jp/activity/document/opinion/year/2011/111215_6.html。
[3] 税所真也、飯島勝矢「今日の話題―医師が知っておくべき成年後見制度」、『Medical Practice』、文光堂、2018、35 巻 8 期、1300—1302 頁。

理负担和经济负担,这种利益冲突作用下的医疗同意很难说是客观的。[1]

此外,围绕成年监护人的作用和义务的讨论,一直以来许多被忽视的社会问题出现了解决的光亮,其中之一就是担保人的问题。很多情况下,不管你有无判断能力,在住院或入住机构时都需要一个身份保证人。据律师熊田均称,在住院或入住机构等情况下,医院或入住机构会对身份担保人、身份保证人提出以下五方面要求。[2]

第一,在当事人不能支付租金、入住机构/住院费用的情况下,监护人代替当事人支付费用;第二,代替当事人准备入住机构/住院时的随身物品等;第三,做好当事人给其他入住者或机构/医院造成损害时的准备;第四是当事人在入住机构/住院期间去世的情况下,进行遗体认领和遗物认领,并为其葬礼等做好准备;第五是在当事人需要手术时签署医疗同意书。其中既包括成年监护制度覆盖的事项,也包括超出成年监护人的职责以及成年监护制度无法应对的事项。那么,在医院和机构要求第三方成年监护人做身份担保时该如何应对呢?无论是在法学层面还是实际操作层面上,以日本成年监护法学会为中心的学术界进行了多

---

[1] 齋藤正彦「日本における医療側からみた成年被後見人の医療同意」、田山輝明編『成年後見人の医療代諾権と法定代理権』、三省堂、2015、126—127 頁。
[2] 熊田均「身元保証等生活サポート事業の法的問題」、『実践 成年後見』、2016、65 期、41—48 頁。

番讨论，至少让我们明白将这些功能社会化仅仅依靠成年监护制度是不够的。

这里试举医疗同意和身份担保问题的例子予以说明。这样的问题在超老龄社会可能将越来越成为讨论的焦点。关于手术时的身体风险、支付风险、收容和保管个人身体的风险，亲属、近邻、行政机关等存在这样一种倾向，即在各自责任范围模糊的情况下进行处理。在这一领域，随着成年监护制度的普及，特别是由于第三方监护人的出现和逐渐为人们所接受，必须明确其界限。第三方监护人由于自己成为成年监护人，须多大程度承担起对当事人（成年被监护人）的责任，使其责任不得不变得敏感。

例如，2016年进行了民法修订（为了促进成年监护事务顺利开展，对民法及家政案件程序法的一部分进行修订的法律）（2016年4月6日修订，同年10月13日施行）。据此，明确承认成年被监护人死亡后，成年监护人履行"死后事务"的职责，支付医疗费、住院费、公共费用等，领回遗体和火化等。[1]

第三方监护人要求明确界定自己的职责、权利和义务。在个人身体的收容领域常常潜藏着风险，这些风险和职责

---

[1] 自2000年至今，成年监护制度只修订了一次。所谓成年监护制度的修订指的是民法修订，而不是像护理保险制度那样每隔几年就修订一次。成年监护制度的修订是为了保证现实生活中成年监护人妥当履行规定事务，扩大了成年监护人的权限。

第二章　成年监护社会化

成为对成年监护社会化的质疑。所谓成年监护社会化具有将一直被认为是理所当然由社会上某人承担的职责予以逆观的效果，将某人承担的行为、活动和实践交由成年监护人这一法定代理人来处理。

综上所述，本节将成年监护社会化作为"护理社会化"的补充而定位，延长了"护理社会化"发挥作用的时间。当然，并非所有的认知症老年人、智障者等以及老年人都会利用成年监护制度。因此，将"护理社会化"与成年监护社会化作为一个上下延续的关系来探讨是不合理的。但在老年人照护的管理、协调功能社会化的情况下，讨论会产生怎样的问题、会有怎样的社会化方法是有意义的。把老年认知症患者等作为对象来探讨成年监护社会化方式是可行的。在这一意义上，本书的主张绝不仅仅局限于老年认知症患者等的"护理社会化"上。虽程度有差异，但任何人都有可能出现年迈导致的判断能力下降。在理论层面探讨成年监护社会化，应将推广和发展"护理社会化"作为重要的研究课题进行研究。

最后，必须提及年金制度、护理保险制度、成年监护制度这三种制度在形式上的差异。"抚养的社会化"和"护理社会化"是分别采用年金制度和护理保险制度的社会保险形式。与此相对，成年监护制度终归是民法所规定的，是通过个人负担利用的制度。如第三章所述，在没有申请人的情况下，通过市町村长的申请和成年监护制度的援助利用事业，不过是用公费支付申请费和第三方监护人的报酬。

从这个意义上讲，将成年监护社会化与其他两种社会保险制度并列是不合理的。在之后的讨论中有必要充分予以考虑。这一点至关重要，所以在"护理社会化"讨论中反复强调成年监护社会化的视角，在理论上，现有制度未能应对的与当事人协商决定相关的——伴随着财产支出的照护方针决定和照护管理、协调以及责任角色等领域作为"护理社会化"论进行探讨是可能的。由此，重新审视"护理社会化"概念的边界并尽可能使之向外扩展是本书的价值所在。

第三章

成年监护制度与个体化

第三章 成年监护制度与个体化

有学者指出，随着家庭规模的缩小和家庭规范的变迁，对于老年人来说，"'家庭'的意义和实质"也在发生着变化。还有学者认为，由于以个体为生活单位的生活方式的扩展，家庭的相对地位也有所下降。[1] 不是要给家庭关系赋予绝对价值，而是希望超越家庭去构筑新型的"家庭关系"，[2] 然而，如何去实现这一目标并非易事。第三方成年监护人与之又有怎样的瓜葛呢？

本章第一节列举了第三方监护人利用制度的案例，从社会变动的关系分析何种情况下需要第三方监护人，探究不由亲属而由第三方担任成年监护人去管理个人财产和进行人身监护的主要原因，并且考察第三方监护人在我们生活中究竟处于一种怎样的可供选择的位置。

本部分将具体分析刊登在《成年监护制度的实践》[3]杂志上的107个案例，以"家庭形态和功能的变化""专家的必要性""当事人的意愿"为分析标准，归纳社会需要第三方监护人的主要原因。

本章第二节探讨了自治体如何运作市町村长申请制度。聚焦市町村长申请件数在全日本处于高位而广为人所知的

---

[1] 久保桂子、白井和恵「公開シンポジウム 生活単位の個人化の進行とこれからの家族―孤立した人びとの新しい絆の模索」、『家族関係学』、日本家政学会家族関係学部会、2012年第31期、2頁。

[2] 杉井潤子「脱家族化，そして新たなる家族の関係の構築」、『家族関係学』、日本家政学会家族関係学部会、2012、31期、31頁。

[3] 杂志日语名为:『実践 成年後見』。——译者注

冈山县，从中间集团的作用分析市町村长申请制度的运转。通过用公费承担的市町村长申请制度，当事人即便没有大笔财产和申请费用也可以利用成年监护制度。但围绕这一运用制度的方针，各自治体的实际情况有很大差异。

为何选定第三方成年监护人？成年监护制度在人们的生活中是如何发挥作用的？本章从"个体与国家"关系的视角考察成年监护制度的社会地位，探讨作为解决社会福利问题手段的成年监护制度的必要性。这与地域福利学和社会福利学中讨论至今的问题有共通性。

第一节　从亲属监护人到第三方监护人
——家庭的变化

一、分析对象和方法

为探究社会需要第三方监护人的主要原因，本书以面向成年监护制度实践者的专业杂志《成年监护制度的实践》（民事法研究会）刊载的案例为分析对象，从现行成年监护制度施行的 2000 创刊号到 2010 年 10 年间出版的 34 卷杂志刊载的 109 件案例中，剔除重复和未能达到利用该制度标准的案例，将剩余的 107 件案例作为本节的分

第三章 成年监护制度与个体化

析对象。[1]

之所以以专业杂志刊载的案例为研究对象进行二次分析，是因为成年监护制度的利用案例具有以下特殊性：第一，要想掌握成年监护制度的使用情况，除了要了解被监护人的家庭关系和财产状况之外，有时还会接触到对其身体上、经济上的虐待等信息。这些信息隐私性极高，访谈须特别慎重。第二，征求利用成年监护制度当事人同意并让他答应协助调查比较困难。另外，专职监护人有保密义务，采访正在利用成年监护制度的案例有一定难度。第三，从与宏观社会变动的关系分析利用第三方监护人需要一定数量的案例，用访谈方法收集100件左右的案例数据对上述问题进行分析是不现实的。

鉴于上述理由，本节对刊载案例进行了二次分析。另外，为了不让人联想到某一特定的当事人，笔者对在该专业杂志刊登的案例进行重新编辑时，采取"将多个案例进行组合"的处理方法。因此，也有案例与实际有出入的情况。笔者引用案例的目的是希望读者在遇到与刊登的案例情况类似时可以共享问题，参考案例提供的一些处理方法。因此，笔者认为，在不损害刊登案例分析价值的基础上，这种编辑方式应被允许。

---

[1] 一份案例报道中也会存在包含多个案例的情况，在这种情况下以该报道中第一个案例为分析对象。

需要注意的是，编辑和刊登这类案例研究文章的人有先入为主的因素，往往选定的是相对复杂、罕见等的极端案例。我们在分析时有必要考虑到这一点。最后，《成年监护制度的实践》杂志刊登的都是专职监护人或法人监护人的案例，[1]不包括亲属监护人的案例，这是因为该杂志的读者群被锁定在专职监护人身上，大多数投稿人也是专职监护人。[2]

下面交代一下案例的分析方法。首先按刊登顺序将107个案例编上序号，将以下项目作为基本信息进行整理，即"类型""第三方监护人类型""当事人年龄、性别、疾病等""协商者（协商途径）""家人、亲属状况""成年监护制度的申请人""申请契机"。把这些作为分析数据，按照以下三个分析标准对案例进行分类。

第一个分析标准是"没有能承担监护的亲属"。这是从"家庭形态和家庭功能"变化解释利用第三方监护人的案例。第二个分析标准是"专家的必要性"。第三方监护人大部分是司法书士、律师、社会福祉士等专业人士，这就需要搞清楚专职监护人是如何被遴选出来的。

---

1 按照案例投稿人的属性进行分类，司法书士56件、社会福祉士34件、律师11件、法人7件、税务士1件（含资格重复者1件），其中包含监护监督人的选择案例。

2 案例投稿人"希望能给大家提供有用的信息"。参见伊藤亥一郎「申立てから後見人に就任、そして今―現在進行中」、『実践 成年後見』2000、1期、200—210頁。

第三章 成年监护制度与个体化

关于上述两点分析标准，先行研究已经指出第三方监护人是必要因素。除此之外，本书将"当事人的意愿"[1]设定为第三条分析标准。

社会学中把照护作为一对相互的行为来看待，将其分为"照护的权利"和"被照护的权利"，"不强制进行照护的权利"和"不强制接受照护的权利"，聚焦于实践照护场所的关联性进行论述。[2] 这些在照护研究上的分析视角也可应用于成年监护研究，用监护替换照护就变成了"监护的权利"和"被监护的权利"，"不强制进行监护的权利"和"不强制接受监护的权利"。依据这一标准可以分析在选定成年监护人这个问题上家庭规范是如何显露出来的。

在分析利用制度的原因上，谁来决定是否使用成年监护制度很重要，但由于案例研究是二次分析，从中获得的信息比较有限。因此，本节旨在探究案例报告当事人的第三方监护人是通过怎样的方式参与到协商之中，在此基础之上，从案例报道的内容来判断其是基于被监护人的意愿

---

[1] 社会学家上野千鹤子将需要护理者在内的任何人都有可能成为当事人的现象称为"当事人概念的膨胀"。本书把当事人本人以及面临"谁成为成年监护人"这一选择的家人、亲属都视为当事人。在法定监护的情况下，申请成年监护人阶段可以推举成年监护人候选人，但最终判断并决定成年监护人"合适人选"的是家庭法院，选定的成年监护人不一定符合"当事人"的意愿。

[2] 上野千鹤子『ケアの社会学―当事者主権の福祉社会へ』、太田出版、2011、60頁。

还是基于亲属的意愿。

最后，笔者交代一下分析案例的方针。在多数情况下，需要第三方监护人的主要原因不能归纳为一个，是多个因素复杂地重叠并相互交织。对于这样的案例，首先要在多个因素中找出先行因素，将其作为先行因素（1），然后，将先行因素（1）的结果引起的后发因素设为（2），根据其顺序区别多个因素。这是为了分阶段整理和分析社会所需要的第三方监护人的状况。

笔者以上述方针分析了 107 个案例中需要第三方监护人的原因（见表 3-1）。[1]

---

[1] 本节对需要使用第三方监护人的原因进行了分析。利用成年监护制度后第三方监护人可在当事人的生活中做些什么？人身监护会产生怎样的问题？这些问题在本书第五章有详细的分析和考察，也可参见税所真也「專門職後見人による支援の社会的機能—社会福祉專門職による支援事例の分析」、『地域福祉研究』、2013、41 期。

第三章　成年监护制度与个体化

表 3-1　需要第三方监护人的原因

分析标准（需要第三方监护人的原因）	数据（案例编号）	类别
【1】没有亲属可以承担当事人的照护和监护活动（52 件，49%）	○单身且无亲属可依（8，16，34，55，60，66，71，72，79，85，88，89，91，96，99，101，103，105） ○夫妇二人家庭，配偶死亡，且没有孩子（9，19，21，24，25，28，29，37，38，41，77，80〔事实婚的丈夫去世〕，95，106） ○父母去世后的问题（12，20，36，40，42，47，49，56，69，75，100）	家庭形态的变化
	○家庭内亲属无力承担监护（14） ○除当事人之外同居家人也需要看护（97）	家庭功能的缩小
	○亲属自身年事已高，亲属居住在远方或因为工作繁忙等理由，无法担任成年监护人（6，65，68，78，82，83） ○没有可靠的亲属来帮助自己（108）	难以依靠亲属的社会现实

续表

分析标准（需要第三方监护人的原因）	数据（案例编号）	类别
【2】专家的必要性（31件，29%）	○因财产管理家庭内部产生纠纷（15，17，59，62，67，90） ○围绕成年监护人候补人选的问题亲属产生矛盾（30）	（a）亲属之间不和
	○管理财产（35，44，48，50，51，52，54） ○遗产分割协议（2，33，53，92） ○利用成年监护制度过程中的司法援助（84，107）	（b）专家在法律层面的应对
	○专门应对智力和精神障碍（3，63，94，98） ○防止身体和经济方面的虐待（70，73，87） ○应对借款、多重债务问题（32，58，109） ○防止上门推销和捐赠行为给当事人造成损失（81）	（c）专家维权

第三章　成年监护制度与个体化

续表

分析标准（需要第三方监护人的原因）		数据（案例编号）	类别
【3】当事人的意愿、希望	当事人希望第三方担任监护人（8件，7%）	○当事人拒绝担任亲属的监护人（5, 22, 74, 104） ○由于与养子关系恶化，因此不想被养子照顾（64） ○虽然有妹妹，但不希望与之联系（57）	当事人不希望亲属担任监护人
		○不想给亲属添麻烦（93）	不想给亲属添麻烦
		○修道院的修女（31）	信仰
	家人希望第三方担任监护人（16件，15%）	○家人拒绝担任当事人的监护人（1, 4, 7, 18, 23, 26, 27, 39, 46, 61, 102） ○弟弟和亲姐姐多年来没有交往，不想有任何关系（13）	亲属不愿担任当事人的监护人
		○不能长期为当事人提供财产管理等帮助（45, 86） ○为了自我实现无法担任监护人（43）	长期援助比较困难
		○当事人的妹妹被其家人告知"不要和患有精神障碍的当事人扯上关系"（76）	对残障的耻辱感

资料来源：笔者制作。

注：109件中除去2个案例（案例编号10和11），剩余107个案例均为分析对象。作为后发因素，加下划线的案例编号表示需要专家的案例。

097

二、分析与考察

表 3-1 清晰显示出在哪些情况下需要第三方监护人。本部分列举的是基于各种分析标准分类后的案例并展开具体论述。

（一）当事人身边没有照料其生活的人

案例 1

A 女士毕业于当地高等小学，成年后结婚，有两个孩子，但两个孩子均在幼年时去世，后与丈夫离婚。几年后，A 女士再婚诞下一个儿子，可后来丈夫、儿子均去世。A 女士在丈夫去世的时候患认知症和骨质疏松症，开始经常前往医院就诊。护理援助专员建议其入住护理机构和认知症康复之家，但 A 女士强烈希望居家生活。A 女士被认证达到了"要护理"5 级，坐上了轮椅，接受上门护理和去老年人护理中心进行康复训练。由于患认知症出现各种症状，A 女士无法管理自己的财产。因为"身边没有可以依靠的亲属"，所以 A 女士希望有第三方监护人，因此申请利用了

第三章　成年监护制度与个体化

成年监护制度。[1]

分析1

家人去世，A女士孤苦无依，希望有第三方成年监护人可以监护自己的生活。"身边没有亲属"是本节引用该案例的最大原因。鉴于"单身人士没有亲属可依靠"，"夫妻二人家庭，配偶去世，没有子女"，"即使有亲属，亲属也是高龄、关系疏远或亲属本身也需要护理"，"（智障人士等）父母去世后的问题"等情况，无法指望家人守护自己和担任成年监护的工作。

这一案例与日本社会中夫妻二人家庭的主流化、无亲属单身人士的增加等家庭结构变化密切相关。这种家庭结构的变化进一步可分为三个类别："家庭形态的变化"，"家庭功能的缩小"，"很难依靠亲属的社会现实"。

正如森冈、望月两位学者所指出的，一直以来，亲属关系是"以家庭为单位"，"通过相互合作和援助来支持家人"，[2]"是通过族亲的相互认知而建立的。即使事实层面存在族亲，但如果当事人之间没有族亲的相互认同，亲属关系则不会成立"。[3] 有无亲属依据的是当事人与亲属之间

---

[1] 本案例（案例编号106）参见柏浩文「成年後見制度のあり方を考えさせられた一事例」、『実践　成年後見』、2010、33期、149—154。
[2] 森岡清美、望月嵩『新しい家族社会学』、培風館、2006、148—149頁。
[3] 森岡清美、望月嵩『新しい家族社会学』、培風館、2006、148頁。

的相互认同。从利用成年监护的案例也可观察到现代社会中家庭的变迁对选择成年监护人产生的影响。

先行研究中曾有人研究过"当事人身边没有亲属"这种情况。笔者在对专职人员援助的 107 件案例进行分析后发现，以"由于没有承担监护活动的人，当事人无法得到守护"为由选定专职人员的情况不少，在 107 件中有 52 件（49%），约占半数。

表 3-1 加下划线部分显示的案例是"没有负责守护当事人、承担监护的亲属"，作为先行因素需要专业人士担任成年监护人。在 52 个案例中的 16 个案例（占比 30.8%）中，专业人士被认为是后发因素。一般认为，法学家、福利职员等因其专业性被邀请担任专职成年监护人，但在本节的案例分析中，有不少因找不到守护当事人的人、为应对后发因素需要专职人员的例子。

因此，观察成年监护制度就可以发现，现实生活中存在许多类似的情况，即当事人身边缺少能够察觉问题的人，所以需要专业人士担任成年监护人，现实生活中这种情况相当多。

（二）专家的必要性

案例 2

B 女士（70 多岁）30 年前失去了丈夫，继承了丈夫经营的干洗店并养育 3 个子女。子女长大成人后，B 女士关闭了店铺，凭借积蓄和自有房屋过着自在的独居生活，但后来她言行逐渐出现混乱，在家中发生一场小火灾后，B 被大女儿接到家中。

由于长子和次子不想收留母亲，协商的结果是，每月从 B 的财产中支出 10 万日元用作 B 的看护费、生活费。起初，长子管理 B 的财产，但长女频繁要求护理费用合计金额超过 100 万日元。这段时间，由于自家房屋被拆除，土地归还给土地所有者，B 女士应得到一笔费用，而长子收了这笔钱，却没有告诉弟弟和妹妹。兄弟姐妹之间产生了猜疑和嫌隙，最终申请了成年监护制度。

长子自荐为成年监护人候选人，长女也希望成为监护人，然而家庭法院选定了家庭问题信息中心作为第三方成年监护人。成为法人监护负责方的家庭问题信息中心与当事人协商，让长女继续负责对其照护。[1]

分析 2

B女士的子女希望成为B女士的成年监护人，但由于兄弟姐妹之间对财产管理的方式有意见分歧，所以选择了第三方法人作为监护人。像这样，要求成年监护人凭借自身专业性，处理家庭纠纷、大额财产管理、遗产分割协议，维护智力、精神障碍者的权利，在107件案例中有31件（29%）选定了第三方监护人。需要专业人士处理的案例分为三类：（a）亲属不和；（b）专家依法处理；（c）专业人士维权。（a）是为协调亲属关系而需要专业人士。相对于此，（b）和（c）则是为了维护当事人权利需要第三方监护人。虽说需要专职监护人，其主要原因也可能形成相反的局面，也就是说，虽然为当事人选定第三方成年监护人似乎实现了维护权利的目的，但成年监护人、第三方监护人或专职监护人究竟对于谁才是最必需的，各种情况需慎重探讨。

---

[1] 本案例（案例编号62）是概括了家庭问题信息中心（2006）的案例而得。家庭问题信息中心监护委员会委员大木光子、横田京「実母の介護をめぐって子らの間に紛争のあるケース—法人後見で解決に向かう」、『実践 成年後見』、2006、16期、108—113頁。

(三) 当事人、家人的意愿与希望

案例3

　　C女士出生于大正初期地方一户名门望族，接受过当时对女性最高的教育，还曾留过学。留学期间，C女士信仰了基督教并加入了国际性宗教法人团体。毕业后，C女士成为宗教法人的修女，担任学校运营的负责人，从事国内外的幼儿教育。为传播信仰，退休后C女士依然以修女的身份在修道院生活。80岁的时候，周围的人发现她出现了一些奇怪的言行，是认知症的征兆。

　　C女士一生都奉献给了上帝，没有结婚，远离家人，与有信仰的教会伙伴结成亲人般关系，一起生活。她没有将个人财产私自享用，而是全部献给了修道院，仅领回必要的生活费，反过来，教会负责入教者一生的生活。

　　因此，C女士认知症发病后，在朋友的精心护理下过着和以前一样的生活。不过，C女士因肺炎住院时腰和腿用不上劲，出现行走困难。主治医生劝她转院到可以康复治疗的护理疗养型医院。不过，那家医院是以护理保险制度为基础的

医院，办理住院手续须签署合同。医院只允许家属签署合同，不接受家属以外的人签署，所以考虑让她利用成年监护制度。

即便C女士与修道院的同伴有着胜似家人的关系，但在法律上，教会成员不被视为家庭成员，没有成年监护制度的申请权。在四亲等范围内的亲人中，C女士只有一个60多岁的侄子。因此，请侄子提出申请，经营修道院的宗教法人成为成年监护人（法人监护）。[1]

分析3

在本案例中，C女士将自己的一生都献给了信仰。对C女士来说，家人就是教会和教友们，因此，选定宗教法人作为第三方监护人可以看作对当事人意愿的尊重。另外，也有以"因长年没有交往而关系疏远""很难长期帮助当事人进行财产管理""亲属优先考虑的是自己的自我实现"等为由选定第三方监护人的案例。出于"虽然有亲属，但不想与之取得联系""不希望亲属担任成年监护人"等原因，遵循当事人意愿而选定第三方监护人的案例有8件（7%）。

---

[1] 本案例（案例编号31）参见金川洋「宗教法人がシスターの成年後見人となった事例」、『実践　成年後見』、2003、7期、101—105頁。

第三章　成年监护制度与个体化

相反，"家人希望选定第三方监护人"的案例有 16 件（15%）。由此可以看出家庭的个体化对使用成年监护制度、选定监护人产生的影响。"当事人不想被家人、亲属监护""家人不想监护当事人"表明了"比起照顾家人，个人需求为优先考虑对象的倾向"[1] 正在加强。

这是因为，即使同样是第三方，护理与成年监护中第三方承担的内容也有很大的差异。护理是在规定的时间内受委托承担对当事人身体和家务等限定性的照顾。与此相对照，成年监护制度的监护类型是把财产管理（使用方法）和照护管理、协调（待遇的决定）等当事人生活上更广泛的领域委托给第三方。

因此，从选定第三方监护人的案例中可以看出，以"当事人、家庭成员的意愿和希望"为理由，家庭规范的变化波及私有财产的管理和决策领域。作为当事人代理人的监护人由谁担任？"是家人还是第三方？""是近亲还是他人？""是血亲还是社会？"在这些边界中蕴含着一种紧张关系。

---

[1] 山田昌弘『近代家族のゆくえ―家族と愛情のパラドックス』、新曜社、1994、104 頁。

第二节　市町村长申请制度运行中中间集团的作用

一、问题设定

上一节阐述了第三方承担成年监护人的社会背景是"家庭形态的变化""家庭功能的缩小""亲属难以依靠的社会状况""当事人的意愿、希望"等社会变迁。这些不一定只限于个人的情况，也有社会因素。成年监护制度既是规定人与人之间关系的民法，也是为了以市町村长申请制度的形式作为社会政策来运用的。

本节拟考察市町村长申请制度运用中的地区差异。当需要利用成年监护制度时，市町村长申请制度可以解决当事人无法申请和亲属不协助申请的问题。本节旨在通过剖析冈山市的案例，探究利用市町村长申请制度过程中地区差异是如何产生的。

冈山家庭法院管辖范围（与冈山县相当，县总人口为98万）内的市町村长申请案件数为214件。[1] 从图3-1可

---

[1] 最高裁判所事务总局家庭局『成年後見関係事件の概況』、https://www.courts.go.jp/toukei_siryou/siryo/kouken/index.html。

第三章　成年监护制度与个体化

以看出，中国地方内最多。从人口比来看，与广岛县管辖境内（县总人口为 284 万）的 106 件相比，冈山县市町村长申请件数明显多出很多。冈山县的成年监护制度的利用总件数 784 件（2014 年中）中，市町村长申请件数的比率不到 3 成。冈山县以外其他都道府县利用市町村长申请制度的比例没有这么高。[1]

通过市町村长申请制度可以客观地把握各地区成年监护制度使用特征。因此，将市町村长申请件数当作测量"成年监护社会化"的指标，视为观察"官方的"成年监护制度的真实状态的标准。[2] 的确，为阐述成年监护制度运用中的地域特性，市町村长申请件数是一个恰当的分析对象。那么，冈山县的市町村长申请件数为何如此突出？下面从对假设的验证开始探讨。

---

[1] 虽然应比较"市町村长申请件数/各县的成年监护制度使用件数"，但笔者在 2016 年撰写本节论文时，各县的数据尚未公布。之后，公布了 2015 年以后各家庭法院管辖范围内的市町村长申请件数。结果表明，2014 年冈山县的市町村长申请件数为 214 件（27.3%），比其他县和全国平均（16.4%）要高。在最新的 2018 年数据中，冈山县的市町村长申请件数为 251 件（28.8%）。虽然与当时相比几乎没有变化，但冈山县在日本的定位发生了巨大变化。参见最高裁判所事务总局家庭局『成年後見関係事件の概况』、https://www.courts.go.jp/toukei_siryou/siryo/kouken/index.html. 这样说是因为，全日本有几个地方在运用市町村长申请制度方面超过了冈山县（家庭法院管辖范围内）。例如，全国市町村长申请件数比例最高的是青森（150 件，41.7%）。此外，福岛（150 件，38.1%）、德岛（91 件，34.6%）、宫崎（146 件，34.3%）、松江（74 件，33.5%）、山形（76 件，32.5%）、钏路（89 件，29.9%）、鸟取（68 件，29.8%）、高知（63 件，29.2%）。这些地方积极推动市町村长申请制度的使用。今后笔者将把分析上述现象的背景作为课题继续进行研究。

[2] 上山泰『専門職後見人と身上監護』、民事法研究会、2008、235 頁。

第一，有必要明确冈山县的老龄化率和单身老年人家庭数。65岁以上男性当事人占全体男性的71.1%左右，65岁以上女性当事人约占全体女性的86.5%。[1] 因此，成年监护制度的利用者大多数都是老年人。其中，单身老年人家庭尤其需要成年监护人（见第三章第一节）。2012年，冈山县的老龄化率为25.4%，与全国的23.3%的老龄化率相比没有太大的差异。[2] 冈山县75岁以上单身户主占一般总户数的4.8%（2005年），全国平均值为4%。夫妇二人之家的比例，全国平均为3.5%，冈山县为4.4%（国立社会保障人口问题研究所，2009年）。由此，很难说市町村长申请件数之多是冈山县人口因素引起的。

第二，冈山县成年监护制度的利用率并不是特别高。实际上，观察成年监护制度的申请件数和利用率可以发现，冈山县的成年监护制度利用率为8.97件（人口每10万），低于全国平均的11.19件。[3]

笔者观察冈山县的市町村长申请件数的增长率，发现申请件数自2000年实施成年监护制度以来增长率并不高，

---

[1] 最高裁判所事務総局家庭局『成年後見関係事件の概況』、https://www.courts.go.jp/toukei_siryou/siryo/kouken/index.html。

[2] 内閣府「高齢社会白書」、http://www8.cao.go.jp/kourei/whitepaper/w-2012/zenbun/pdf/1s1s_2.pdf。

[3] 日本成年後見法学会「統一テーマ——成年後見の社会化（2）地域のネットワークづくり」、『成年後見法研究』、2006、3巻、40—73頁。日本成年後見法学会「市町村における権利擁護機能のあり方に関する研究会平成17年度報告書概要」、shimanecsw.sakura.ne.jp/downloads/20060331koukenreport.doc。

第三章 成年监护制度与个体化

直到 2008 年以后才急剧上升（见表 3-2、图 3-1）。

表 3-2 冈山县市町村长申请件数的变化与比较

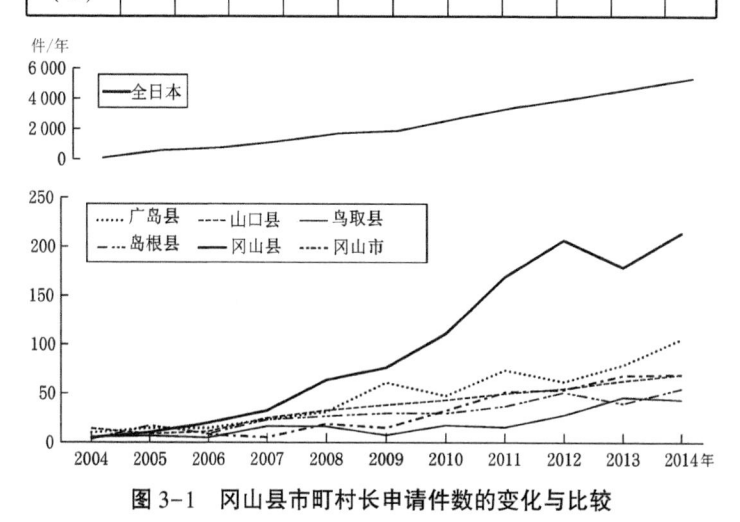

年份	2004	2005	2006	2007	2008	2009	2010	2011	2012	2013	2014
广岛县	10	14	14	23	31	61	48	72	62	79	106
山口县	14	9	11	25	32	39	43	50	57	63	69
鸟取县	6	7	5	17	16	7	18	16	28	47	44
岛根县	3	17	9	23	27	30	30	37	51	40	55
冈山县（冈山市）	5	10	20 (8)	32 (5)	64 (19)	76 (15)	111 (32)	169 (51)	207 (54)	179 (68)	214 (69)
全日本	509	666	1 033	1 564	1 876	2 471	3 108	3 680	4 543	5 046	5 592
冈山县/全日本申请件数（%）	0.98	1.50	1.94	2.05	3.41	3.08	3.57	4.59	4.56	3.55	3.83

图 3-1 冈山县市町村长申请件数的变化与比较

注：(1) 来自最高裁判所事務総局家庭局「成年後見関係事件

の概况（各年版）」；（2）关于冈山市的数据，是冈山市高龄者福福祉科实施的市长申请件数的合计，不包括残疾福祉科的实施部分，详细内容是入住设施和居家的情况几乎各占一半，后者多经过虐待顾问会议（2015年8月6日的田野考察访谈数据）。

资料来源：笔者制作。

以上事实表明，必须探讨人口变动以外的人为因素，也就是说成年监护制度的潜在利用比例并不高，冈山县成年监护制度利用率也不算很高，但为何冈山县的市町村长申请件数却明显很多呢？

二、从与先行研究的关联看本节的定位

以下从两方面对成年监护制度的市町村长申请制度的先行研究进行梳理。第一是从民法整体的社会法化语境把握成年监护制度的市町村长申请。第二是运用市町村长申请制度过程中重视政府部门的作用，期待加强行政措施的政策建议。以下分别予以阐述。

关于第一点，指出成年监护制度不仅限于民法学领域，它还是民法的社会法化。以"城市化""大众化""地缘、血缘的淡化""福利国家的出现"等为背景，国家代替了过去的家庭和地域共同体，逐渐承担起了直接援助个人的作用。同时，民法也从公民法向社会法转变，逐渐适用于

第三章 成年监护制度与个体化

国家与个人的关系。[1] 如此一来，市町村长申请制度在形式上被运用于社会福利法制之中，我们可以从民法的社会法化这一语境来理解作为私法的成年监护制度。

实际上，从 2010 年开始实施的《老人福祉法》第 32 条（修改民法部分条款的法律实施时完善相关法律的法律），[2] 将市町村长申请看作市町村理应采取的措施。"在实现防止虐待老年人这一社会福利政策的计划中，嵌入了形式上属于民法制度的成年监护制度"。将市町村长申请认定为行政机构的义务，"进一步缩小了作为民法制度的成年监护与社会体系之间的界限"，从而受到了好评。[3]

关于第二点，在国家乃至地方自治体的积极作为的前提下，政府在市町村长申请中的作用受到重视。[4] 如果将各自治体间市町村长申请件数的差异理解为各自治体积极性的差异，[5] 就会提出希望各自治体完善市町村长申请制度的建议。这样，在强调国家在福利上的作用这一点上，可以说，成年监护法研究具有重视福利、法务行政立场

---

[1] 大村敦志『民法総論 岩波テキストブックス』、岩波書店、2001、150 頁。
[2] 日文为『民法の一部を改正する法律の施行に伴う関係法律の整備に関する法律』——译者注
[3] 上山泰『専門職後見人と身上監護』、民事法研究会、2008、19 頁。
[4] 田山輝明「市町村長申立制度—公的成年後見制度の観点から」、『実践成年後見』、2010、35 期、8 頁。
[5] 上山泰『専門職後見人と身上監護』、民事法研究会、2008、237 頁。赤沼康弘「法定後見制度の改善・改正の展望」、新井誠、赤沼康弘、大貫正男編『成年後見法制の展望』、日本評論社、2011、499 頁。

的特征。

对此，本节从福利多元化的角度出发，不拘泥于当地政府的姿态（积极性的差异），通过分析该地区中间角色的作用，考察市町村长申请制度运用的研究与成年监护法研究的不同。具体来说，聚焦于全国市町村长申请最为活跃的冈山县所采取的措施，提出以下观点：市町村长申请制度的运用随专职监护人网络这一角色的存在而发生变化，由此呈现出成年监护制度利用过程中中间主体的作用。

三、市町村长申请的需求

（一）第三方监护人的定位与亲属的存在

本部分对市町村长申请案例总结了以下三点特征：第一，使用市町村长申请的案例几乎都是第三方监护；第二，市町村长申请与第三方监护的供给力量之间有着密切的关联；第三，在全日本范围内，冈山县的第三方监护人选定比率位居前列。

市町村长申请原则上任命亲属以外的第三方成年监护人（专业人员和法人等）。为什么会这样呢？因为很难想象在申请中拒不合作的亲属会成为成年监护人的候选人，也就是说，这意味着在市町村长申请件数较多的地区，第三

第三章　成年监护制度与个体化

方监护占比较高,[1] 同时也意味着该地区存在着只接受第三方监护需求的供给力量。

如果市町村长申请制度的需求与第三方监护人的供给密切相关,那么冈山县第三方监护的供给力量又有怎样的特征呢?这是后文要探讨的问题。实际上,冈山县的第三方监护比例很高。例如,2012年全国第三方监护人的平均选定比例为51.5%,[2] 而冈山县达到七成。[3] 2004年的数据中,冈山县第三方监护人的选定比率仅次于京都,位居全国第二。[4] 那么,冈山县的第三方监护的主要供给力量是哪些人,又是怎样的构成呢?

首先,为了解市町村长申请中当事人亲属的状况,笔者对支持利用成年监护制度相关组织的负责人进行了调查,其结果是:冈山市负责市长申请的行政负责人[5]表示,办理市町村长申请时,被监护人"大多数情况下都有(亲

1　熊田均「成年後見制度における市区町村長申立ての現状と課題—実務の経験を通して」、『実践　成年後見』、2010、35期、21頁。
2　最高裁判所事務総局家庭局『成年後見関係事件の概況』、2013、https://www.courts.go.jp/toukei_siryou/siryo/kouken/index.html。
3　基于2013年4月19日对"冈山成年监护支援中心"(行政书士团体)的代表K先生(行政书士)的采访所得资料。笔者在做调查时,虽然最高法院公开了全国的数据,但各家庭法院管辖范围内(各都道府县)的数据信息没有公开。
4　日本成年後見法学会「市町村における権利擁護機能のあり方に関する研究会 平成17年度報告書概要」、2006、shimanecsw.sakura.ne.jp/downloads/20060331koukenreport.doc。
5　基于对冈山市役所保健福祉局福祉援护科干部和高龄者福祉科职员的访谈资料(2013年4月18日)。但避讳亲属的想法与申请所需的费用负担问题相关,所以也有可能不是单纯讨厌利用成年监护制度。

属)"，而且，冈山市地域综合支援中心的负责人[1]还表示，很多案例是在与家人关系淡薄、亲属不想参与、想要断绝亲属关系等情况下才选定利用市町村长申请制度的。

这一背景让人们对利用成年监护制度的印象产生了影响。例如："(亲属) 在意面子 (体面)"，"某人去世时，亲戚们都说不要把他/她有精神障碍的事告诉别人"。另外，有一名参加冈山专职人员网络的援助者从自身经验得出，实际上"即使亲属成为监护人也不会完全照顾精神残疾患者"，[2] "从这种意义上来说，冈山人也许是保守的"，他这样解释市町村长申请件数需求较高的原因。

本来，人们（不论当事人或亲属）对利用成年监护制度倾向于持否定意见，不仅是冈山县，全日本都有这一倾向。为分析利用成年监护制度的意识，笔者引用内阁府"关于高龄者经济生活的意识调查"的全国调查（2002年）进行多变量分析，回答"不利用成年监护制度"的人超过了半数，[3] 其中，中国地方、四国地方的被调查者多回答

---

[1] 基于2013年9月3日对冈山市地域综合支援中心干部的访谈资料。
[2] 基于2013年4月19日对"冈山成年监护支援中心"（行政书士团体）负责人K先生（行政书士）的访谈资料。
[3] 税所真也「成年後見制度に対する意見を規定する個人的属性の研究—身上監護と財産管理の観点から」、『2012年度参加者公募型二次分析研究会成果報告書』、東京大学社会科学研究所、2013、34—50頁。

"不利用"，[1] 中国地方、四国地方的人们对利用成年监护制度持强烈否定意见，这在统计层面上也能反映出来。

(二) 市町村长申请需求的发现

如果当事人和亲属都不申请，那么人们如何通过市町村长申请利用成年监护制度呢？其主要途径之一就是依靠近邻居民的发现和上报。在冈山市，政府的高龄者福祉课负责市町村长申请的协商。与政府方面的联络多来自地域综合支援中心、日间照护的护理援助专员、医院等。[2] 地域综合支援中心比较容易与当地居民（民生委员、町内会长等）建立联系，能够从当地居民处接收到很多上报信息，如虐待、合同侵害、房屋衰败、吃不上饭、停电等。[3]

笔者认为，对以上这些被发现的地区居民而言，成年监护制度是必需的，通过市町村长申请制度得以利用成年监护制度。例如，有以下这样的例子。

> 一位90多岁的当事人过着独居生活，有财产。市政府机关正在查询其亲属情况。这位老人

---

1 税所真也「生命保険の支払請求において成年後見制度の利用が果たす機能—『成年後見の社会化』と『本人の権利擁護』の視点から」、『生命保険論集』、生命保険文化センター、2016、194期、182頁。

2 基于冈山市政府保健福祉局高龄者福祉科职员提供的信息。

3 基于2013年9月3日以及2015年8月6日对冈山市地域综合支援中心管理类职员访谈的数据。

没有使用过护理保险服务。民生委员参与本案例的契机是老人爽约了预约好的美容院。由于前一天美容院还向老人打电话确认过，并且老人平时也从未爽约过，所以美容院联系了其他店里的老顾客帮忙寻找。当人们找到这位老人时，发现她迷路了。因为担心老人判断能力下降，以地域综合支援中心为首的组织机构探讨如何为其引入医疗服务，并守护着这位老人，但老人一直拒绝使用护理保险等福利服务。

之后，地区综合职员和民生委员、町内会会长等每天都上门探视（因为老人不让他们进入家中，所以不是从玄关而是从外廊观望），发现老人一直卧床。有一次发现她倒在屋内，赶紧叫救护车把她送到医院。结果是她被确诊为认知症引发判断力下降，已达到了应予以监护的程度。因此，地域综合支援中心决定利用成年监护制度的市长申请。[1]

该案例如实反映了该地区居民了解当事人情况、判断其有必要利用成年监护制度的过程。首先有必要从医学角

1　基于2013年9月3日以及2015年8月6日对冈山市地域综合支援中心管理类职员访谈的数据。

第三章　成年监护制度与个体化

度证明她判断力不充分。医学诊断书的专业性为推动市町村长申请发挥了重要作用。在紧急就诊的过程中，冈山市认知症疾患医疗中心诊断其为"到了监护级别"，成为推进市町村长申请的重大转机。

一直以来老人拒绝使用护理服务，所以猜想老人不愿意利用成年监护制度，但比起老人自己的意愿，依据医生的专业判断，第一要务是保障老人的生活和身体安全。地域综合支援中心既然掌握了当事人"自我放任"的生活状态，就不能对其置之不理，这是"本市的责任"。[1] 福柯曾提及"生命—权力"并将其命名为"赋生命以权力"，[2] 这里，就是通过运用市町村长申请制度调动起管理、调整社会系统的力量，让当事人活下去。

一方面，成年监护制度通过将当事人的财产管理、协商决定的权限转移给他人来谋求问题的解决，虽然这样做可以说是维护当事人权利，但另一方面，在大多数情况下，当事人周围以及社会状况决定了其需要利用成年监护人。[3] 成年监护制度是在当事人主体性发生动摇或丧失的情况下，

---

[1] 基于2013年9月3日及2016年8月6日冈山市地域综合支援中心对管理类职员的访谈资料。

[2] Foucault, Michel, *La volonté de savoir* (Paris: Gallimard, 1976)（渡辺守章訳『知への意志―性の歴史Ⅰ』、新潮社、1986）.

[3] 税所真也「専門職後見人による支援の社会的機能―社会福祉専門職による支援事例の分析」、『地域福祉研究』、日本生命済生会、2013年第41期、101—112頁。

在社会中重新定位当事人的位置、在国家体系中维系当事人正常生活的一种技术性手段,也是为了使当事人的主体性"可视化",再次将当事人吸纳进社会的一种努力。在成年监护制度中的市町村长申请制度的运用中体现了福利国家权力的一个侧面。

四、第三方监护的供应力

(一) 专职人员网络的存在

冈山县老年人残疾人权利维护网络恳谈会

以专职人员为中心的"老年人残疾人权利维护网络恳谈会"(通称"网恳")成立于2003年,这是一家由冈山县与成年监护制度相关的律师、司法书士、社会福祉士、行政书士等专门人士以及县社协/市社协职员等以志愿者身份组成的意定监护的网络组织,每两个月进行一次信息交流。[1]

当初"网恳"的目标是通过开展活动,构建专职人员之间横向的协作关系,促使不同行业之间实现相互协作和信息共享。实际上,"网恳"是作为承担成年监护业务而创建的组织。2005年成立的非营利组织(NPO)法人"冈山

---

[1] 基于田野调查的冈山县社会福祉协议会的资料。

老年人残疾人支援网络"就是一家这样的组织,其成员包括律师、税务士、社会福祉士、精神保健福祉士、行政书士等。该组织接手处理那些有可能没有报酬或棘手的等个人不好处理的案子。截至 2013 年,该组织承接了 200 件左右法人监护,这一法人监护规模在当时是全日本第二。[1]

冈山应对虐待老年人专职团队

以"网恳"成员为中心产生的另一家组织是"冈山应对虐待老年人专职团队",是应日本律师联合会和日本社会福祉士会倡导在全日本创办的组织,[2] 具体来说,由致力于权利维护的地方律师和社会福祉士组成,与都道府县和市町村签订单独的合同,向地区照护会议(现名"防止虐待老年人顾问会议"(以下简称"防虐顾问会议")派遣顾问,旨在帮助行政职员和地域综合支援中心负责人对虐待老人的情况做出紧急判断,提出专业建议,有效地应对虐待老年人问题。

冈山县 2006 年 6 月成立了应对虐待老年人专职团队,首先是浅口市,其次是冈山市,之后从 2007 年到 2009 年,

---

[1] 基于冈山"网恳"负责人 T 先生(律师)在"网恳"用于宣传的电子邮件中发布的内容(2013 年 8 月 13 日)。

[2] 日本弁護士連合会・日本社会福祉士会「高齢者虐待対応専門職チーム経験交流会報告書」、2009、https://www.nichibenren.or.jp/library/ja/committee/list/data/gyakutai_keikenkouryu_houkoku.pdf。

与县内的15个城市签订了顾问合同。[1] 其中，冈山应对虐待老年人专职团队具有以下特征。第一，（在全国范围内相对于日本律师协会和日本社会福祉士协会）行政书士、司法书士、税务士等专业人员广泛参与其中；第二，从全国范围来看，以市町村和地域综合支援中心为责任主体的部门大多停留在建议层面，而冈山县这一组织是促使当地政府应对虐待老年人问题，有时甚至是对当地政府采取了较为强硬的姿态，迫使市长申请成年监护。[2]

在向地域综合支援中心的咨询中，地区照护会议（现名"防虐顾问会议"）的专业人员以顾问身份参加，对于疑似虐待的事件和认为有必要进行成年监护的事件，探讨是否存在虐待状况，是否需要利用成年监护制度。该组织基于专业性判断，必要时向行政部门寻求市长申请成年监护制度。冈山县市町村长申请件数的激增是在顾问合同的组织架构下，防止虐待专家团队最大限度发挥作用的结果。

---

[1] 日本弁護士連合会・日本社会福祉士会「高齢者虐待対応専門職チーム経験交流会報告書」、2009、https://www.nichibenren.or.jp/library/ja/committee/list/data/gyakutai_keikenkouryu_houkoku.pdf.

[2] 基于2013年4月19日对冈山市社会福祉协议会法人监护科负责人的访谈资料。

第三章　成年监护制度与个体化

(二) 顾问制度

专职网络支援者[1]表示，"最初在那些没有报告出现虐待情况的市町村，虐待老年人的情况只是没有显露出来。当有案例在顾问会议上被判定为虐待，居民咨询的数量随之上升，虐待件数也在不断增加"。地域综合支援中心向顾问咨询："这种情况是否属于虐待？"顾问认为："这等同于虐待。"且推动当地政府采取行动并与之互动的情况越来越多。经专家的判断，虐待事实得以承认，于是形成了针对有可能发生虐待而采取切实防范措施的机制。

另一方面，冈山市行政负责人[2]是从其他角度采取措施的。2006年日本实施了《高龄者虐待防止法》。为贯彻该法，地域综合支援中心将防止虐待老年人作为一项重要职责。因此，在防范家庭虐待方面，地域综合支援中心职员通常会向专家征求建议。据2007年在冈山县普及成年监护制度、开展维权活动的K律师说道，冈山市与冈山应对虐待老年人专职团队签订了合约。从此以后，专家开始作为顾问列席地域综合支援中心主办的地域照护会议。若顾问当场宣布"除了监护以外（没有其他办法）"，市长申

---

[1] 基于2013年4月19日对"冈山成年监护支援中心"（行政书士团体）代表K先生（行政书士）的访谈资料。
[2] 基于2013年4月18日对冈山市政府保健福祉局福祉援护科干部及高龄者福祉课职员的访谈资料。

请的事例也就变多了。虽然当初采取市长申请不很容易，但随着被认定为虐待案件的增加，市长申请件数也在增加。实际上，冈山市约半数市长申请针对的是虐待事件，而且，笔者从地域综合支援中心了解到，来自住院的认知症患者和无依无靠者等群体的咨询不断增加，市长申请的数量也越来越多。

专家作为顾问参与地域照护会议，在会议探讨成年监护制度的必要性，经历了是否需要市町村申请这一判断程序。应对虐待专职团队为实施市长申请督促行政部门的事例也有所增加，市町村长申请制度使得虐待案件和成年监护的需求逐渐显露出来。市町村长申请件数的增减有赖于行政部门对虐待的认知和执行手续，但并非将行政独立判断权限完全交给政府部门，而是构筑了专职人员积极参与行使/裁量的机制。市町村长申请制度的运用发生了很大的变化，这是2008年以后冈山县市町村长申请件数大幅增加的直接原因，也证明了这一时期与冈山应对虐待老年人专职团队与县内15个市全部签订顾问合同的时期（2006—2009年）是一致的。[1]

---

[1] 日本弁護士連合会・日本社会福祉士会「高齢者虐待対応専門職チーム経験交流会報告書」、2009、https://www.nichibenren.or.jp/library/ja/committee/list/data/gyakutai_keikenkouryu_houkoku.pdf。

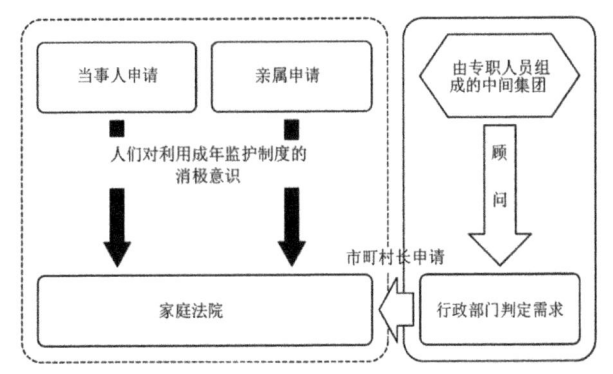

图 3-2 成年监护制度作用不能有效发挥与中间集团的润滑作用

注：承蒙上智大学综合人类科学部藤村正之教授的启发，笔者绘制出了本图，特此表示感谢！

资料来源：笔者制作。

五、中间集团的作用

(一) 专职网络提供援助的作用

《社会学小辞典》（有斐阁）和《现代社会学事典》（弘文堂）对"中间集团"的解释是，介于个体和家庭的第一集团与国家和社会之间、以两者为媒介的自发的结社和职业集团。本节聚焦于专职人员自发组成的网络组织，笔者将其视为中间集团。作为中间集团的专职网络，围绕以当事人或亲属申请为基础的成年监护制度的利用，在必要时，通过市町村长申请让那些很难主动申请的个人利用这一制度，也就是说，发挥了以法律制度和行政部门为媒介，进而以行政部门和成年监护制度为媒介的作用。

　　成年监护制度的利用需要申请人（当事人或亲属等），但经常会出现申请人不完全具备必要判断能力的情形，这是成年监护制度在实际运行过程中的一大特征。如前文所述，在无法得到亲属协助的情况下，行政部门会启动市町村长申请程序，但站在行政部门的立场，还是希望尽可能由亲属提出成年监护申请。这与市町村长申请的费用负担问题有关，但绝不限于此。由于成年监护是一种牵涉到个体与个体之间法律关系的民法制度，因此，并非首先由行政部门劝说市民利用的制度。行政部门对待成年监护制度与其他一般行政服务不同，需要更加慎重。

　　这里再重申一遍，市町村长申请中存在很多涉及虐待的事例，行政部门要慎重介入家庭内部。成年监护制度的市町村长申请制度在运用过程中存在不少不得不妥协的因素，因此，行政部门在实际制度运行过程中容易缺乏灵活性和实效性。针对制度特性所导致的作用不能有效发挥，由专家组成的中间集团基于法律和福利专业知识以及职业伦理提出建议，督促行政手续来应对，这就是冈山模式。

　　之所以形成冈山模式是由于专职网络的存在，有足够的供给力来承受潜在需求。专职人员以法人监护的形式组成团队进行应对，构建了一种针对棘手事例及当事人没有

第三章 成年监护制度与个体化

财产也能利用成年监护制度的机制,[1] 冈山县法人数位居成年监护法人受理数量的前列。[2] 尤为重要的是专业人员参与成年监护制度,签订顾问合同,构建判断是否利用制度的机制。围绕虐待认定正式建立起了尊重专职人员发言的机制。

当市民抱怨"市政府没有认定虐待的资格"时,先前的法律依据加上援助经过的记录资料以及作为顾问的 25 位专家的专业判断结果,可作为行政介入的依据。专职人员的判断使得异议申请变得相对容易,成年监护需求也能切实地与成年监护制度的利用联系起来。

(二) 专职网络援助的反作用

专职网络的作用是将潜在的成年监护需求呈现出来,通过运用成年监护制度有组织地建立保护机制,另一方面,也有专业人士对通过市町村长申请制度来激进推动维权表示了强烈的担忧。

一位作为顾问参与案件的社会福利专业人士[3]说道:

---

1 井上雅雄「専門職ネットワーク型法人後見と市民後見人養成支援」、『臨床法務研究』、岡山大学大学院法務研究科、2011、11 期、43—46 頁。

2 基于冈山"网恳"代表 T 先生(律师)在"网恳"的邮件列表中发送的记述内容(2013 年 8 月 13 日),县内的 (1) 律师法人冈山公共法律事务所;(2) NPO 法人冈山老年人残疾人支援网络;(3) 柳叶会 [重度身心障碍儿童(者)父母之会] 的法人监护受理件数在全国处于领先水平。

3 基于 2013 年 9 月 2 日对县内多数接受成年监护的独立型社会福祉士访谈的资料。

也有虽无必要却利用成年监护制度的案例，因为一旦被认定为"虐待"，以市町村长申请方式利用成年监护制度后，当事人与家属之间的距离会被物理性拉大，减少了通过其他社会工作方法修复家庭关系等问题的可能性。

的确，运用成年监护制度介入虐待问题往往会导致家庭关系的疏离。[1] 严格来说，如何修复家庭关系并不是成年监护人固有的工作、职责或义务，是蕴含于监护人个人能力和知识中的问题，没有被人关注。[2]

在这一课题中，手段（根据顾问制度的市町村长申请）和承担方（法人监护）是一对关系，与专职网络组织体系具有密切联系。专职人员是供给者同时也是承担者，也就是说，该体系包含着专职人员自身参与成年监护需求认定（与成年监护需求的产生有关）的结构性问题，专职人员对于成年监护需求的判断不能完全脱离其自身所处的环境和结构。

截至目前，美国医学社会学家弗雷德森（Eliot Freidson）[3]

---

[1] 本书第四章的第三节对利用成年监护制度引起人户分离问题进行了详细讨论。

[2] 另一方面，冈山市地域综合支援中心干部表示，没有一件不必要的市长申请，反而是把当事人与虐待当事人的家人分开后，成年监护人为了修复其家庭关系，反复与其家人面谈，定期在机构内会面，结果双方建立了平静且安心的关系。也就是说，存在通过成年监护人修复家庭关系的成功案例（根据2015年8月6日的访谈资料）。

[3] Freidson, E., *Professional Dominance: The Social Structure of Medical Care* (New York: Atherton Press Inc., 1970)（進藤雄三、宝月誠译『医療と専門家支配』、恒星社厚生閣、2005）.

第三章　成年监护制度与个体化

在专职论中也曾讨论过同样的问题。他指出，每位医疗专职人员的实践被其个人所处的机构所约束。在专职人员网络中也有可能发生相同或类似的事。市町村长申请使得虐待事件凸显出来，确实发挥了保护老人不受虐待的作用。但另一方面，如果借权利维护之名，市町村长申请的作用已发挥到了产生过多成年监护的地步，积极活用市町村长申请制度的措施是否容易导致对个人和家庭过多的干预，这是今后应予以注意的。

第四章

基于成年监护的财产管理社会化

第四章　基于成年监护的财产管理社会化

第三章从社会结构的变化（第一节）和运用市町村长申请制度（第二节）的角度对成年监护制度进行了论述，均是从个人角度、个体与国家的关系出发来把握成年监护社会化的。本章第一节拟从成年监护制度与市场的关系、第二节和第三节拟从成年监护人与家人的关系探讨成年监护社会化。

本章第一节聚焦于通过民间企业考察成年监护制度的地位与作用。该节描述了因缺乏判断能力、难以单独签署合同而被市场排斥的当事人，如何通过成年监护制度重新被市场所接纳。一般来说，对成年监护制度持否定态度的人比持肯定态度的人多。[1] 如果是那样的话，成年监护制度是如何普及的呢？答案是因为有市场需求。笔者通过分析成年监护制度在生命保险公司中的地位，阐明民间企业是如何看待和运用成年监护制度的。

第二节从去家庭化和专业化的视角论述成年监护社会化，分析家庭法院对成年监护人选定标准的变化，探究成年监护人的去家庭化是如何产生的，这一去家庭化有何特征。笔者指出，单从去家庭化这一侧面思考"成年监护社会化"是极其偏颇的，现从"护理社会化"视角对其进行重新评价。

---

[1] 税所真也「成年後見制度に対する意見を規定する個人的属性の研究—身上監護と財産管理の観点から」、『2012年度参加者公募型二次分析研究会成果報告書』、東京大学社会科学研究所、2013、34—50頁。

第三节指出去家庭化且专职化的成年监护包含着家庭收支管理的社会化和家庭收支的独立核算，论述了这种家庭收支管理功能对家庭生活产生了怎样的影响。另外，成年监护制度的普及发挥了家庭收支管理功能和家庭管理功能。本节阐述了成年监护制度作为实质性家庭政策的功能是如何发挥的。

第一节　生命保险给付申请中成年监护制度的措施
——对市场的包容

社会对成年监护制度的关注度日益升温，民间企业也不例外。税所[1]通过要求金融机构兑现存款探讨了成年监护制度的定位，分析了请求兑现存款的老年认知症患者及其家属与金融机构之间的紧张关系。另外，税所还论述了不动产交易中成年监护制度的理想状态。[2] 该项研究旨在剖析当卖方是老年认知症患者时，是否可以利用成年监护

1　税所真也「金融機関における成年後見制度の必要性——地域金融機関による認識と見解の分析を通して」、『ゆうちょ資産研究研究助成論文集』、ゆうちょ財団ゆうちょ資産研究センター、2015、22巻、121—140頁。

2　税所真也「超高齢社会における不動産取引の分析」、https://www.frk.or.jp/kenkyu_jyosei/27kenkyujyosei_tokyo.univ_saisho.pdf。

第四章　基于成年监护的财产管理社会化

制度，并从司法书士、房地产中介、城市规划行政等多角度论述成年监护制度的地位及其优缺点。

本节拟从生命保险公司的实际运作业务探讨成年监护制度的地位。[1] 申请生命保险金等给付动机与每年大约2 800件到2 900件申请利用成年监护制度一样，[2] 生命保险公司的实际业务是成年监护制度的利用途径之一。

生命保险公司对成年监护制度持肯定态度。例如，我们能看到如下表述：2000年日本实施成年监护制度时，"随着老龄化的加剧，可以预见缺乏判断能力的人数将会增加"，"非常期待本制度在与限制行为能力人[3]关系密切的生命保险业务方面发挥作用"。[4] 这20年间，成年监护制度的利用虽有较大进展，但从与生命保险交易关系出发探讨成年监护制度的研究成果则较为薄弱。

其背景是，基于指定代理申请制度及各生命保险公司内部规定中有"视同监护人"的存在，即使不利用成年监

---

[1] 另外，依据当事人判断能力下降的程度可分为"监护（民法第7条）""保佐（民法第11条）""辅助（民法第15条第1项）"三种类型。不同类型被赋予成年监护人不同的代理权限。所以，在生命保险的理赔中有必要对不同类型进行讨论。以下将成年监护制度中的大部分监护类型（成年监护人）作为主要对象进行讨论。

[2] 最高裁判所事務総局家庭局『成年後見関係事件の概況』、https://www.courts.go.jp/toukei_siryou/siryo/kouken/index.html。

[3] 未成年人，指未满20岁的人；成年被监护人，丧失判断能力的人；被保佐人，指判断能力严重不足的人；被辅助人，判断能力不足的人。——译者注

[4] 平澤宗夫「新成年後見制度と生命保険取引（特集　実務からみた新成年後見制度）」、『旬刊　金融法務事情』、2000、48卷4期、16—22頁。

护制度，也可由特定人选担任被保险人的代理人向保险公司提出保险金理赔申请并代领保险金。因此，在生命保险金理赔申请中寻求利用成年监护制度的案例极为个别。

实际上，每年大约有 2 800 件以申请生命保险金理赔等为由利用成年监护的事例，占利用该制度总数的不足 10%。那么，为申领保险金而利用成年监护制度的个案是什么情况呢？是在怎样的情况下被要求利用成年监护制度呢？成年监护制度的利用与否，如果不是当事人或亲属等决定，而是由生命保险公司为代表的民间企业来判断的话，又该如何看待这一现象呢？

本节回答了上述问题，同时阐明成年监护制度在民间企业中的功能与作用，探究了成年监护制度逐渐普及的社会因素。

一、申请利用成年监护制度的动机

申请保险金对于支付当事人照护等必要费用、维持当事人及其家人陷入困顿的日常生活至关重要。在申领保险金的情况下，生命保险公司有时会要求其利用成年监护制度。例如，在接受成年监护制度相关的咨询中，有不少是询问有关生命保险手续的。岛根县松江市社会福祉协议会负责人说了这样一段话。

第四章　基于成年监护的财产管理社会化

　　当我意识到与监护制度相关的场景是，经常听到保险公司人的劝说，必须是当事人才能履行手续，家人不能代其申请理赔。有人咨询我说：保险公司让我来做监护人，我该怎么办才好呢？

　　比方保险公司的人说，由于您父母身患认知症或者交通事故等后遗症导致判断能力急剧下降，在这种情况下申请生命保险金理赔，原则上须由当事人办理手续。如果不是监护人就不能申请理赔生命保险金（2014年3月11日，根据松江市社会福祉协议会的访谈记录）。

松江市社会福祉协议会收到过很多咨询，都是在申请理赔生命保险金时被劝说利用成年监护制度的，市民们接受了生命保险公司的建议。其背景有以下这样几种情况。

　　被保险人的当事人重度残疾，理赔保险金的领取人原则上是重度残疾的被保险人本人。但被保险人大多处于表达能力丧失状态，多数情况下由被保险人的家属向保险公司申请理赔重度残疾保险金，[1] 然而，家属不具备要求保险公司支付重度残疾保险金的权利。这时，生命保险公司会要求被保险人的家属申请成年监护制度，"原则上只有成

---

[1]　田口城「生命保険取引と成年後見制度」、『旬刊　金融法務事情』、1998、46卷20期、59頁。

年监护人申请理赔才会予以赔付"。[1]

从上述情况来看,以领取保险金为动机利用成年监护制度的件数每年都占一定比例。日本自 2011 年有该项统计以来,大约有 2 700 件到 2 900 件的申请(多选项),见表 4-1、图 4-1。

表 4-1　成年监护制度利用动机的变化

年份	2000	2001	2002	2003	2004	2005	2006	2007	2008	2009
领取保险金										
协商继承、分割遗产等	405	896	1 049	1 331	1 343	1 649	2 786	3 050	3 559	4 183
处理不动产										
人身监护	560	1 342	1 987	2 464	2 758	2 934	10 057	6 711	7 060	8 596
入住设施·护理保险合同等	71	174	306	538	520	590	3 401	1 560	1 714	2 401
提取存款	2 203	5 013	6 399	8 511	8 475	10 086	23 127	21 733	23 121	24 347

---

[1] 田口城「生命保険取引と成年後見制度」、『旬刊　金融法務事情』、1998、46 巻 20 期、59 頁。

第四章 基于成年监护的财产管理社会化

续表

年份	2010	2011	2012	2013	2014	2015	2016	2017	2018
领取保险金		2 694	2 767	2 757	2 735	2 692	2 646	2 872	2 882
协商继承、分割遗产等	4 737	5 840	6 091	6 163	5 940	5 985	5 858	6 142	6 077
处理不动产		5 569	6 456	6 649	6 387	6 494	6 463	6 532	6 773
人身监护	10 403	7 764	8 226	7 997	7 499	8 954	12 768	13 312	14 906
入住设施·护理保险合同等	3 637	9 890	11 508	12 162	12 237	11 588	6 619	7 007	7 156
提取存款	26 883	24 895	27 620	28 108	28 358	28 874	28 254	29 477	30 500

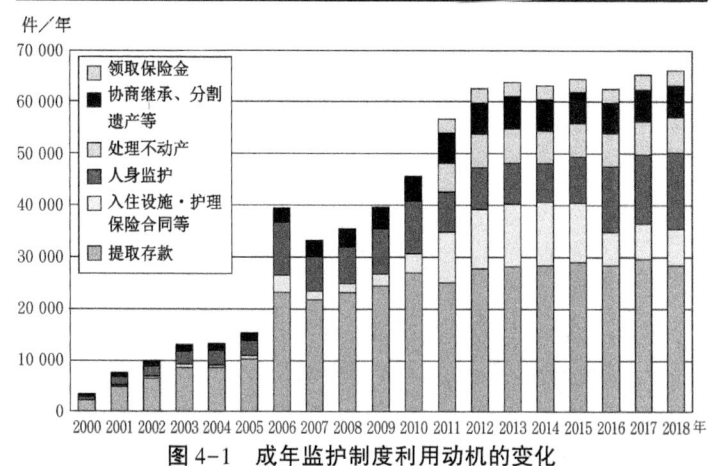

图 4-1 成年监护制度利用动机的变化

注：来自最高裁判所事务総局家庭局「成年後見関係事件の概况（各年版）」。

资料来源：笔者制作。

从生命保险交易视角对成年监护制度研究的成果不多。另外，既存研究的关注点也呈现以下倾向：从企业法务的角度探究生命保险公司如何活用成年监护制度，如何在法律层面确保交易过程的安全稳妥等。例如，第一生命保险公司法务室的田口城，针对成年监护制度修订前理赔实务中禁治产制度的地位进行了论述。

重度残疾保险金理赔要求被保险人是保险金的受领者，但被保险人处于重度残疾状态下领取保险金时，被保险人多丧失了表达能力，而由被保险人的家属申请重度残疾保险金理赔。但家属不具备重度残疾保险金的申领权，保险公司原则上会要求被保险人的家属先去申请禁治产宣告，坚持非监护人申请重度残疾保险金不予理赔的原则。

家属一方面为顾全面子，另一方面在疗养费、生活费紧张的状况下，为避免耗时、花钱的手续，多数情况下会放弃利用禁治产制度。保险公司迫不得已在重度残疾保险金数额较少且以确立继承人作为担保人的条件下，才会受理被保险人家属提出的重度残疾保险金理赔申请。[1]

（旧）安田火灾海上保险公司法务部的远藤一冶说道：投保了意外伤害险的被保险人在因事故基本丧失行为能力的情况下，被保险人或受害人在申领后遗症保险金或缔结

---

[1] 田口城「生命保険取引と成年後見制度」、『旬刊　金融法務事情』、1998、46巻20期、59頁。

第四章 基于成年监护的财产管理社会化

和解协议时,如果已申请利用禁治产宣告制度,监护人行使保险金申领权没有任何问题。但实际上,被保险人几乎都没有申请禁治产宣告。保险公司对被保险人或受害者方的要求是,只有收到禁治产宣告才能领取保险金,不能因为体谅亲属的心情和户籍上记载有家属的名字就支付保险金。结果造成了实际操作过程中,保险公司在处理此类事件时,不得不找来全部有可能做继承人的人选签署保险金申领同意书。[1]

这两种情况都发生在现行成年监护制度实施之前。即便认为应该利用禁治产宣告制度,当时的保险公司在实际操作中也不用该制度来处理保险金理赔问题。但对于这种处理方式的有效性"法律上并不是没有问题",可以说生命保险公司承担了很大的交易风险。因此,保险公司希望"成年监护制度成为容易利用的制度","谋求灵活运用"该制度是从"法律上交易安全的观点"出发,业界对普及修订后的成年监护制度寄予了"很高的期待"。[2]

之后,现行的成年监护制度施行,生命保险公司对利用该制度的期望很高。但另一方面,人们对成年监护制度的态度仍停留在尽量避免利用的阶段。在这种情况下,生

---

[1] 遠藤一治「損害保険取引と成年後見制度」、『旬刊 金融法務事情』、1998、46卷20期、64頁。
[2] 遠藤一治「損害保険取引と成年後見制度」、『旬刊 金融法務事情』、1998、46卷20期、64頁。

命保险公司在实际业务中如何面对成年监护制度,或者生命保险公司内部如何判断是否需要利用该制度,诸如此类的一系列重要问题进入了研究者的视野。

这不仅是从生命保险公司的角度思考法律层面的交易风险程度,也是从居民的角度探讨其对被保险人、家人生活造成的影响。为何如此?因为保险公司要求保险金申领者利用成年监护制度,一旦利用成年监护制度,民法上的限制行为能力在其他领域被机械地扩展为各种"资格限制等",导致产生"双重甚至三重过度地限制自由"。[1] 因此,如果利用指定代理申请制度和"视同监护人"代替成年监护制度办理手续,对于被保险人和家属则是较为理想的选择。

本节将分析在申领保险金时如何判断是否需要成年监护人,然后,通过民间企业在业务实操过程中的判断、裁量,考察其视域下的成年监护制度的作用和功能。

二、保险金的支付原则与实际情况

为弄清保险公司在判断、裁量过程中生命保险金赔付的实际情况,笔者按预先设定好的问卷实施了半结构化访

---

[1] 上山泰、菅富美枝「成年後見制度の理念的再検討―イギリス・ドイツとの比較を踏まえて」、菅富美枝編『成年後見制度の新たなグランド・デザイン』、法政大学大原社会問題研究所、2013、21—24 頁。

第四章 基于成年监护的财产管理社会化

谈,主要设定了以下四个问题:(1)在保险金理赔申请中,什么情况下需要利用成年监护制度;(2)如何区分使用指定代理理赔制度和成年监护制度;(3)如何厘清公司内部规定的"视同监护人"原则与实操过程中成年监护制度的关系;(4)在保险金理赔中,如何从"维护当事人权利"的视角思考成年监护人的必要性。

笔者以上述4点为中心,对两家大型生命保险公司实施了访谈。具体来说,对在支付保险金时判断是否需要监护人的保险公司职员分别进行了两次、总计四次的调查。另外,之后根据需要还追加了几次电话调查。调查对象以及调查日期如下:

(1)大型生命保险公司 A 公司(总公司)(调查实施日期2014年12月1日)

(2)大型生命保险公司 A 公司(总公司)(调查实施日期2015年1月21日)

(3)大型生命保险公司 B 公司(中国地方分公司)(调查实施日期2015年8月7日)

(4)大型生命保险公司 B 公司(总公司)(调查实施日期2015年9月3日)

调查结果是,在被保险人缺乏判断能力的情况下,保险金理赔可分为以下三种类型：（1）利用指定代理理赔申请制度；（2）仅在金额较小的情况下，由近亲、配偶和子女共同申请，如保险公司判定没有风险的话，可采用"视同监护人"的赔付手续（事后如发生非亲属纠纷，承诺内部解决后再处理）；（3）委任成年监护人（A 公司）。那么，上述方法在不同场景下是基于怎样的判断被运用的呢？笔者引用访谈的回答试归纳如下。[1]

首先，原则上是"保险金有法定申请者，因此须由申请者办理申请手续。如保险公司判断被保险人不具备表达能力，[2] 一般程序就是委任成年监护人"（A 公司）。关于事前约定的向被保险人支付给付金等事项，在被保险人不具备表达能力的情况下，保险公司有时会推荐被保险人家属利用成年监护制度。另外，"在死亡保险金方面，被保险人去世时，保险公司将会向事先已经指定的保险金受益人赔付死亡保险金，但如果保险金受益人不具备表达能力，则要求成年监护人提出申请"（B 公司）。

在保险金申请方面，保险公司明确要求利用成年监护

---

[1] 本节的记述基于在大型生命保险公司支付保险金时，对是否有必要选定法定监护人进行判断的部门的职员的访谈。

[2] A 公司作出了以下解释，"一般来说，从客户那里得到可能符合理赔事由的申请，即开始申请手续。以重度残疾保险金为例，条款上的申请人是被保险人自己，但有时被保险人的家属会提出理赔申请。这种情况下，首先应询问其家属具体情况，判断被保险人自己是否可以办理理赔手续。如果被保险人自身处于无法申请理赔的状态，本公司会对诊断书'表达申请的能力'一栏中医生的结论进行研判，对申请进行指导"（A 公司）。

第四章 基于成年监护的财产管理社会化

制度,因为保险条款中事先规定了申请对象、领受人。因此,基本上以事先规定者的行为为前提。因此,在无法满足上述条件的情况下,原则上是诉诸成年监护制度,但实际操作未必如此。

因为在 A 公司,"即便必须委任成年监护人,保险公司比起承担风险,会在被看作'事实上的监护人'的法定继承人的范围内代替当事人办理手续,考虑的是操作的简便性,按照公司内部规定来运作"。B 公司同样也是,"在保险金额度较小的情况下不委任成年监护人,并在了解风险的基础上设定偿付基准额度,采取'便利的监护人'这一方式"。

也就是说,只有在不方便利用的时候才需要成年监护人。具体来说,"B 公司认为通常在保险金数额较大的情况下,由成年监护人管理财产较为稳妥。此外,B 公司还要在做好赔付业务与避免出现重复赔付风险之间保持平衡"。各生命保险公司依据各自实务操作标准来判断是否需要成年监护人。

从居民的角度来看,这种处理方式非常有意思。成年监护制度对于个人生活有很大约束力,是否需要利用这种制度并不是根据当事人、家人的意愿和决定,而是由家庭之外的保险公司考量后决定的。成年监护制度的利用就是增强社会力量帮助发挥主体作用较低的当事人做决定,使其有个好的结果。

（一）指定代理申请制度

依据指定代理申请制度，事先指定的理赔代理人可以代表被保险人领取保险金，即使被保险人缺乏判断能力，也没有必要利用成年监护制度。

例如，在重度残疾保险金、轻度残疾或对于身患某种癌症的人的保险产品上，大多数情况下保险产品条款上的法定理赔人与投保人、被保险人是同一个人，该被保险人通常具有条款上的申请理赔权。其中，非条款规定的申请人去申请保险理赔的情况，以重度残疾保险金最常见（在A公司）。平成十一年（1999年）以后，当合约条款中法定申请理赔者发生不能申请理赔的情况时，可由代理人申请这样的条款写入保险产品中。即使是平成十一年之前的合同也可以通过附加特别约定的形式进行赔付。因此，在重度残疾保险金和住院救济金的理赔上基本可以通过这一指定代理申请制度来处理，而在死亡保险金理赔问题上主要利用成年监护制度。A公司利用指定代理申请制度的案例数量是利用成年监护制度的近十倍。

B公司的三大疾病保险金和生活需求特别合约"关于生前给付的特别合约"等由于是被保险人本人申请，因此均被设定为指定代理申请制度，然而，指定代理申请制度

第四章 基于成年监护的财产管理社会化

的利用仅限于被保险人表达能力丧失的情况,死亡保险金受益人表达能力丧失则不能利用指定代理申请制度,所以,这种情况下需要选定成年监护人。

(二)"视同监护人"的实务处理
——"事实监护人"(A公司)和"便利的监护人"(B公司)

本部分阐述的是日常业务中如何运用"视同监护人"。A公司"在支付金额较少且其他连带担保人共同申请的情况下,保险公司受理理赔要求","当事人配偶和子女的共同申请,A公司在认定没有后期风险的情况下,即使在法律上没有有效的代理权,保险也能发挥作用"。这是出于不让人们轻易利用成年监护制度所采取的一种应对办法。B公司的阐述如下。

> 例如,丈夫是被保险人、妻子是受益人的情况下,如果丈夫去世,妻子必须办理领取手续,但在妻子没有表达能力的时候,即使妻子不被特意选定为成年监护人,如果有子女,其子女申请没有问题的话,为方便起见让其子女提出申请(B公司)。

像这样，A公司和B公司都极力避免利用成年监护制度处理业务，但两家公司对非既定受益人申请理赔持慎重态度。B公司赔付业务的负责人做了如下说明：

> 权利在于受益人本人，受益人本人向生命保险公司行使保险金申请权的法律行为，委托给作为权限代理人的"便利的监护人"在法律上是无效的。因此，万一他的妻子被选定为成年监护人，"便利的监护人"挪用了该保险金，这种情况下，针对成年监护人提出的申请不得不进行二次支付。因此，这只是在预估不会发生问题的基础上[1]作为公司内部规定来处理。这也是公司能在多大程度上承担风险的问题（B公司）。

作为"便利的监护人"的实务适用标准，B公司规定见表4-2：

---

[1] 例如，A公司认为，不选定成年监护人，而是考虑到保险金的额度，将其支付给一定范围的人，即"事实监护人"，在这种情况下，即便有人提出异议，若他不是法定理赔人或者法定代理理赔人，也不会有任何问题。

第四章　基于成年监护的财产管理社会化

表 4-2　B 公司中"便利的监护人"的适用标准

○支付金额在一定标准范围内
○申请权所有者的（如果是死亡保险金，则是收款人的；如果是给付金，则是被保险人的）推定继承人
○当场确认过家人、亲属之间没有冲突
○对当事人正进行疗养和护理的人可成为"便利的监护人"
○申请权所有者的财产管理者可成为"便利的监护人"（可以确定，保险金的利用对象是原始权利人）
○既有申请权所有者表达能力丧失（分公司领导与申请理赔人会面，当面亲自确认其表达能力丧失）
○既有申请权所有者没有被选定为成年监护人*

资料来源：笔者制作。

注：*委任"便利的监护人"的前提条件是当事人没有法定监护人。另外，如果有指定的代理理赔人，则以指定的代理理赔人为优先。在此基础上，如果法定监护人和指定代理理赔人并存的情况下，指定代理理赔人也是合同条款上的正当代理人。因此，B 公司会要求法定监护人和指定代理理赔人双方做好协调。

本表访谈数据来自田野调查。

（三）成年监护制度的实务应用

各生命保险公司为了切实赔付保险金，一直以来不断完善指定代理申请制度，并且通过运用"视同监护人"的内部规定尽量避免利用成年监护制度。生命保险公司一直把成年监护制度视为赔付业务上迫不得已的选定。尽管如此，笔者后面还要阐述有必要利用成年监护制度的各种情况。B 公司担任理赔实务工作的负责人这样说道：

尽管发生了符合赔付规定的现实状况，但如果申请权所有者没有提出申请，保险公司就无法赔付保险金。本可以赔付保险金却无法支付，保险公司也不希望发生这样的事。保险公司对本就该赔付的保险金会想方设法予以赔付。

保险公司认为自己是在法律层面正确的应对，被政府监管部门责备不给人家理赔这种风险是不存在的。对保险公司来说，死亡保险金是为了受益人，住院给付金等生前给付金是为了被保险人，所以保险公司会想方设法给客户理赔。好不容易让客户加入保险，最终客户无法申请理赔，那人家加入保险是为什么呢，这是保险公司极力要避免的。因此，虽然"便利的监护人"有一定适用标准，但保险公司要是有办法能理赔，会努力与客户沟通，在一定的判断基础上予以理赔。即便在理赔困难的情况下也会与客人进行交涉，让其选定成年监护人（B公司）。

因此，对于生命保险公司来说，只有在指定代理申请制度无法利用或不符合"视同监护人"条件的情况下，才需要成年监护制度。这是到了"只能向民法上有代理权的

第四章 基于成年监护的财产管理社会化

成年监护人提出申请"[1] 的情况下才使用的最后方法（A公司）。

B公司需要利用成年监护制度的案例非常少，这是因为"目前签订的合同中几乎都是通过指定代理申请签署指定代理申请特别合约"。只有在具有指定代理申请权的人患认知症，或是指定代理申请人去世的情况下，B公司才认为有必要委任成年监护人。因为在这种情况下，只能和没有签订指定代理申请特别合约的情况等同处理（B公司）。

另外，在不满足一定代理条件（血缘关系或"同一生计"[2] 等）的情况下，有必要选定成年监护人（B公司）。在这种情况下，除了由成年监护人代理申请或者暂且撤回/

---

[1] 民法上具有代理权资格的成年监护人有："（a）根据条款的指定代理理赔人""（b）根据意定监护合同法的意定监护人""（c）根据成年监护制度的法定监护人"。平泽设想了以上三者互相竞争代理权的情况，并对此情况的优劣进行了如下梳理。首先，由于法院判定法定监护开始，则意味着意定监护的结束，所以，(b)（c）之间的权限不可能冲突、重复。其次，选定后，（a）（c）的申请合法性不会发生变化，（a）（c）之间没有优劣，可以竞争。此外，在（a）和（b）之间，（b）的权限生效后，（a）的权限依然有效，因此，（a）（b）之间也没有优劣之分。如果（a）（c）之间产生理赔冲突，保险公司可以向（a）（c）中的任何一方支付保险金。同理，当（a）（b）之间产生理赔冲突，则保险公司可以向（a）（b）中的任何一方支付保险金。参见平澤宗夫「新成年後見制度と生命保険取引（特集 実務からみた新成年後見制度）」『旬刊 金融法務事情』、2000、4期、16—22頁。

[2] "同一生计"指以主要赚钱养家者的收入来支付生活相关费用的状态，即使有亲属由于工作、上学等原因没有和其他家人一起生活，如果经常收到汇寄的生活费、学费、疗养费等，在税收上此人也被认定是属于同一生计。——译者注

149

保留申请之外，别无其他选择（A公司）。[1]

如果家属等其他申请人不想利用成年监护制度，保险公司则不支付保险金，支付手续被迫卡在这个环节上。虽说这样，在这种情况下，如果是重度残疾保险金的话有选择的申请权，如果无法申请也可作为死亡保险金支付。因此，在技术层面也可以撤回重度残疾保险金的理赔申请。实际上，每年大约会有1—2起这样的案例（A公司）。[2]

---

[1] 在条款完善方面，生命保险公司也考虑过"是否可以避免为了领取保险金而利用成年监护制度"。对此，生命保险公司意见如下："死亡保险金受益人的指定是根据投保者而定的，对于随时变更申请人，我方会加强提示，因此，为了防止不得不利用成年监护制度情况的发生，我们将采取措施。"（A公司）或者"死亡保险金的受益人的指定本身就是一种许可，向与投保者不同的一方支付保险金。因此，把向投保者以外的申请者支付死亡保险金再支付给其他方时，虽然是个人看法，但我认为成年监护人是必要的"（B公司）。综上所述，这样的条款的应对是有限的，在这种情况下，还是需要依靠成年监护制度来应对。

[2] 作为重度残疾保险金领取人的被保险人，通过利用成年监护制度领取重度残疾保险金的情况与被保险人死亡后死亡保险金法定理赔人领取死亡保险金的情况，会因保险金领取人不同而产生利益冲突。以此为论点的山本认为，"是否申请重度残疾保险金和死亡保险金取决于被保险人的意愿"，并讨论了其妥当性。参见山本哲生「高度障害保険金と死亡保険金の優先関係（大阪地裁平成17.4.9判決）」,『保険事例研究会レポート』、2006、209期、1—8頁。本节的访谈中也有这样的回答："当投保人和被保险人为同一人时，重度残疾保险金是由投保人本人领取还是死亡后把保险金留给家属，成为作为投保人的被保险人的价值判断问题。"（A公司）B公司理赔业务负责人表示："重度残疾保险金中，有在申请重度残疾保险金的同时合同失效的情况，也有像终身保险和养老保险等一样申请重度残疾保险金后继续生效的情况。因此，根据被保险人加入的保险种类必须一件一件地进行个案讨论。"

第四章　基于成年监护的财产管理社会化

成年监护制度在保险金领取上被当作最后的手段，不满足"视同监护人"适用条件的案例或者由死亡保险金受益人提出理赔申请的案例，每年大约有 2 800 件。据估测，A 公司由成年监护人提出保险金理赔申请的案例数（没有统计，严格来说具体数字不详）每年约为 100—200 件，B 公司每年约为 10 件。

另外，据说 B 公司采用"便利的监护人"的数量，在每月 4 000 件左右的死亡保险金申领数目中约占 20 件，在每月 50 000 件左右给付金理赔数目中约占 35 件。对于生命保险公司来说，从整体理赔状况来看，选定成年监护人的案例和适用"视同监护人"的案例都较为少见。下文中，笔者将阐述生命保险公司是如何看待由成年监护人提出的理赔申请，并就 A 公司赔付业务负责人对"谁才是最理想的成年监护人"这一问题进行解答。

> 保险公司方面倾向于第三方担任成年监护人。这一制度本来是为了受益人而设计的，所以更能保护受益人。因此，与没有财产管理能力的亲属相比，第三方成为成年监护人是最理想的，但具体由谁来担任成年监护人，保险公司不会介入（A 公司）。

成年监护社会学

根据签订合同时的意愿和目的，生命保险公司认为，为使保险金用于受益人，最好是选定第三方成年监护人。鉴于第三方成年监护人大多是法律专家为代表的专业人士，这一回答也体现了生命保险公司信赖专业人士担任监护人。

三、考察

本节通过探讨生命保险公司对利用成年监护制度设定的基准，尝试确立成年监护制度在市场中的地位。笔者在下文通过成年监护制度考察何为"权利维护"，财产管理应该是怎样的，生命保险公司采取的做法是什么。

不言而喻，成年监护制度是日本"权利维护"体制的代表性制度。成年监护制度在监护人可实施代理权的包容性、法律效力的稳健性、利用者数量[1]方面表现突出，并在"权利维护"的名义下得以推广。笔者认为，在法律层面以及研究领域没能对成年监护制度"权利维护"和"自

---

[1] 在利用者数量方面，众所周知，另一个是代表日本权利维护制度的日常生活自立支援事业，其实际利用人数截至2017年度末为53 484人（全国社会福祉協議会・地域福祉推進委員会「日常生活自立支援事業の今後の展開に向けて—地域での暮らしを支える意志決定支援と権利擁護」、『平成30年度 日常生活自立支援事業実態調査報告書』、2019）。与此相对，截至2018年12月末，成年监护制度利用者人数（成年监护、保佐、补助、意定监护）合计为218 142人。参见最高裁判所事務総局家庭局『成年後見関係事件の概況』、https://www.courts.go.jp/toukei_siryou/siryo/kouken/index.html。

第四章 基于成年监护的财产管理社会化

我决定"的概念进行细致考察,只是在政策理念方面推动了制度的普及。

日本成年监护法学会认为"'权利维护'一词被广泛用于对受侵害的权利实施救济、复权[1]等以及法规遵从,[2]然而对其下的定义却不充分"。[3] 民法学者平田厚认为:"目前没有法律规定能够对'权利维护'下定义。因此,大家对于'权利维护'的理解各有千秋。(有省略)'权利维护'不仅仅是现实生活中的法律术语,对其内涵的理解尚未完全达成共识。"[4]

在这一状况下,相关主体运用成年监护制度时从各自立场和语境对该制度进行自我阐释并介入。因此,金融机构有金融机构的阐释,生命保险公司有生命保险公司的阐释,可以说在实务操作中各方对"权利维护"有自己的一套阐释。基于这一问题意识,从民间企业的角度思考成年监护制度便会发现,生命保险公司在保险金给付上,从交易过程中法律的安全性出发,把成年监护制度作为最后

---

[1] 恢复破产人因决定启动破产程序(旧法为宣告破产)而失去的法律资格。——译者注
[2] "法规遵从"是指企业和组织在业务运作中,不仅要遵守自身制定的各项规章制度,还要遵守政府和行业制定的各项法律、法规及规章,同时又要有遵从的记录或证明。——译者注
[3] 日本成年後見法学会「統一テーマ——成年後見の社会化」、『成年後見法研究』、2005、2 期、27—92 頁
[4] 平田厚『権利擁護と福祉実践活動—概念と制度を捉え直す』、明石書店、2012、3 頁。

的手段。

　　生命保险交易中成年监护制度的运用与旧禁治产制度的利用相同，与现行成年监护制度所设想的"权利维护"不同。在成年监护制度修订之际，以厚生省（当时）为首的社会福利行政机关，期待该制度能够发挥重视个人监护方面的"权利维护"功能，但法务省立法负责人却采取了"将成年监护人等的法律权限限制在与财产管理相关的事务上""成年监护制度只不过是管理财产的制度而已"。[1] 成年监护制度修订后，二者之间的分歧依然未能消除。厚生劳动省把成年监护制度作为重视福利方面的权利维护制度来理解，而法务省始终把其作为以财产管理为中心的制度予以把握，不断推进制度的普及。[2]

　　但是，生命保险公司并非仅仅考虑到交易的法律安全性才要求申请者选定监护人。例如，"因为死亡保险金是为了受益人，住院救济金等生前给付金也是为了被保险人，所以公司才想方设法把保险金支付给客户"（B公司）。为了切实赔付保险金，才要求家属等利用成年监护制度。并

---

[1] 上山泰『専門職後見人と身上監護』、民事法研究会、2008、47頁。

[2] 这一影响还体现在围绕成年监护制度运行的另一种情况中。例如，厚生劳动省修订了《老人福祉法》（2012年4月1日实施），要求市町村培养市民监护人等（《老人福祉法》第32条第2款），从2013年开始在34个都道府县128个市区町推进市民监护事业。但市民监护人的选任比例至今仍只占全部成年监护人总数的0.6%（2014年中）。选定监护人的家庭法院未必会推进市民监护人的任命，这也体现了制度的运用方针在省厅间被歪曲。

第四章 基于成年监护的财产管理社会化

且，为了确保保险金用于本来的权利人，选定第三方成年监护人是最理想的选择（这里也存在一种可能性，如果是专职监护人的话，支付也许会更顺畅、更可靠）。

如果成年监护制度有助于保险金的切实支付和管理，那么，生命保险公司就会更积极地运用成年监护制度，而不是停留在作为最后的支付手段层面。生命保险公司要求选定成年监护人是为了保证保险金按照合同规定使用，这与现行制度中追求"权利维护"的理念相吻合。"在过去的禁治产监护中，监护人管理财产的主要着眼点是保护缺乏判断能力的当事人不受非法盘剥，防止其财产流失"，并期待该制度能够"发挥类似监督人的作用，保护财产不受一丁点儿损失"。[1] 但现行制度中，为提升当事人的生活品质而积极使用当事人财产的"资产活用型管理"成为一种理念。[2]

在今后的超老龄社会中，生命保险公司是一如既往地重视运用"视同监护人"的内部规定，还是要求选定成年监护人？这一实务动向对于成年监护制度的推行十分重要。这是因为，以领取、管理数千万日元的死亡保险金等为目的而申请利用成年监护制度的话，家庭法院选定法律专业人士等专职监护人的可能性极高。也就是说，生命保险公

---

[1] 上山泰『専門職後見人と身上監護』、民事法研究会、2008、67頁。
[2] 上山泰『専門職後見人と身上監護』、民事法研究会、2008、67頁。

司的运用直接关系到成年监护的专职化问题。为了解决这一问题，下一节（第四章第二节）将讨论家庭法院选定成年监护人标准的变化以及由此引起的专职化问题。

第二节　家庭法院选定监护人标准的变化
——具有专业资格人士作为
专职监护人的主流化

在第四章的第一节中，笔者通过生命保险金等支付申请的事例论述了利用成年监护制度产生的作用，从业务运作的角度把握成年监护制度，从民间企业的角度探讨人们是如何利用/适用成年监护制度的。本节将对家庭法院中监护人的选定标准进行研究。家庭法院认识到亲属监护人很难对家庭收支进行独立核算管理，以第三方监护人，特别是以专职监护人为中心形成的"成年监护社会化"只不过是具备专业资格的专业人士的主流化。

一、问题设定

一直以来，第三方监护比率的增加被用作衡量"成年

第四章　基于成年监护的财产管理社会化

监护社会化"[1] 程度的晴雨表,[2] 现在七成以上成年监护人是第三方（见表4-3）。另外，九成第三方监护人是（按照受任件数多少的顺序依次为司法书士、律师、社会福利人员等）所谓的专职。[3] 仅从数据来看，成年监护的承担者确实从亲属转移到了第三方，但这能说是实现了成年监护社会化吗？大家所期待的作为新的承担者的法人监护和市民监护仍止步不前，没能得到普及，[4] 究竟是何原因？

---

[1] 本书对法学家所讨论的"成年监护社会化"一贯用引号标注。与此相对，通过本书各章各节的讨论，笔者对自己重新理解的成年监护社会化概念不加引号。

[2] 日本成年後見法学会『市町村における権利擁護のあり方に関する研究会——平成16年度報告書』（2005）、shimanecsw. sakura. ne. jp/downloads/20060331 koukenreport. doc；日本成年後見法学会「統一テーマ——成年後見の社会化」、『成年後見法研究』、2005、2期、27—92頁。

[3] 最高裁判所事務総局家庭局『成年後見関係事件の概況』、https://www.courts. go. jp/toukei_siryou/siryo/kouken/index. html。

[4] 在民法修订（1999年）前没有"直接涉及法人选定可否的条文"。对法人监护的相关事项做出明文规定的是现行的成年监护制度（民法第843条第4项），参见上山泰『専門職後見人と身上監護』、民事法研究会、2008。此外，2011年修订的《老人福祉法》明确规定，"为了培养能够与市町村合作、适当开展监护等业务的人才，必须努力实施前款规定的措施提供咨询和其他援助"（《老人福祉法》第32条第2款第2项）。由此，市町村的市民监护人培养支援，成为都道府县努力的义务。2012年，厚生劳动省老年健康局开启了"市民监护推进事业"。

成年监护社会学

表4-3 亲属监护与第三方监护的比率变化　(单位:%)

年份		2000	2001	2002	2003	2004	2005	2006	2007
全国	亲属	90.9	85.9	84.1	82.5	79.5	77.4	82.9	73.9
	第三方	9.1	14.1	15.9	17.5	20.5	22.6	17.2	26.1
松江家庭法院	亲属					95			
	第三方					5			

年份		2008	2009	2010	2011	2012	2013	2014	2015
全国	亲属	68.5	63.5	58.6	55.6	48.5	42.2	35.0	29.9
	第三方	31.5	36.5	41.4	44.4	51.5	57.8	65.0	70.1
松江家庭法院	亲属		70	61	57	32.9			
	第三方		30	39	43	67.1			

资料来源：笔者制作。

注：(1) 全国数据来自最高裁判所事务総局家庭局「成年後見関係事件の概況（各年版）」，松江家庭法院2004年数据来自日本成年後見法学会，2006（b），『市町村における権利擁護機能のあり方に関する研究会--平成17年年度報告書概要』；(2) 松江家庭法院2015年的数据是来自最高法院的司法行政文件公开资料。松江家庭法院2009—2011年的数据是来自田野调查中阅览的内部资料制作而成。通过向法院提交《司法行政文件公开申请书》，虽可以得到更详细的数据，但调查时所有的数据都是在田野调查的地点获得的；(3) 2016年以后，第三方监护人在全国的比例持续上升，2016年约为71.9%，2017年约为73.8%，2018年约为76.8%（根据最高裁判所事务総局家庭局「成年後見関係事件の概況（各年版）」）。

第四章　基于成年监护的财产管理社会化

如法学家论述的（第二章第一节），监护功能从私人领域解放出来、走向家庭外部[1]的意义能看作"成年监护社会化"的成功吗？它是如何形成的？给家庭带来了怎样的影响？从"护理社会化"的角度如何评价"成年监护社会化"？本节拟对这些问题做出回应。

迄今为止，"成年监护社会化"是如何被论述的呢？民法学家新井诚（日本成年监护法学理事长）从家庭结构的变化把握第三方监护人的增加。新井认为："从少子老龄化社会和核心家庭化等不断进展这一社会状况来看，今后，选定第三方担任监护人的必要性会越来越高。"[2] 第三方担任监护人的事例大概可以归纳为以下两种情况。（1）"亲属监护人难以应对的事情"（法律纠纷、亲属间不睦、虐待案例等）；（2）"无亲属或者亲属住得较远无法履行监护职责"（亲属监护很难期待）。[3]

最高法院认为第三方监护人扩大的背景是：（1）专职团体的协助使选定专职监护人的体制日臻完善；（2）没有

---

[1] 所谓"外部化"，是指家庭和共同体的工作转移给外部的他者，通过完善护理保险制度等相关制度而显示，通过外部化护理被重新定位为专业人士（服务提供者）与顾客（消费者、合同签订者）的关系。在成年监护社会化中，指的是过去仅限于家庭成员的财产管理和人身监护领域逐渐交由第三方监护人来管理。——译者注

[2] 新井誠「第三者後見人養成の意義」、『実践　成年後見』、2006、18期、4頁。

[3] 新井誠「第三者後見人養成の意義」、『実践　成年後見』、2006、18期、5頁。

合适的亲属/亲属间有矛盾/有虐待等现象，致使需要第三方监护人的事例有所增加。[1] 此外，在一般成年监护制度的教科书中，对第三方监护的增加有如下记述。"虽然社会上存在着摆脱'由家人承担监护'的想法，但能由此分析得出'成年监护社会化'被证明在整个社会已得到普及吗？"[2]

如上所述，从（1）以家庭结构的变化为主要原因的社会变动，（2）专职事例的增加，（3）家庭规范的变化等几个方面，对第三方监护人的增加进行了阐述。毋庸置疑，这些解释都具有一定的说服力，本书也无意否定，但上述说法无法解释第三方监护人比例的上升（见表4-3）也是事实。在"成年监护社会化"的背景下还存在着其他原因。

"成年监护社会化"使得专职监护人增加了，但其他承担者接受监护的件数并没有增加，其原因何在？本节将围绕以下三点进行考察：（a）如何把握以专职监护形式形成的"成年监护社会化"；（b）实现"成年监护社会化"对家庭产生了怎样的影响；（c）从护理社会化的角度如何评价"成年监护社会化"。

---

[1] 小田正二「成年後見関係事件の概況と家裁における運用の実情」、『法律のひろば』、2010、63巻8期、23—24頁。

[2] 新井誠「成年後見制度の現状と課題－成年後見の社会化に向けて」、新井誠、赤沼康弘、大貫正男編『成年後見制度－法の理論と実務 第2版』、有斐閣、2014、5頁。

第四章 基于成年监护的财产管理社会化

二、方法论的立足点——调查对象的妥当性

关于第三方监护人的增加，本节将那些支持利用成年监护制度的社会机构（政府、社会福利委员会、成年监护中心、专职团体）作为调查对象。之所以将这些机构作为调查对象是因为这些机构涉及各种案例，积累的经验丰富，便于从中观层面把握成年监护人逐渐由第三方承担的过程。

试举出云成年监护中心一例予以说明。由于家庭法院全权负责指定和协调专职监护人，因此，几乎掌握了该地区所有第三方监护人选定的案例（出云方式）。出云成年监护中心是由社会福祉士、律师、司法书士、行政和社会福祉协议会负责人组成的任意团体，每月召开一次例会。在日本家庭法院能与民间组织建立这样一种协作机制较为罕见。因此可以说，出云成年监护中心是动态化掌握"成年监护社会化"进程、阐明其动力的最佳案例。

当然，要想弄清楚岛根县"成年监护社会化"机制也可采取另一种方法。例如，站在当事人和亲属的角度，从家庭成员之间围绕监护人选定的矛盾入手，分析"成年监护社会化"，这一方法也是可行的。若要明确该地区所发生的"社会化"现象，就必须理解选定监护人过程中的动态影响因素。笔者认为对直接产生监护人的支持机构进行分

析这一方法更为恰当。

基于以上理由，经各所属机构负责人许可，笔者事先发送问卷，对下述六机构所属的调查对象实施了半结构化访谈（见表4-4）。

成年监护是如何实现"社会化"的呢？众所周知，岛根县的成年监护制度以迅速实现从亲属到第三方监护人"社会化"而闻名。从全日本范围来看，这是一个很有特色的地区。2004年，岛根县是全日本范围内成年监护制度利用率和亲属监护率最高的地区。[1] 成年监护制度利用率在"家庭法院所在的都道府县每10万人中获得认可的案例里面，岛根是格外高的"。另外，"岛根县的亲属监护比例最高，占监护人总数的95%"，[2] 属于亲属监护占压倒性优势的地区。

为什么岛根县的亲属监护率如此显著并迅速地实现了标准化呢？[3] 分析这一变化是如何在岛根县发生的，将有助于阐明"成年监护社会化"。第三方监护人增加本身是一个全国性的现象，岛根县经历了这种最激进的变化，被称

---

[1] 上山泰『専門職後見人と身上監護』、民事法研究会、2008、233頁。
[2] 日本成年後見法学会「市町村における権利擁護機能のあり方に関する研究会平成17年度報告書概要」、2006、shimanecsw. sakura. ne. jp/downloads/20060331koukenreport. doc。
[3] 另外，2006年日本实施《残疾人自立支援法》，开始出现入住残疾人福利设施并同时申请成年监护的现象，而且2006年也是《高龄者虐待防止法》实施的年份，该法中有推广利用成年监护制度的规定（第28条）。

第四章 基于成年监护的财产管理社会化

为"成年监护社会化"的"极限值"案例。[1]

表4-4 访谈对象

岛根县	地区	所属机关	调查对象	调查日期
1	岛根县东部	成年监护中心	负责人（律师）	2014年3月10日
2	岛根县东部	咨询援助机构	负责人（社会福祉士）	2014年3月10日
3	松江市	相关职能团体	负责人（司法书士）	2014年3月11日
4	松江市	市政府保健福利科	负责人（行政职员）	2014年3月11日
5	松江市	咨询援助机构	负责人（社会福祉士）	2014年3月11日
6	松江市	咨询援助机构	负责人（社会福祉士）	2014年3月11日

资料来源：笔者制作。

要想阐明这种"社会化"的机制，最好是分析亲属作为监护候选人的地区。因为在亲属监护人不作为候选人的地区，监护作用社会化在某种意义上是理所当然的。因此，有必要分析亲属作为监护候选人但监护作用外部化的地区，而岛根县在一段时期内亲属监护率在全日本居于首位，将

---

[1] 見田宗介『現代社会の価値意識』、弘文堂、1979。

163

岛根县作为分析对象具有一定的分析意义。

综上所述，为阐明"成年监护社会化"的进程，选取亲属作为监护人比率最高，同时第三方监护率又迅速达到全日本平均水平的岛根县作为调查对象具有充分的说服力。

三、分析——为何出现"成年监护社会化"

（一）岛根县的成年监护人（等）选定标准的变化
——家庭法院的视角

如前所述，成年监护制度的原则是四亲等内的亲属向家庭法院提出申请。申请人占比最高的是当事人的子女，约占整体（2015年有10 445份申请）的30.2%。[1] 另外，家庭法院依据申请时提交的《监护人候选人情况说明书》遴选成年监护人，至于家庭法院选择谁担任成年监护人，没有不服申请的规定。

在提交《监护人候选人情况说明书》时可填写"监护人等候选人"。亲属监护率高，换言之就是亲属监护人多，这意味着亲属被列为"监护人等候选人"且已获得家庭法院的认可。笔者据以下信息得出结论，岛根县的亲属监护

1　最高裁判所事務総局家庭局『成年後見関係事件の概況』、https://www.courts.go.jp/toukei_siryou/siryo/kouken/index.html。

第四章 基于成年监护的财产管理社会化

率高达95%的原因是"家庭主义"。[1]

在岛根县,人们普遍认为家庭的财产、世代继承的土地、建筑物、财产都是家族所有物,即所谓的家督继承,保留着一家之长继承家业的传统。笔者经常会从家庭法院调查员那里听到这样的说法:把父亲的财产用在家人身上有什么不好呢(访谈对象③,成年监护相关的职能团体)?

岛根县人具有非常强烈的亲属意识,这对财产管理方式产生了很大影响。据说,这是在全国各地法院工作过的家庭法院调查员在与其他地区比较后得出的体会。

岛根县存在与成年监护相关的机构——协议会。家庭法院调查员说,岛根县人对选择亲属做监护人的意识很低,担心制度会被滥用(访谈对象①,成年监护中心)。

实际上,松江家庭法院首席调查员提供的研讨会资料

---

[1] 在岛根县,推动成年监护制度运转的家庭法院和具有专业资格人士所利用的"家庭主义",可以说是以血缘为基础的亲属间的财产共享关系。这与家庭社会学家户田贞三(1937—1982)基于"情感融合"和"从属关系"提出的"共享关系"的概念相近。

《松江家庭法院的成年监护制度现状》[1] 中有以下记述："与个人财产制相反,认为'亲属的钱包只有一个'的岛根县人的亲属共同体意识强",这成为"岛根县及松江家庭法院在处理成年监护案例中的难点",并指出"今后有必要开展意识改革的启蒙活动"。[2]

岛根县人在成年监护制度利用方面达成了共识,这对成年监护制度的实际运行和推广产生了实质性的影响。笔者将在下一部分探究这一动态过程。

(二)"成年监护社会化"中具有专业资格人士的专职化——发现亲属监护的风险

如第四章第一节所示,在市场上的商业交易中往往更需要成年监护制度,也就是说,当事人判断能力低下且生活方面有需要解决的问题时,由家属提出利用成年监护制度的申请,这种情况占了一大半。岛根县利用成年监护人制度是以选定亲属监护人作为"监护候选人"的前提,但亲属一旦被选为监护人,亲属监护人在实际操作中强烈的"家庭主义"就会以下面的形式表现出来。

---

[1] 基于访谈时允许阅览的内部资料。
[2] 岛根县的亲属意识浓厚被认为是家人挥霍家产的原因,与以维持家产和保持家产为目的的"家族主义"不同。

第四章　基于成年监护的财产管理社会化

与有年金的 A 先生同居的亲属提出成年监护申请后,原先是管理一家人生计的人自由支配家庭共有经费,受到家庭法院监管,"这些财产不能用在家属身上,而必须用于 A 先生本人"。从家庭法院的角度来看,亲属监护人存在滥用当事人财产的情况。亲属自由支配当事人财产变成了不正当行为,家庭法院决定启用第三方监护人代替亲属监护人(访谈对象②,咨询援助机构)。

亲属监护人侵吞当事人财产的丑闻全日本都存在,但由于丑闻频发,家庭法院积极推动选定专职监护人(访谈对象③,与成年监护相关的职能团体)。

如上所述,人们对当事人财产的理解和家庭法院对成年监护人的要求之间存在差异。这影响了家庭法院选定监护人的判断。家庭法院开始转向寻求第三方监护人,并认为亲属是导致不法行为的潜在根源。这是因为家庭法院发现选定亲属担任成年监护人是有风险的。因此,家庭法院不断加强第三方监护人尤其是具有专业资格人士的选聘力度。[1]

　　岛根县任命第三方监护人现象的增多不是因为亲属监护人不足，而是因为家庭法院的选择标准发生了变化。家庭法院以法律从业者为首，显示了优先选定具有专业资格者的倾向，这与非营利组织等为主体的法人监护以及市民监护等多种选择的第三方监护的灵活运用没有关系。从这个角度来看，"社会化"的实际情况只不过是成年监护具有专业资格人士的专职化。

　　例如，厚生劳动省在全国范围内实施了市民监护推进事业，但无论培养多少市民监护人，只要家庭法院不选定，

---

[1] 实际上，98%的受害案例都是由亲属监护人造成的（《读卖新闻》2013年3月15日的《大阪晨报》）。对于亲属监护人，虽2012年2月开始导入了监护制度支援信托制度，并采取了防止丑闻的对策，但对于专职监护人至今仍没有有效对策，这令人担忧。专职监护人的违法案例虽然数量少，但每件受害金额大。参见加藤雅信「成年後見制度の充実と、不祥事防止」、現代民事判例研究会『民事判例Ⅴ2012年前期』、日本評論社、2012。在新闻报道（2013年1月1日—2013年12月31日）的分析中，不同专职监护人发生侵吞当事人财产案件的比例，按照律师、司法书士、社会福祉士、税务士的顺序，为8:2:1:1。参见志村武「成年後見人の権利義務と民事責任—成年後見人による横領の事例を中心として」、田山輝明編『成年後見現状の課題と展望』、日本加除出版、2014。侵吞的资金被用于（包括亲属监护人的侵占）生活费、偿还借款、律师事务所运营的资金周转、娱乐费等。参见志村武「成年後見人の権利義務と民事責任—成年後見人による横領の事例を中心として」、田山輝明編『成年後見現状の課題と展望』、日本加除出版、2014。作为防止成年监护人侵占的对策：①对成年监护人等候选人的借款等进行慎重的调查；②加强家庭法院对高额的临时收入和临时支出的监督；③彻底区分当事人与成年被监护人的存款账户；④根据财产金额设置定期调查期间；⑤增加家庭法院调查员/家务审判员人数等提案。参见志村武「成年後見人の権利義務と民事責任—成年後見人による横領の事例を中心として」、田山輝明編『成年後見現状の課題と展望』、日本加除出版、2014。

第四章 基于成年监护的财产管理社会化

市民监护人就会一直处于较少的状态。实际上,"市民监护人"单独接受的件数(2015年全年)停留在224件(约占全体的0.6%)。[1] 在法人监护方面,"社会福祉协议会"的受理件数为821件(约占全体的2.4%),"其他法人"的受理件数为1 185件(约占全体的3.4%)。这是因为家庭法院没有将市民监护人与非营利法人为主体的财产管理体制与具有专业资格人士同等对待。从消除不法行为和非法占有风险的考量出发,家庭法院一直避免任用具有专业资格人士以外的人担任监护人。

(三)全日本呈现"成年监护社会化"倾向和对人身监护的轻视

在家庭法院,岛根县特有的、强烈的亲属意识与亲属监护人的不法行为结合在一起。于是,岛根县人优先选定第三方监护人,特别是具有专业资格人士担任监护人。笔者对此予以阐述,指出岛根县这一特有的现象正呈现向全国蔓延的趋势。

> 在福山发生的国家赔偿诉讼事件中,广岛高

---

[1] 最高裁判所事務総局家庭局『成年後見関係事件の概況』、https://www.courts.go.jp/toukei_siryou/siryo/kouken/index.html。

等法院下达了国家有责任的判决[1]（2012年）后，全国各地的法院均出现了处理亲属监护人违法案例的动向。这是伴随着监护制度援助信托的导入而出现的。[2] 笔者与法院的人就此方面问题进行了交谈后发现，在法院看来监护人执着于能否保护财产，而法院则更关注监护人能否利用成年监护制度提高被监护人的生活质量，是否意识到被监护人的人身监护问题（访谈对象③，与成年监护相关的职能团体）。

第三方监护人比例的提高体现了全日本将来的趋势。不过，除了那些没有太大问题的案例，法院原则上不希望把案例委托给亲属。即使亲属名字出现在成年监护候补人名单中，法院也会对案例内容进行讨论，如果判定第三方可以的话就

---

[1] 广岛高等法院判决（2012年2月20日）是指，由于家庭法院的过失导致亲属监护人非法占有被监护人财产，要求国家予以赔偿的事件。据《日本经济新闻》（2012年2月21日）报道，广岛县福山市的一名男性（55岁）因交通事故造成脑损伤，作为成年监护人的侄女（42岁）侵吞了他的存款。该男子以广岛家庭法院福山支部的监督存在问题为由，要求国家赔偿约3 500万日元的损失。广岛高等法院认为该支部发现有智障者的侄女非法占有后疏于监管，因此推翻了广岛地方法院福山支部驳回原告申请的一审判决，责令国家赔付231万日元。

[2] 监护制度援助信托始于2012年2月1日，这与广岛高等法院下达判决的时间（2012年2月20日）属同一个月。监护制度援助信托是为了防止发生不恰当的管理行为而导入的制度。在成年被监护人（当事人）的财产中，日常所需的资金由监护人负责管理，而对于日常生活非必要的资金则由信托银行负责管理，目的是防止发生违法行为。

第四章 基于成年监护的财产管理社会化

会选定第三方。这是因为亲属监护人丑闻频发，在广岛的国家赔偿申请诉讼中重视了法院的监督责任（访谈对象①，成年监护中心）。

从家庭法院选定监护人的标准来看，一方面，重视财产管理的实际操作能力，另一方面，照护和人身监护的观念也在不断弱化。这样一来，期待成年监护制度能够作为人身监护制度而非作为财产管理制度发挥作用。[1] 但结果是，现行制度在运用过程中偏重于强调对当事人财产的管理。

四、考察——从成年监护社会化看"护理社会化"

成年监护制度通过社会福利基础结构改革、以援助福利服务合同的方式得以完善，同时，应民间企业等其他主体的要求，制度的利用规模不断扩大，其中大多数利用者不过是从商业交易中法律安全性角度要求监护人作为法定代理人。重要的是，民间企业并不了解亲属或第三方监护人的属性。寻求第三方监护人的是家庭法院，所谓"成年

---

[1] 小贺野晶一『民法と成年後見法—人間の尊厳を求めて』、成文堂、2012。上山泰『専門職後見人と身上監護』、民事法研究会、2008。

监护社会化"不过是家庭法院发现亲属监护人存在的风险，将其最小化的过程而已。家庭法院意识到亲属意识太强会导致监护管理不当，于是修改了监护人的选定标准，重视财产上管理能力的倾向经广岛高等法院的判决影响到了全日本。

对此应如何予以评价呢？"经济供养的社会化"和"身体护理社会化"这一连续演进过程存在着服务决定权的社会化。本书第二章第三节将其作为成年监护社会化进行了论述，明确阐述了监护人对当事人负有人身监护义务，在考虑被监护人的身体和生活安全的同时，应与相关机构进行协调，签订、履行必要的合同。监护人的选定使得照护职责变得明晰起来。一直以来以家人为由，隐藏在家庭内部的负担和成本通过医疗同意和死后事务权限的讨论，逐渐浮出水面并走入了人们的视野。

通过"成年监护社会化"，即便它是具有专业资格人士的专职化，家属责任和照护功能被转移到了第三方监护人身上，特别是在当事人没有亲属的情况下，由第三方监护人全权负责。但在有同住家属的情况下，希望家属能在一定范围内承担起日常支付管理和人身监护的作用。法律专职人士不一定要熟悉福利服务，以他们为中心的社会化之所以能够如此迅速地得以实现，是因为监护人的财产管理能力最受重视，一方面，前提是与以往一样在一定范围内

第四章　基于成年监护的财产管理社会化

将部分人身监护职责托付给家属。家庭法院选定标准的变化就是靠家属承担起来的。如同护理保险制度是以一定的家属负担为前提，成年监护也是以一定的家属负担为前提成立的，就这样，"成年监护社会化"将部分人身监护职责留给了家属。

另一方面，"成年监护社会化"产生了如专职监护人、监护监督人的报酬（或者信托银行的手续费）等新的家庭经济负担。由于财产管理权转移给了专职监护人，对家属来说，产生了与监护人进行协调的新的负担。家属在支出当事人财产时，需与监护人协商、确认、报告。如此一来，"成年监护社会化"所产生的费用和调整成本，最终还是要由家属来承担。

在社会化进程中，当然不仅是某项功能从家庭内部转移至家庭外部，更重要的是其社会化的方式。以育儿为例，像保育员、"保育妈妈"，与监护人共同保育一样，有各种各样的承担主体。居家护理也是在社会福利/医疗法人、社会福祉协议会、非营利法人、生活协同组合等多种承担主体的协调配合下实现了社会化。与此相对，在"成年监护社会化"中，家庭法院成为利益相关者，成年监护的承担主体多偏向于具有专业资格的人士。笔者将在第五章分析这种情况给人身监护带来的课题。在此之前，笔者在下一节从家庭收支管理的社会化，特别是从家庭收支的独立核算、家庭分离的视角，论述以具有专业资格的人士为主体的成年监护社会化给家庭带来的影响。

第三节　通过成年监护实现家庭收支管理的社会化
——家庭收支的独立核算与分家立户

本章第二节指出家庭成员管理家庭收支与家庭法院所期待的成年监护人适当管理财产之间存在着乖离。亲属监护人难以将家庭收支与当事人的收支分开管理，其结果造成了家庭法院认定亲属监护人容易发生非法占有和违法行为，将监护人变更为第三方监护人。财产管理的规模越大，家庭法院越难认可亲属担任监护人。

本节从成年监护制度对个人家庭收支的影响和变化来研究成年监护制度的利用。如果由成年监护人负责管理财产，那么当事人的家庭收支将会发生怎样的变化呢？第三方监护人的加入对其个人生活和家庭经济会产生怎样的影响呢？[1] 从这一视角来看，无论是成年监护法领域还是在家政学领域，都很少见到从成年监护制度角度研究家庭收

---

[1] 笔者发现成年监护与家政学的生活经营以及家庭经济问题直接相关的研究是来自尾曲美香老师（御茶水女子大学研究生院）给予的指教，笔者深表感谢！

第四章　基于成年监护的财产管理社会化

支的学术成果。[1] 另外，本节通过利用成年监护制度，将家庭收支限定为分户独立核算，使用"家庭收支独立核算"这一用语。

一、通过成年监护制度实现家庭收支的独立核算

伊藤纯以生活经营学的视角，从"家庭收支的社会化"和"家务劳动的社会化"两方面来研究"生活的社会化"。[2] "生活的社会化"被分为"家庭收支（劳动力再生产费用）的社会化和家务劳动（劳动力再生产劳动）的社会化"。"生活的社会化"是指以消费生活为主的家庭生活的社会化，"家务、育儿、护理等家庭生活中的私人功能被社会取代，以劳动力再生产的形式以及劳动力再生产所必需的生活手段和服务的形式替代"。其中，"老年人社会服务也是'生活的社会化'的表现形式之一"。[3]

---

[1] 与此相对，从家庭支出与护理费用的关系来把握家庭支出的调查和研究有以下几个：财团法人家计经济研究所（2003）对引进护理保险制度时的护理费用实施了家庭收支簿调查。此外，田中（2013）调查了包括护理、福祉服务在内的所有"护理"的费用负担情况。

[2] 伊藤純「高齢者ソーシャル・サービスと新家事労働 その2」、『昭和女子大学學苑・人間社会学部紀要』、2005、772期、132—141頁。

[3] 伊藤純「高齢者ソーシャル・サービスと新家事労働その2」、『昭和女子大学學苑・人間社会学部紀要』、2005、772期、133頁。

成年监护社会学

另外，随着"生活的社会化"的进展，"家庭生活和社会化生活之间的相互关联作为问题出现，有必要研究经营家庭生活主体其内外两方面的生活经营"。[1] 如上所述，即使实行护理保险制度，这种作为连接社会制度与家人"接口"的工作也被称为协调成本或责任成本，即使实现了护理社会化也会被家庭成员所承担，并隐匿在家庭成员内部。成年监护人在人身监护方面的职责之一就是"连接家、家人及其周围生活相关机构的接口"。[2]

随着"生活的社会化"而产生的必要劳动也被称为"新家务劳动"（New House-hold Work）。[3] 所谓"新家务劳动"指的是，"在劳动力再生产劳动和社会劳动的边界上发生的新劳动"。在试图将这种"新家务劳动"重新社会化时，新产生的费用被称为"新家庭支出"。[4] 伊藤以成年监护制度和地域福祉权利维护事业（现为"日常生活自立支

---

[1] 伊藤純「高齢者ソーシャル・サービスと新家事労働その2」、『昭和女子大学學苑・人間社会学部紀要』、2005、772期、133頁。

[2] 伊藤純・伊藤セツ「介護保険制度下における『介護家事労働』の社会化と生活福祉経営」、『日本家政学会誌』、2005、52巻11期、1066頁。

[3] Thiele-Wittig, M., 1992, "Interfaces between Families and the Institutional Environment", Leidenfrost, N. B. (ed.), *Families in Transition, International Federation Home Economics*, 169-75.（マリア・ティーレ=ヴィッティヒ「家族と生活関連の諸機関との相互関連」ナンシー・ライデンフロスト編、松島千代野監修、家庭経営学部会翻訳『転換期の家族―ジェンダー・家族・開発』産業統計研究社、1995、254—266頁。

[4] 伊藤純「高齢者ソーシャル・サービスと新家事労働その2」、『昭和女子大学學苑・人間社会学部紀要』、2005、772期、133頁。

第四章　基于成年监护的财产管理社会化

援事业"）为分析对象，在导入"新家务劳动"和"新家庭支出"概念的同时，随着服务的利用必要的劳动和费用变得"可视化"。[1] 成年监护制度有"申请手续费、登记手续费、成年监护人和成年监护监督人的报酬、其他通信费等费用"，特别是根据情况"出具《鉴定书》需要花费5万—15万日元左右的高价"。[2] 如此一来，随着开始利用这两项制度，新的劳动（新家务劳动）及其附带产生的费用（新家庭支出）凸显出来了。[3] 对此，本节将利用成年监护制度后的家庭收支管理方式作为分析对象，试图延续伊藤等人对家政学的先行研究进行更深一步的探讨。

究其原因，如上所述一旦选定了监护人，只要当事人的判断能力没有恢复，就需要终身利用成年监护制度。因此，不仅研究制度利用之初十分重要，对制度利用后的分析也很重要，特别是分析成年监护人如何介入判断能力下降的当事人的家庭经济，并对其产生怎样的影响。

---

[1] 伊藤純「高齢者ソーシャル・サービスと新家事労働その2」、『昭和女子大学學苑・人間社会学部紀要』、2005、772期、132—141頁。
[2] 伊藤純「高齢者ソーシャル・サービスと新家事労働その2」、『昭和女子大学學苑・人間社会学部紀要』、2005、772期、135頁。
[3] 伊藤純「高齢者ソーシャル・サービスと新家事労働その2」、『昭和女子大学學苑・人間社会学部紀要』、2005、772期、132—141頁。

二、案例研究——成年监护社会化对家庭的影响

成年监护制度具有对当事人家庭收支独立核算的功能。因为成年监护是以管理当事人财产为目的，其他家庭成员的支出和当事人的支出还应被要求明确区分进行管理。那么，要想利用成年监护制度，家庭内部的收支管理怎样进行独立核算呢？笔者在后文拟以两个案例进行探讨。

笔者在日本西部的中核市[1]曾委托专门从事成年监护法律咨询的法律事务所进行协助调查，收集了9个利用成年监护制度给家庭收支管理带来影响的案例。该法律事务所迄今为止受理了1 000件以上的成年监护案例，是全日本范围取得显著业绩的法人。笔者事先发送调查问卷，以半结构化访谈的形式实施了考察。调查问卷的问题如下所示：（1）当事人的大致情况（年龄/残疾程度/护理等级/家庭成员构成/有无同居家人/资产/有无户主等）；（2）成年监护制度是如何申请利用的（申请人是谁/监护人候选人是谁/如何联系到该法人等；（3）利用成年监护制度之前的家庭

---

[1] 日本地方公共团体中，中核市是根据《地方自治法》规定的政令指定的市。在被指定为中核市的同时，还被指定为保健所政令市，这是与政令指定都市并列的日本大都市制度之一，现在的指定条件是"法定人口在20万以上"。——译者注

第四章　基于成年监护的财产管理社会化

收支状况；(4) 利用成年监护制度之后家庭收支的变化；(5) 选定成年监护人后，当事人和家人居住场所的变化等。

鉴于监护人等具有保密的义务，笔者选取了那些已结案（当事人已经死亡）的案例。另外，笔者对涉及监护人的个人隐私进行了匿名处理，选择专职监护人学习会或研讨会上报告的案例并实施了访谈。在收集案例时，没有根据类型设定条件，案例收集中包含成年监护、保佐以及补助三种类型。

在收集到的9个案例中，笔者选取了2人以上家庭且其家庭成员被选定为第三方监护人的案例。在这些案例中，如何处理家庭成员与监护人共同生活所产生的共同消费（伙食费、电费、燃气费等）问题成为焦点。因此，通过成年监护制度的利用可以明确家庭收支是如何独立核算的。[1] 另外，笔者在收集的案例中还发现了因利用成年监护制度导致分家立户的情况。由于这也是重要案例，笔者决定将其作为分析对象。

根据上述分析方针，笔者选取了以下两个案例作为本节的分析对象。第一个案例是通过处理共同消费费用实现家庭收支独立核算的案例。第二个案例是监护人等独立核

---

[1] 为了探讨选定监护人后，家庭收支是如何独立核算的，不是以单身高龄者，而是以同居家属存在的案例为分析对象，关于可以展开有说服力的讨论这一点，笔者获得了时任御茶水女子大学教授藤崎宏子（2017年6月27日）的指点和帮助。笔者在此深表感谢！

算家庭收支结果导致分家立户的案例。另外，上述两个案例都是基于 2017 年 8 月 7 日在法律事务所实施的半结构化访谈。

（一）案例 1——通过处理共同消费费用实现同一家庭内的开支独立核算的案例

家庭状况。 A（60 多岁的母亲）和 B（30 多岁的女儿）两个人一起生活。母亲身患精神分裂症，"要护理" 1 级，拥有 1 500 万日元左右资产。监护类型是选定了成年监护人。另外，B 也有精神分裂症，"要援助" 3 级，拥有 700 万日元左右资产。同样，监护类型是选定了成年监护人。B 居住在 A 的家中。

选定成年监护人的缘由。 由于祖母（A 的母亲）突然离世，B 继承了祖母的遗产。B 因精神分裂症恶化而住院。该医院的精神保健福祉士向律师事务所就监护人一事进行事前咨询。由市长申请，法律事务所被选为 B 的监护人。之后，发现与 B 同住在自己家中的母亲 A 也需要监护人。关于母亲 A，由四亲等内的亲属 C 提出申请，律师事务所以外的专门人士被选定为母亲 A 的成年监护人。

第四章　基于成年监护的财产管理社会化

利用成年监护制度以后。制度利用之前，全家的开支管理全部由祖母承担。祖母突然去世后，四亲等内唯一的亲属 C 成为家庭的关键人物，负责给 A 汇款和支付 B 的住院费等家庭收支管理。因为，家庭支出中也有 C 垫付的钱，所以选定监护人后，监护人偿还了 C 垫付的钱款。

家庭收支管理的社会化。祖母生前包括祖母在内，A 和 B 同属一个家庭。祖母去世后，C 维持了家庭开支统一结算的状态。当 A 和 B 都配备了监护人时，A 和 B 的家庭收支分别由各自的监护人独立核算和管理。

家庭收支的独立核算。病情恢复后出院的 B，重新开始了和母亲 A 的同居生活。伙食费和公用物品方面回到了共同消费。但是，共同消费金额（伙食费、电费、燃气费等）由各自的监护人汇总结算，家庭开支完全独立核算。

(二) 案例 2——通过分家立户，同一家庭内的家庭收支独立核算的案例

家庭状况。当事人 D 是患认知症 80 多岁女性，"要护理" 2 级。属于保佐类型，因此选定了保佐人。D 每月有 10 万日元的养老金收入。D 的

儿子 E，50 多岁，癌症晚期患者。D（从 E 的角度看母亲）住在儿子 E 的家里。E 为还房贷而苦恼，为偿还房贷而有借债。

选定成年监护人的缘由。被宣告癌症晚期的 E 担心自己病故后无人照料母亲 D 的生活。母亲 D 的护理援助专员建议利用成年监护制度，并联系了法律事务所进行咨询。之后根据儿子 E 的申请，法律事务所被选为 D 的保佐人。

利用成年监护制度以后。在此之前，儿子 E 依靠母亲 D 的养老金，靠同一家庭收入维生，但利用成年监护制度为母亲 D 选定了保佐人后，母亲 D 的家庭收支开始独立核算。尽管儿子 E 强烈要求从母亲 D 的收入中支出生活费和房贷，但保佐人认为这样会使母亲 D 的家庭生活无法维持，便驳回了儿子 E 的要求。

保佐人致使分家立户。儿子 E 强烈希望母亲 D 入住养老院并就此事进行了探讨。母亲 D 也同意去养老院生活，所以入住了养老院。后来，儿子 E 因难以偿还贷款而卖掉了自己的房子，租房生活导致分家立户。后来没过多久，E 就去世了。

第四章 基于成年监护的财产管理社会化

三、分析和考察

综上所述,在多位家庭成员共同承担家庭开支的情况下,选定监护人后家庭收支管理实现社会化时,家庭收支也会随之实现彻底的独立核算。

在案例 1 中,实质上支持家庭生活的祖母(从 A 的角度来看是母亲)突然去世,由亲属代替,但为 B（A 的女儿）选定了监护人,B 的监护人直接参与家庭生活后,逐步制订了援助 B 以及其他家庭成员生活的计划。另外,成年监护人发现该家庭内部需要进一步利用成年监护的必要性。由此,家庭成员 A 也利用了成年监护制度。家庭成员 A、B 由于分别被配备了监护人,其结果是,通过对于伙食费和共用物品等进行平分,实现了家庭收支的独立核算。

在案例 2 中,儿子担心自己死后母亲无人照护,希望为母亲选定第三方监护人。儿子在此之前一直依靠母亲的养老金生活,但由于为其母亲选定了保佐人,儿子不能继续与母亲在同一家庭收支中共同生活。在保佐人的立场上,认为与母亲同住的儿子依靠母亲的养老金生活,生活费由母亲的家庭支出是不妥当的。于是,保佐人将母亲和儿子的家庭收支分开,彻底实现了家庭内部的独立核算,其结果是母子分家立户。

在某些情况下，利用社会福利制度会引起这样的分家立户。牧园清子指出，生活保护制度注释中包含着家庭管理功能，它作为家庭政策发挥着作用。[1] 分家立户是指把两名及以上同居者家庭分割成单人家庭来处理，"将同一家庭的一部分个人看作不同的家庭"。[2] 与生活保护制度内含家庭管理功能类似，成年监护制度以家庭收支管理的形式将家庭管理功能内置于自身，并作为实质性家庭政策发挥作用。旨在通过普及成年监护制度以实现家庭内部收支管理的独立核算，结果，让家庭成员发挥了家庭收支管理功能、家庭管理功能。

通过成年监护制度，作为近代家庭特征的内部性和私密性逐渐向家庭法院和专业集团这类公共世界展开，同时以亲密情感、爱情关系为基础构建的亲子、夫妻关系，借由成年监护制度而发生了动摇。从这一观点重新审视第二个案例，如果母亲不是认知症，儿子用母亲的养老金生活并偿还房贷是被允许的，但成年监护制度不允许儿子依靠认知症母亲的养老金过活。

家庭社会学家山田昌弘曾关注到那些"毕业后仍与父母同住、依靠父母的基础生活条件的未婚者"的社会现象，

---

[1] 牧園清子『家族政策としての生活保護―生活保護制度における世帯分離の研究』、法律文化社、1999。

[2] 田渕六郎「牧園清子著『家族政策としての生活保護―生活保護制度における世帯分離の研究』」、『社会学評論』、2000、51巻1期、166—167頁。

第四章 基于成年监护的财产管理社会化

并将其称为"单身寄生族"。[1] 他指出，20年过去了，随着父辈老龄化，"单身寄生族"的单身寄居生活已难以为继。随着"单身寄生族"的父母步入高龄，这一问题逐渐发生质变。今后，必须重新思考父母一代利用成年监护制度对"单身寄生族"家庭产生了怎样的影响。[2]

成年监护社会化导致家庭收支管理分散，进而引发家庭的分裂或重组。通过促进成年监护制度的利用，家庭收支的单独核算得以贯彻，欧美型个人主义思想为家庭成员所接受。尽管日本和欧美在自立的价值观方面差异较大，但在运用成年监护制度时，对本节所论述的成年监护制度内在的家庭收支管理功能、家庭管理功能，还是事先有思想准备较好。

---

[1] 山田昌弘『パラサイト・シングルの時代』、筑摩書房、1999、11頁。
[2] 从"单身寄生族"的视角来把握成年监护案例，笔者从山田昌弘教授（中央大学）的研究中得到启发（2019年3月3日），在此表示感谢。

第五章

基于成年监护的人身监护社会化

第五章　基于成年监护的人身监护社会化

如上所述，成年监护制度是以当事人的自我决定为基础、以主动利用福利服务为理念而构建的。我们期待在社会福利基础结构改革中以缔结服务交易契约为契机，通过成年监护制度使当事人在协商决定、自我决定上实现其社会化。然而，20年的实践很难说成年监护制度实现了以人身监护为中心的协商决定/自我决定援助。在具有专业资格人员专职主流化的过程中，可以说以协商决定/自我决定为中心的人身监护并未受到重视，这在第四章业已证明。

本章从个人和专家两个层面把握人身监护，特别是探究监护人的人身监护对当事人在选择住所的决定上会产生怎样的影响，在此基础之上，从"原居安老"的角度阐释监护人的人身监护功能。围绕对协商决定进行援助的社会化讨论不仅限于成年监护的探讨，还应成为探讨"护理社会化"时共同关注的问题。然而，目前围绕当事人的照护待遇，包括监护人在内的讨论和研究并不充分，本章将从当事人的生活场所和照护待遇方式的关联出发展开人身监护社会化方式的讨论。

各节的定位及其内容如下。

本章第一节从监护人为当事人选择住所的角度透视监护人的人身监护功能，指出人身监护的重点是在灵活运用地区资源、制度资源的同时，对当事人的居住环境进行援助，使其在住惯了的地区继续生活。通过监护人的人身监护让当事人在自己家或自己所在的城镇实现"原居安老"。本部分揭示了人身监护的研究即是对当事人居住场所/居住方式的研究。

本章第二节围绕智障人士如何决定自己住所的问题,列举了法律专职人员出身的成年监护人与长年担任援助者的福利专业人士之间对立的案例。监护人对当事人实施人身监护时时常会改变当事人的住所。在这种情况下,从二者专业性不同的角度思考专职人员围绕决定产生的冲突,剖析冲突的机制,重新思考监护人应怎样帮助当事人做决定。

本章第三节对成年监护的承担者进行讨论。现行成年监护制度已实施了 20 年,到底该由其亲属还是第三方承担成年监护一直没有定论。笔者认为,目前阶段应重新探讨非营利法人和生活协同组合等市民部门担任成年监护人的问题。笔者认为,在第三方监护中应关注市民监护,特别列举了生活协同组合承担的成年监护事业,从去专家化的角度重新认识人身监护社会化。

本章旨在通过对人身监护的讨论,从经验中推导出新的成年监护社会化概念。

第五章　基于成年监护的人身监护社会化

第一节　监护人对居住环境的援助
——当事人居住场所的形成

围绕老年人居住场所的课题和问题日益突出，尤其是认知症等缺乏判断能力的老年人希望在住惯的地区独居生活下去，应对他们施以怎样的援助以及援助必要条件是什么呢？另外，在帮助缺乏判断能力的老年人规划住所时，怎样的视角才是最重要的呢？

本节拟通过具体事例探讨那些援助老年认知症患者的监护人如何确保当事人在地区的住所，分析他们对其住所进行改造的过程。通过这些分析考察监护人援助居住环境的理想状态，同时将监护人在居住环境援助中所起的作用分为若干小节，从"原居安老"的视角考察超老龄社会中运用成年监护制度（包括意定监护制度）的老年人的居住方式。

一、从居住场所看监护人的作用

居住在地区性社会的老年人因患认知症，生活会发生很大变化。通常情况下，这些患病的老年人无法像原先那样处理个人事务，诸如管理财务、发送邮件、更新和废止各种合同、应对火灾、垃圾处理等各种各样的生活课题摆在面前。此时，第三方成年监护人代替当事人或亲属承担起了改善当事人居住环境的责任。因为成年监护人有权"管理被监护人（当事人）的财产且在与该财产相关的法律行为方面代表被监护人"（民法859条第1款）的同时，具有改善当事人居住环境的义务（人身关怀义务）。

成年监护人（下称"监护人"）通过签订各种合同和支付费用，修缮、改装住宅、引进居家护理服务改善了居住环境，使当事人能够按原有生活方式继续生活下去。监护人在确保当事人的住所以及营造、维护居住环境方面可以发挥很大作用。考虑老年认知症患者在地生活时，监护人的意见变得十分重要。探究监护人以怎样的方式对当事人居住环境进行援助，直接关系到老年认知症患者能否实现"原居安老"这一研究课题。

遵循这一问题意识，本节拟通过五个案例阐明经由监护人援助确保当事人的住所、形成生活空间、居住环境的过程。成年监护制度在对当事人的居住环境援助中发挥的作用如下：（1）住宅的保障；（2）居住环境的改善；（3）运用监护人的援助案例，从给居住生活带来的影响分析、考察充分利用地区资源的居家安老与城镇安老。地域综合照护体系的目标是在2025年之前完善"地域综合援助、服务

第五章　基于成年监护的人身监护社会化

提供体制",尽可能让人们能够在住惯的地区活到人生终点。当"团块世代"[1]成为高龄老年人（75岁）后,在日常生活圈（30分钟以内的中学区）完善家庭医疗、家庭护理服务网络,设置了地域综合支援中心以应对其低龄老年阶段的生活援助和护理预防。但在推进地域综合照护体系之上,如何发挥监护人的作用并没有受到关注。

建筑规划学家大月敏雄认为,"实现'安心的晚年'是超高龄社会的课题之一"。大月列举了"家庭资源""地区资源""制度资源"三项作为形成这一课题的要素,他说,将这三要素适当组合,对于"原居安老"是很重要的。[2]

本节继承了大月的立场,希望通过上述三要素把握监护人对老年认知症患者居住环境的援助。而且,当认为"家庭资源""地区资源""制度资源"像扇面一样渐变扩散时,监护人也被认为处于其核心位置。本书认为监护人的居住环境援助是指在统筹上述三要素的基础上,帮助当事人在家与街镇之间选择"安居之所"。

患认知症的老年人后期会丧失判断能力,为让当事人在"家庭资源"不充分的情况下,在住惯的地区继续原有

---

[1] "团块世代",指日本1947—1949年出生的一代人,是日本二战后出现的第一次婴儿潮人口。他们是日本20世纪60年代中期推动经济腾飞的主力。——译者注

[2] 大月敏雄『町を住みこなす』、岩波書店、2017、168—173頁。

生活，本节通过案例研究分析监护人是如何帮助这一群体在住惯的地区继续生活并为此作出贡献的。

二、分析基准和分析案例的概要

一般财团法人高龄者住宅财团将"在地区保留住所的援助"表现为"居住方式的援助"。[1] 这里的"居住方式的援助"是指"适当居所的介绍、匹配""'生活互助'的形成""'与地区社会的互助'的形成""根据利用者身心状况的变化，持续进行'咨询、生活援助'"，并且，通过这些援助营造当事人能安心续租房屋、房东能安心出租房屋的环境，向当事人提供新的居住方式和可安心居住的场所。

本节以上述分析为标准剖析了五个案例，分析了监护人的居住环境援助功能。在考察中引入了建筑计划的视角。正如大月所阐述的，本节中的建筑规划视角是指活用地区资源，在"城镇中一定范围"内搬迁，能在当地维持既有生活的"宽松的定居"。[2] 笔者从住所与地域的关系思考，认为监护人在谋划老年人的居住方式时，建筑规划的视角

---

[1] 一般財団法人高齢者住宅財団「『住まい方の支援』について」、『低所得・低資産高齢者の住まいと生活支援のあり方に関する調査研究報告書』、一般財団法人高齢者住宅財団、2014、53—67頁。

[2] 大月敏雄『町を住みこなす』、岩波書店、2017。

第五章 基于成年监护的人身监护社会化

非常重要。

基于上述问题意识,笔者在法律事务所和非营利法人成年监护中心、福祉俱乐部生活协同组合的成年监护支援劳动者组合等团体的协助下,对不同的调查协助者实施了多次访谈。在收集到的案例中选取了监护人与当事人相关的五个居住环境援助案例作为分析对象。调查协助者之一的法律事务所与本书第四章第三节中列举的案例提供者是同一家。另外,本节的福祉俱乐部生活协同组合的案例(案例D以及E)是第五章第三节介绍的案例的缩略版。下面笔者分别阐述五个案例的概要和分析要点。

第一个案例(下称"案例A"),律师事务所提供了住所搬迁的居住环境援助。关键点是监护人照顾当事人的需求要在其住惯的地区确保其拥有合适的住所。第二个案例(下称"案例B")是监护人对当事人住宅进行改装、修缮,从硬件设施着手营造居住环境。另外,监护人着眼于修复当事人与家人、地区居民之间的关系。第三个案例(下称"案例C")是从软件上营造居住环境的案例。在福利服务的合同签署及其支出方面,最大限度地发挥监护人权限,同时,对于超出监护人权力上限部分引入成年监护制度外的居家护理服务。在第四个案例(下称"案例D")中通过监护人的生活援助,让老年认知症患者的居家生活得以维持。第五个案例(下称"案例E")中,当事人在自己还有判断能力的时候出于为将来打算而利用意定监护制度，让监护人保证未来能够按自己的意愿去生活。笔者根据监护人对当事人居住环境产生影响的大小，按照环境搬迁水平以从高到低的顺序将案例从 A 到 E 进行排序。

三、案例研究

(一) 案例 A 通过变更住所找到更合适住所的居住环境援助——民间租赁的集合住宅（律师法人的法定监护）

①援助前的状况。该案例是，在当事人需要变更住所时，法律事务所作为法人被选定为监护人，确保其能与珍爱的宠物共同生活的住所和生活环境。A 为身患认知症的 80 多岁女性，属于"要护理"1 级，日常生活行为（ADL）可独立完成。A 靠着领取养老金，在民间的月租房长年过着独居生活。

②援助缘由。2013 年 10 月，房东通过民生委员联系了地域综合支援中心。A 女士已陷入失智外出迷路和拖欠房租的境况，在食物短缺、停电的情况下，与珍爱的宠物吉娃娃犬一起生活。A

第五章 基于成年监护的人身监护社会化

女士在地域综合支援中心负责人的陪同下去医院就诊时,检查出了认知症(长谷川简易智能评价表,14分,中度)。[1] 不久后,地域综合支援中心职员每天都对A女士进行上门访问。

③成年监护制度的利用。在地域综合支援中心,准备了市町村长提出的成年监护制度利用申请。地域综合支援中心向法律事务所咨询"成年监护人等候选人"的相关情况,然后法律事务所收到家庭法院的成年监护委托。A有4个子女,都住在别的县,长年没有联系。A每月有7.5万日元的养老金,生活费靠政府给低收入者提供的最低生活保护费。[2]

2014年11月,律师事务所成为A的监护人。由于A的情况适用于市町村成年监护制度利用援助事业,因此,监护人的报酬是从公费支出而非由A承担。

④居住环境援助。作为监护人的法律事务所决定整理先前所有合同。房东以A女士不交房租以及建筑老化为由让其搬离。因此,法律事务所

---

[1] "长谷川简易智能评价表"是用于检查认知症的,满分为30分,低于20分有很大可能患上了认知障碍,低于10分就可判定为高度认知障碍。
[2] 日本的生活保护制度是对那些收入低、资产少又无亲属给予生活援助的群体,支付其最低限度的生活费,对其自立进行支援的制度。——译者注

决定为 A 女士寻找新的住所，但一直找不到能够接纳宠物犬的集体之家。宠物对于 A 女士来说是不可或缺的存在，因此，法律事务所只能为其寻找允许带宠物的房子。

⑤**确保住所**。A 女士白天在外接受护理，晚上住在法律事务所为其选择的附近的房子。

法律事务所没有为 A 选择养老机构，而是选择了利用护理保险的居家服务（小规模多功能居家护理）。A 女士现在居住的地方从原先住所开车几分钟就到了，虽然不是一个生活区，但都是 A 比较熟悉的区域。

⑥**看护援助**。法律事务所为当事人营造了一个能与宠物一起生活的居住环境。现在 A 女士白天在小规模多功能的机构，晚上 7 点前后回到家。通常是在小规模多功能机构用餐或者工作人员将餐食送到其家里，洗澡也是在小规模多功能机构中进行。小规模多功能机构对其生活的方方面面予以援助（2015 年 8 月 6 日及 9 月 7 日，在法律事务所的访谈）。

对案例 A 的分析与考察

在本案例中，监护人的援助从帮助老年认知症患者缴

第五章 基于成年监护的人身监护社会化

清拖欠的房租、离开民间出租屋寻找新住所这一环节就已经开始了。作为监护人的法律事务所考虑尽可能地让 A 在熟悉的地区独立生活，利用小规模多功能居家护理，让 A 白天在外接受护理服务，晚上回家与宠物一起生活。如此一来，A 之前的生活状态得以延续。

这样一来，作为监护人的法律事务所尽可能地减少居住环境变化对当事人的影响，特别是把 A 和她的宝贝宠物一起生活作为重要条件来考虑，因此没有给她选择入住养老机构和认知症老年人之家，而是选择了签合同的出租屋。这样，不仅确保了当事人拥有安全、干净的住所，还满足了当事人在地生活的愿望，体现了监护人在为当事人选择居住环境方面的价值观。

监护人对居住环境的一系列援助，与前文梳理的一般财团法人高龄者住宅财团的"居住方式的援助"时提及的（家或者城镇）"原居安老"意思差不多。为当事人寻找合适的住所，在监护人的居住环境援助引入了合约的功能，但须注意的是，监护人的帮助也可能会导致与本案例相反的情况。鉴于当事人自我意图表达不明晰，监护人可能会将其从住惯了的地方搬移到其他地方。笔者将在接下来的本章第二节对其进行详细的阐述。

这里列举的事例是，监护人从"原居安老"的角度听取了当事人的意愿，巧妙运用地区资源，将新签订的出租房合同与小规模多功能居家护理相组合，实现了当事人在本地区内继续生活的愿望。如何通过援助让当事人在过去喜欢的场所实现在地安居，这一点很重要。因此，在实施居住环境援助三年半之后，实施了追加调查（2019年2月3日）。例如，当事人准备出门时，小规模多功能机构的职员会打招呼将其接到机构里来。当事人在地区照护援助体制中过上了安稳的生活。在利用小规模多功能居家护理后，或许是因为有了自己的住所而感到安心，当事人对宠物的依恋逐渐减弱了。

当事人说生活中离不开宠物，从这些话中感受到她内心极度的不安，为当事人创造安心居住的场所和生活环境是监护人对居住环境的援助。在这个案例中，当事人的住所是民间租赁的集合住宅。根据其户主的希望，伴随当事人住所变动进行居住环境援助是必要的。接下来探讨监护人对住在独门独院住宅的当事人进行居住环境援助的案例。

第五章 基于成年监护的人身监护社会化

(二) 案例 B 通过改装、修缮住宅从硬件对居住环境的援助——独门独院住宅（NPO 法人的法定监护[1]）

①**援助前的状况**。91 岁的 B 女士，"要护理" 3 级，认知症（长谷川简易智能评价表为 7 级，重度），但能自己完成移动、饮食、更衣、排便、洗澡等日常生活行为。丈夫去世后，B 女士与长子同住，长女则住在附近。养老金每月 7.5 万日元，存款有 1 000 万日元左右。

②**利用成年监护的缘由**。2013 年 2 月，住在附近的长女联系了我，向市高龄福祉课提出 B 女士及其长子生活困难希望得到援助。政府和地域综合支援中心的职员前往拜访，确认了 2 人生活

---

[1] 2015 年 6 月 12 日，笔者实施了首次调查，并定期回访相关人员。本案例就是通过持续调查进行的归纳。之后，笔者在东京大学研究生院的博士课程教育领导计划 "共创充满活力的超老龄社会的全球领导者培养计划"（GLAFS）中负责住宅整修小组共同研究。后来作为田野调查的一环，笔者又实施了跟踪调查（2018 年 2 月 20 日）。另外，该案例也在电视节目中播放过。关于监护人援助前的经历，笔者参考了相关节目的影像资料：2014 年 12 月 3 日日本广播协会（NHK）播放的 "心网 TV"，日语为 "ハートネット TV"，是日本广播协会教育电视台播出的福利信息类节目。2012 年 4 月 2 日开始播放。此外，2018 年 7 月发行的社会福祉学教科书《了解权利维护的协商决定援助——法律与福利的相互合作》中也提到了这一案例。本节引用的案例参照了该书的记述。参见日本福祉大学権利擁護研究センター監修、平野隆之、田中千枝子、佐藤彰一、上田晴男、小西加保留編著『権利擁護がわかる意思決定支援—法と福祉の協働』、ミネルヴァ書房、2018。

的状况，发现 B 女士未利用护理保险服务。职员得知 B 女士虽然经济困难，但附近有多处土地资产。长子没有工作，欠了很多债，有精神病院的住院史等，疑似患有精神疾病，但既没有诊断书也没有残疾人手册。

2013 年 6 月，市税务科联系了高龄福祉课，得知 B 女士名下的土地被长子以 500 万日元出售。2013 年 7 月，B 女士因中暑住院，地域综合支援中心申请了护理认定，并劝说其利用护理保险服务，但长子以"需要花钱"为由拒绝利用护理保险。根据长子的说法，他出售土地所得的资金并没有用于偿还欠款和购买电子产品等。

③成年监护制度的利用。2014 年 2 月，高龄福祉课收到了因拖欠水费而停止供水的通知。地域综合支援中心拜访了 B 女士家。随后，职员们在极其恶劣的居室中发现了失禁状态的 B 女士。高龄福祉课据此认定长子放弃护理，帮助 B 女士紧急联系入住特别养护老人院进行短期住院治疗。同时高龄福祉课认定长子对 B 女士存在经济上的虐待，所以决定通过市长申请方式利用成年监护制度，选定非营利组织法人成年监护中心作为监护人。在短期生活护理设施中的 B 女士有"想回

第五章 基于成年监护的人身监护社会化

家"的强烈愿望,因此,监护人就怎样才能回家居住进行了商议。

④照护待遇的决定。由于家里环境较差,无法满足 B 女士居家生活的愿望。因此要想帮助 B 女士从特别养护老人院回家,最大的争论点就是如何构筑 B 女士的看护体制。房龄 50 年的屋子里满是垃圾,长子在处理过程中引起的小火灾烧掉了屋顶的一部分。另外,厕所、浴室、厨房均处于无法利用的状态,B 女士在自家内或外出时也有跌倒的危险。监护人听取了 B 女士表达的强烈愿望,"这里没有自由""不给我闲暇时间""想早点回家""有很多事情要做,比如干农活和给佛龛上供等",开始整理居住环境,导入护理服务,并且,监护人认为如果能得到其亲属、民生委员以及附近居民的理解和协助,让她回到自己家生活是可行的。

⑤住宅改装、修缮——周围人员对回家住的意见。为了讨论当事人回到自己家的条件,监护人召集了当事人、亲属,特别养护老人院咨询员、护理人员、护士、护理援助专员、民生委员等与 B 女士相关的人士,总共召开了 4 次案例研究会。从各自的角度讨论了老年认知症患者居家生活的

203

风险，探讨如何通过协作化解风险。当时 B 女士的亲属和支持者对其返回自己家中列举了以下反对理由：

长子：市政府擅自带走了母亲，已不关我的事了。

长女：在特别养护老人院的生活比较安心，即使母亲想回家，但我还是想让母亲就这样住在特别养护老人院。我虽然住在附近，但自己身体也不大好，没法帮忙照顾母亲。母亲已经 90 多岁了，即使重新装修房子，也不知道能在家生活到什么时候，说不定到最后是白白浪费钱。

特别养护老人院咨询员、护理员、护士：很多入住机构的人都说"想回家"，但回到自己家后跌倒的风险很高，认知症引发的迷路和在户外跌倒的可能性也比较大，不赞成从特别养护老人院回家的选择。

护理管理者：B 女士患有认知症，无法马上回家，遭到过长子的虐待。长女也很难协助 B 女士。在当地居民也不接受的情况下，从特别养护老人院返回自己家的理由令人无法接受。

民生委员：因为以前发生过火灾，所以附近居民反对其回家生活。如果要回家的话，邻居希

第五章 基于成年监护的人身监护社会化

望 B 女士至少把家里厨房的煤气换成 IH 电磁炉。

即便如此,在家人、专职人员和附近居民反对的情况下,监护人接受了 B 女士无论如何想"回家"的强烈愿望,最终决定(1)将 B 女士从特别养护老人院搬回家;(2)花费 160 万日元处理垃圾等废弃物,利用护理保险制度中的住宅改装项目,花费 350 万日元对 B 女士的住宅进行了修缮。具体来说,在玄关设置了栏杆、踏脚石台阶,在通往厕所的墙上安装了扶手等,改造了厕所,在厨房里换了 IH 电磁炉。(3)大幅引进了家庭助手、日间护理、配餐外送服务等居家护理服务,并且,地域网络的看护对于 B 女士居家生活是不可或缺的。(4)修复 B 女士与近邻的关系,构筑地域看护体系。

⑥**引进居家服务和地域网络的修复与再生。**监护人拜访了自治会,缴纳了拖欠至今的自治会会费,并向自治会请求地区看护。在民生委员的介入下,监护人拜访了附近的居民,向他们说明了 B 女士的状况,请求他们对 B 女士给予适当的关注,甚至(通过行政)消防局也要求地区消防团对 B 女士要多照看些。但即使利用这些看护体制,也不能 24 小时守护 B 女士。为了让周围人明

白老年认知症患者在社区生活存在一定风险,须对其进行援助,给邻居作了多次解释和说服工作。3 年过去了,94 岁高龄的 B 女士仍然在家中健康地生活着,并且护理等级从"要护理"3 级大幅减轻到"要护理"1 级(2018 年 2 月 20 日,在成年监护中心的访谈)。

⑦施工人员作为地区资源援助看护。作为案例追踪调查的一环,笔者还对施工人员进行了访谈。据施工人员说,自己原本对改装老年人住宅没什么经验,但考虑到最重要的是让老人能够安心、安全地生活,在这样的理念之下,实施了住宅改装、修缮。施工到现在过去了 1 年,现在,修理水管、修剪庭院树木、驱除蜂巢等日常生活的问题,只要监护人一联系施工人员都能立即得到解决。通过和监护人建立信赖关系,施工人员也成为援助当事人居住和生活的地区资源(2018 年 2 月 20 日,在施工单位的访谈)。

对案例 B 的分析和考察

在这个案例中,由于长子没有打算将 B 女士的钱用于 B 女士的护理,也没有让母亲利用必要的护理保险服务。因此,行政机构认为长子涉嫌对其母亲的经济虐待,请求

第五章　基于成年监护的人身监护社会化

为 B 女士遴选监护人。

由此，监护人召集相关人士召开案例会议，邀请全体人员共同出谋划策，思考如何让患认知症的老年人也能在本地生活。可以看出，成年监护制度对于当事人的照护问题不是单独由家属决定的，而是与相关人员进行广泛协商后决定的。第三方监护人的人身监护具有一种功能，就是让以往决定照护待遇的封闭机制向社会开放。人身监护社会化的要点之一也在于此。笔者将在本章第二节对协商机制的社会化进行详细讨论。

在住宅改装、修缮上可以看出长女的想法与监护人的想法并不一致。长女尽量不想把钱花在房子上，而监护人则认为应该用当事人的财产帮助其实现自身愿望。对此，各专职和民生委员也分别站在不同的角度表达了反对意见。长女的想法也反映出，监护人苦恼于当事人居家生活可以维持到多大岁数。

监护人最终决定实施护理保险制度的住宅改装和最低限度的修缮，将当事人的居住环境改善到可以居家生活的程度。即便知晓当事人在身体和财务上有风险，监护人依然决定帮助其回家生活。正如之前所探讨的，由于选定了第三方监护人，当事人生活的最终责任/决定权已经从家属转移到了监护人身上。正因为有监护人存在，才能作出签订住宅改装、修缮方面的合同，从当事人财产中支付费用等决定，这是监护人所特有的居住环境的援助。

监护人还尝试重新构筑家庭关系，修复 B 女士与附近居民的关系。关于 B 女士和长子的关系，监护人认为长子并没有想虐待母亲，对他决定以长子的身份对母亲进行看护这一想法比较重视，于是并没有简单地将长子从母亲身边带走，而是把长子的问题也一并考虑进来援助。对于长子的援助其实超越了监护人的职权范围，但对母亲来说，与长子同住是再自然不过的事情。为让长子住在当事人附近，监护人认为改善长子的居住环境也是援助当事人居住环境的一部分。

与第四章第三节中家庭分离的案例相比较，可以看出，由于监护人援助观念不同，在对待同住家人的做法也会有很大不同。第三章第二节中，采用市町村长申请制而利用成年监护制度，导致当事人与家属分开的情况较多。虽然担心难以修复家庭关系，但在本案例中，监护人是具有社会福祉士资格的专职人员，同时也具有护理援助专员的经验，因此，能够将修复家庭关系也纳入援助的视野。

在邻里关系方面长年存在的问题是，因缺人手，庭院树木修剪不及时导致庭院树枝长到邻居家，或污水流入邻居家等，B 女士陷于被当地居民孤立的状态。因此，监护人安排专人照料庭院的树木，为消除邻居对于火灾的担心，将 B 女士厨房重新装修配置了 IH 电磁炉，委托消防团进行

第五章　基于成年监护的人身监护社会化

夜间巡逻，努力寻求附近居民的理解。监护人还通过民生委员与邻居登门寒暄、缴纳自治会会费等，重新构筑了当事人与地区居民的关系。另外，还将住宅改装、修缮的施工人员也看作支持当事人居家生活的一种地区资源，构建了一种谋求与之合作的体制。

根据以上推导出了居住环境援助三要素：（1）对当事人回自己家生活这一决定（关于住所的）的援助；（2）为让其回家生活，对住宅进行改装、修缮（硬件层面的应对）；（3）构建当事人回家后的看护体制（软件层面的应对）。从以上三要素来把握监护人的居住环境援助。与高龄者住宅财团的"居住方式的援助"相对照，引出了监护人援助居住环境的功能，即"'生活互助'的形成"与"'地区互助'的形成"。

最后，如何从在同一地区延续既有生活的视角理解该案例呢？通过监护人的居住环境援助，当事人回到自己家恢复了以往的生活，结果产生了护理等级降级的良好结果，当然，也有可能导致事故的发生。本案例应该就是"原居安老"的优秀案例吧。

对B女士来说，"自己的家"指的是在此每天干农活儿、供奉祖先、煮饭、做家务等，可以实现自身生存意义的地方。监护人通过与当事人的交流，了解到当事人的理想居所是自己的家，于是听取了当事人的意愿和希望。

房屋改装前，B 女士很难独立生活（上厕所、在厨房干活、打扫卫生等），大小便失禁，家中垃圾堆积，虽然改装项目（清除垃圾、设置扶手、消除台阶障碍、防滑处理、厕所改造、更换 IH 电磁炉等）都是标准化的，但切实减轻了当事人在移动、排便、烹调等日常生活方面的困难和风险。改装以后，在家庭助手入户服务的基础上，当事人每天和以前一样自己上厕所、做家务、干农活儿，找回了曾经的自尊心。

这样想来，本案例中改装房子的决定对于居家生活是必要的也是最低限度的。此外，尊重当事人迄今为止的生活方式，对于"在家安居"也十分必要。从与当事人的交流中找出房屋修缮的关键点，寻找能理解老年人生活的施工人员，把项目委托给他们，使其在改装中最大限度地体现当事人的意愿。

那么，如何评价根据以最低风险来更换住所的方法来恢复健康这种选择呢？虽然特别养护老人院确保了 B 女士的衣食住等基本生活，但作为服务受益者的 B 女士却感受不到生活的价值，经常说"想回家""这里没有自由""不给我闲暇时间"之类的话，表达了对自己居住环境的不满。在拥有一定裁量权的情况下，只要能够维护当事人的生活方式，保护其自尊心，监护人也可以考虑选择其他住所，但即便在那种情况下，监护人也要创造条件使 B 女士能够干农活儿、供奉佛龛、自己操持厨房、尽情享用喜欢的美食。在这一过程中,重要的是尽可能维持 B 女士以前的生活习惯,确保监护人能够履行自身职责。这一案例再次突出地区资源选择的多样性是实现"原居安老"的最重要课题。

(三)案例 C 通过引进居家服务从软件上援助居住环境——公营住宅(由社会福祉士的法定监护)

①**援助前的状况**。本案例中,担任监护人(专业监护)的法律事务所的社会福祉士从专业人员角度出发,决定利用超出护理保险制度上限的居家护理服务,改善居住环境,使当事人在家中生活直到生命最后一刻。C 女士是一位 90 多岁的未婚女性,在公营住宅中独居("要护理"1 级,日常生活行为自立),兄弟姐妹有 3 个(哥哥、姐姐、C 女士),长年与姐姐一起生活,姐姐去世后开始自立的独居生活。

②**成年监护制度的利用**。C 女士逐渐出现了重度阿尔茨海默型认知症的症状,晚上伴有睡眠障碍,甚至出现幻视、幻听。C 女士相继丢失了银行存折和印章,金融机构联系了地域综合支援中心。随后,地域综合支援中心牵头启动了成年

监护制度的市町村长申请。最后，2013年1月，社会福祉士被选为C的监护人。在遴选时，市政府的老年人福利科打来电话，希望社会福祉士在签订入住机构合同时做身份保证人。

③住所的决定。监护人被选定后与C女士进行了面谈，C女士出现了瞬间失忆，将监护人误认为是金融机构的职员。C女士认为监护人是定期把钱送到自己家的银行职员。C女士是大储户，大约有1.5亿日元的存款和国债。监护人在访谈中听到C女士有"居家生活"的想法。监护人认真思考C女士为何有这么多存款却长年在公营住宅过着节俭生活，也考虑到当事人的想法，了解到C女士从前是位老师，喜欢小孩，而在目前居住的公营住宅的阳台上正好可以看到小学校的操场。

好像C女士独处时有时也会感到孤独，渴望居家生活与惧怕孤单的心情时常交织在一起。

邻居们抱怨道，C女士晚上不好好睡觉，会敲邻居家的门，说"请给我点吃的吧"这类的话。监护人跟C女士提议说有个大家一起生活的地方，还陪她参观了养老机构，但C表示"我还没老到要别人照顾我的地步呢"。因此，监护人的援助目标就成了帮助C女士排遣寂寞，营造一个让她觉得踏实的居家环境。

④导入护理保险服务。 C女士拥有大笔财产，因此决定利用护理保险，同时最大限度地灵活运用自费项目的服务以维持居家生活。选定监护人以前，C女士每周3次去日间照护中心接受服务（9点半到15点半），家庭服务员上门服务2次（一次1小时）。为避免C女士因见不到什么人而感到寂寞，也为了避免她肚子饿去叨扰邻居，监护人将每周日间照护服务的利用次数增加到了6次。此外，C女士每天还可以接受1个小时家庭服务员上门服务，主要是做饭。这样一来，护理保险在日间照护服务方面达到限额，追加的家庭护理员部分由C女士全额自负。随着护理保险制度的利用，一个月的服务付费上升到17万日元（2015年10月19日，在法律事务所的访谈）。

对案例C的分析与考察

本案例的当事人出现了老年认知症引发的睡眠障碍症，还搞丢了存折、印章等。金融机构联系了地域综合支援中心为C女士申请利用成年监护制度。日常生活中的取存款、汇款等是在地区居家生活的基本行为，对于独居老年认知症患者来说，生活费的管理成为日常生活中的首要难题。

因此，虽然地区金融机构的窗口负责人能够迅速察觉到该地区老年人是否身患认知症，但老年人是金融机构服务的对象，"您该不会患有认知症吧"这类的话银行职员很难说出口。因此，目前金融机构发现老年认知症患者后联系相关援助机构的案例并不多。[1]

监护人担心 C 女士独居会感到寂寞，于是和 C 女士一起参观了养老机构，但监护人察觉到 C 女士并不希望生活在养老机构，且注意到她家的阳台可以看到小学校操场，这对 C 女士来说有着重要意义。这些信息对于考虑 C 女士"是居家安老还是城镇安老"时至关重要。大月在询问居住在"团地"[2] 的老年人属于自己的地方是哪里，得到回答是"下午 3 点前后家的阳台"，[3] 那是孩子们从附近小学回家的时间段，从阳台眺望回家的小学生成为老年人最大的乐趣。像这样，能兼顾空间与居住者关系的实践是监护人援助居住环境的最理想状态。

了解到当事人选择一直在那个地方居住的理由，对于监护人的居住环境援助非常重要。政府原本希望监护人在

---

[1] 税所真也「金融機関における成年後見制度の必要性——地域金融機関による認識と見解の分析を通して」、『ゆうちょ資産研究 研究資助論文集』、ゆうちょ財団ゆうちょ資産研究センター、2015、22 卷、121—140 頁。

[2] 团地，指日本在 20 世纪 60 年代经济高速发展时期大量新建的住宅楼——"集合住宅"，以满足经济高速发展、城市人口迅速扩大带来的庞大的住房需求。——译者注

[3] 大月敏雄『町を住みこなす』、岩波書店、2017、187—188 頁。

第五章　基于成年监护的人身监护社会化

入住养老机构的合同中起到"身份保证人的作用",但监护人选择了最大限度地增加居家护理服务次数,改善当事人居住环境这一援助方式。监护人认为,虽然结果是一部分服务费由当事人自付,每月护理费用的家庭支出达17万日元,但当事人有较丰厚的资产,这是一种让她得以维持居家生活的有效选择。大幅度接受全额自费的医疗/护理服务不是护理援助专员等援助者来决定的,只有通过选定监护人全面负责当事人的家庭收支才有望实现。这是监护人在居住环境援助方面所具有的特殊作用。

(四) 案例 D 由生活援助实现居住环境援助——公营住宅 (由生协负责意定监护)

本部分列举的是在神奈川县东部开展意定监护活动的一家名为"生协成年监护援助合作社"[1]的案例,该组织是日本首家福祉领域的生活协同组合——福祉俱乐部生协(1989年成立于横滨)于2008年创立的。[2] 福祉俱乐部生协致力于充实家庭福利,开展了多项活动,旨在让俱乐部

1　日文为"福祉クラブ生協成年後見サポートワーカーズコレクティブあうん"(简称为"W.Coあうん"),本书译为"生协成年监护援助合作社",有时也用"劳动合作社"或"合作社"来替代。——译者注

2　"生协成年监护援助合作社"是居民为满足本地需求而自发成立的劳动合作社。该组织由劳动者全员出资、共同担负经营责任、共同劳动,且独创了一种服务,即通过向包括自己在内的会员提供服务来为地区作贡献。该合作社从属于福祉俱乐部生协,且无法人资格,通过与福祉俱乐部生协签订平等的合同开展活动。笔者将在第五章第三节详细论述。

会员们在住惯的地区互相帮助，共同生活。本书列举的成年监护事业也是该组织发起的一项活动。笔者在这部分将从监护人对当事人居住环境的援助探讨福祉俱乐部生协的成年监护事业。

①**援助前的状况**。D先生78岁，和妻子住在神奈川县针对老年人的高品质租赁住宅中。

D先生退休了，每月有大约21万日元养老金，存款500万日元左右。妻子去世后，D先生每周利用4次生协成年监护援助合作社的家庭服务员帮做家务，并去生协成年监护援助合作社接受日间照护服务。D先生没有孩子，只有哥嫂两位亲属。

②**援助缘由**。生协成年监护援助合作社的护理经理联系了监护人。据护理经理介绍，D先生属于"要护理"1级，"需要有人来管理金钱"。因此，开始准备利用成年监护制度（制作公证书）。

③**守护援助**。监护人在不改变住所的情况下开始实施援助，尽可能保持D先生既有生活不发生改变。在与福祉俱乐部生协的护理人员交换信息的过程中，监护人被委托陪同D先生前往泌尿科就诊，并确认保险证的情况。到医院后，监护

第五章 基于成年监护的人身监护社会化

人首先向医师说明自己是意定监护受托人。由于D先生自己无法管理服药剂量，医生便委托监护人将药量控制在最小限度。回到D先生家，监护人把药放在指定的地方，并编制财产目录、计算收支。监护人在厨房清洗餐具倒茶壶里已发霉的茶渣时，偶然发现洗碗池的三角滤网里有很多烟头。监护人随即交代家庭服务员多留意D先生，别让他抽烟。另外，虽然医生禁止D先生饮酒，但监护人打开冰箱后还是发现里面几乎都是水和酒类。

④**为使其在地区继续生活的生活援助。** D先生打来电话说"没钱了"，于是监护人便和D先生一起去银行自动取款机（ATM）取款，他取出7万日元交给了D先生，但D先生却说每月7万日元根本不够生活，希望监护人每月能取15万日元。由于事先规定好了每月给7万日元，而此时正好是正月，这次监护人取了10万日元交给了他。之后上门访问时，监护人在D先生家检查邮件，和D先生一起去医院领取了诊断书（2017年2月16日，在D先生家实施参与观察）。

对案例D的分析和考察

本案例中，劳动合作社的工作人员作为意定监护受托人，全面负责并援助生协中利用意定监护事业会员的居家生活。若是当事人遇到困难，工作人员就要陆续赶到，因此，工作人员的负担非常重。但如果当事人生活方面有需要注意的地方，各方面提供服务的人员可以立即与生协成年监护援助合作社联系。像这样，劳动合作社在照顾地区老年认知症患者时，与各个服务提供方合作显得尤为重要。

地域综合照护体系强调了"住所"和"生活援助"的重要性。由于老年认知症患者首先会在"金钱管理、服药管理、家务、购物"等日常活动（IADL）出现问题。由此，独居老年认知症患者"即使身体功能没有任何问题也会面临生活中出现的各种危机"。但当今的护理保险服务"缺乏应对上述状况的制度设计"。[1]

在无法依靠家庭资源实施金钱管理、服药管理、家务、购物等情况时，必须通过非正式服务来满足需要，否则没办法独自生活。在本案例中，工作人员通过人身监护援助，实现了地域综合照护体系中的"生活援助"，特别是和当事人一起去自动取款机取款等方面，重视与当事人一起管理财务。从工作效率来看是增大了监护人的负担，却体现出监护人的援助理念。

另外，工作人员每次访问当事人住宅都要询问当事人

---

[1] 粟田主一「認知症の人の暮らしを支える地域の仕組み」、『Joyo ARC』常陽地域研究センター、2014、46卷541期、4—11頁。

的饮食情况，了解冰箱里有什么食品，收集各种详细信息。如果当事人需要就诊或紧急住院，工作人员有必要向医生转述当事人的身体状况，因此，对于监护人来说，从人身监护的角度，事先掌握当事人的健康状态十分重要。帮助老年认知症患者实现独居生活的愿望，这些细致的"生活援助"是不可或缺的，生协以意定监护的形式实现了成年监护。帮助当事人在本地区生活的"生活援助"也是监护人居住环境援助的一环。

（五）案例 E 在住惯了的地区贯彻自我决定的居住环境援助——独门独院住宅（生协负责意定监护）

①**援助前的状况**。本案例也是在不依靠亲属的情况下利用福祉俱乐部生协的成年监护，维护当事人在本地区的居家生活。E 女士是一位 84 岁的女性，独居于住宅区幽静的独门独院，属于"要护理"1 级。E 女士利用护理保险制度、福祉俱乐部生协提供的助餐服务和以功能训练为目的的日间服务，享受自由的独居生活，她对此十分满意。

②**成年监护人的利用**。E 女士在丈夫去世后立即加入了福祉俱乐部生协。由于 E 没有孩子，

E的侄子提出处理掉E的房子，让她到自己身边生活。E女士察觉到侄子有想挪用自己这笔资金为己所用的企图，就疏远了侄子。E女士认为监护委托对象是生协的话，就不会有这样的担心，可以把财产托付给生协替自己管。E女士决定与生协签订意定监护合同。E有7个哥哥姐姐，侄女和侄子也很多。E女士认为如果依照亲属的提议，自己不可能过上这么随心所欲的生活。

③旨在维护地域生活的看护援助。由于E女士身体方面可以自立，目前生协成年监护援助合作社只提供定期访问。意定监护受托人每月到其家中访问一次。为了防备将来判断能力降低，意定监护受托人帮她制作表达意愿的笔记，也帮着料理她的居家生活。

④保证自我决定的贯彻。当事人委托监护人根据法律有效处理住宅、存款、临终和死后事务等。在紧急情况下，当事人可将身份保证在内的成年监护托付给生协成年监护援助合作社。这样的话，当事人即使不依赖亲属也可以在地区安心生活。对于E女士来说，与自己信赖的生协签订意定监护合同是自己在本地区能安心生活的"制度资源"和"地区资源"的保证（2015年11月

第五章　基于成年监护的人身监护社会化

23日，在E女士家的访谈）。

对案例E的分析和考察

本案例中，当事人没有依靠亲属而是坚持自己做决定。为能在本地区生活一辈子，利用了生协的成年监护事业。在个体化社会中，以家庭资源为代表的共同体关系变得前所未有的不确定。城市化、全球化致使个人与亲属间的物理距离不断拉大，住在附近的亲属难以担任财产管理人和身份担保人的角色。这样，如何在不依靠亲属的情况下迎来人生的终点成为一个社会课题。

福祉俱乐部生协为应对这一新的生活课题启动了成年监护事业。福祉俱乐部生协的理念是让会员们在自己住惯的地区过自己想要的生活。对于通过团体会员之间互助来充实家庭福利的福祉俱乐部生协来说，成年监护事业具有特别重要的地位。而且，在这一案例中，为让老年人在本地区生活到生命的最后一天，福祉俱乐部生协的意定监护事业的"未雨绸缪"功能得到了充分体现。

之所以说"未雨绸缪"对于维护地域生活很重要，是因为围绕老年人的住所和身份保证的问题越来越严重。通常所说的身份保证是指：（1）在医院、福祉设施住院或入住租赁住宅时的身份保证；（2）居家时的日常生活援助，安全与否的确认，紧急时情况下的联络；（3）作为一项"新的事业"提供去世后的遗体认领、遗物处理、葬礼等一条龙的身后事服务。[1]

在本案例中，生协成年监护援助合作社通过生协的意定监护与利用者签订了"身份保证""死后事务"配套的"综合援助合同"。即使不依靠亲属也可以通过协同组合帮助被监护人入住医院和设施。这样可以保证利用者在地区安心地生活到临终，另外，作为福祉俱乐部生协也可以帮助会员同伴到临终。

四、通过人身监护发挥居住环境援助的功能

本节从与监护人居住环境援助的关联角度，分析考察了超老龄社会中老年人的住所，特别是老年人在本地区继续居住的住所问题。案例研究的结论是，监护人的居住环境援助具有以下五种社会功能：（1）确保住所（案例A）；（2）通过住宅改装、修缮硬件设施来完善居住环境（案例B）；（3）修复地域网络，重建其"生活互助""与地区的互助"（案例B），从软件上导入医疗/护理服务，完善居住环境（案例B、案例C）；（4）通过生活援助及守护援助维持在本地区生活（案例D、案例E）；（5）不依赖亲属，贯彻自我决定在自己住惯的地区直到生命的最后一天（案例E）。

---

[1] 河上正二「病院・介護施設等における身元保証問題の意義と課題」、『実践 成年後見』、2018、77期、3—11頁。

第五章 基于成年监护的人身监护社会化

正如本节所看到的，监护人的人身监护行为与当事人住在哪里、怎么生活是同一个问题。我们不禁要问，监护人与居民的居住问题有什么关系呢？笔者认为人身监护的本质是，监护人确保当事人的住所、为其营造居住环境。监护人是否具有"城镇或地域安老"的理念，其提供的居住环境援助内容会有很大差异。监护人能否从"城镇安居"这一观念出发对其居住环境给予支持，将会极大地改变超老龄社会中老年人的居住场所和居住环境。

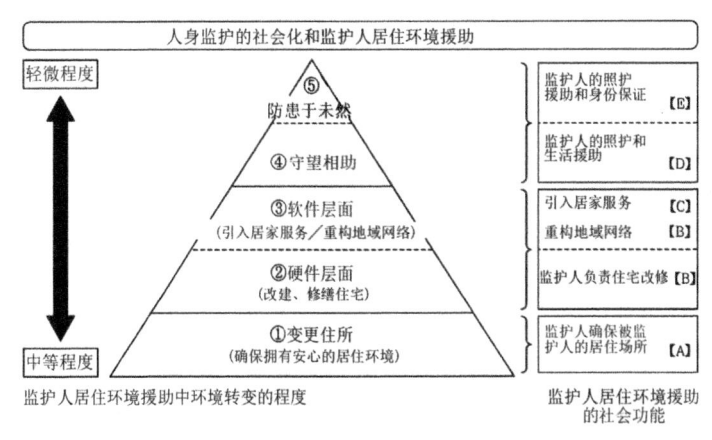

图 5-1 基于成年监护的居住环境援助功能

资料来源：笔者制作。

本节将图 5-1 与大月的图[1]进行比较，展示了所举案例在建筑规划学中的状态。本节论述的是附近居民、志愿

---

[1] 大月敏雄『町を住みこなす』、岩波書店、2017、169頁。

者、民生委员、生活协会等守护当事人，或监护人利用居家护理服务和小规模多功能护理等地区资源帮助当事人改善居住环境。在此之前，一直都是利用收费老人院、认知症老年集体养护院、护理老人保健设施、特别养护老人院等"制度资源"来帮助当事人改善居住环境。

这些援助给当事人带来生活环境的巨大变化。确实，选定成年监护人后当事人的住所被转到养老机构的情况比较多，也有人认为患认知症的老年人无法居家生活，利用成年监护制度把当事人搬到养老机构是理所当然的。或者因为监护人负有提供安全生活的责任，与其让当事人冒着危险一个人生活或小心翼翼顾忌街坊邻居，倒不如让当事人在安全又管理严格的养老机构生活，监护人这样也会感觉比较安心吧。

话虽如此，每位老年人都有自己的想法，都喜欢按照自己的方式生活。这种对个人生活的执念是语言所不能表达的。这时候希望监护人能够洞悉当事人无法言表的想法，代替当事人去处理事务，真正发挥监护人的作用。正因如此，为了给当事人营造良好的居住环境，成年监护人在代替当事人与相关机构签订合同、缴纳费用等方面有比较大的权利，而这一权利也是官方所认可的。

因此，这就要求监护人要能理解当事人对于固有生活场所的执念，在这个基础上为其重新构筑新的生活场所，

第五章 基于成年监护的人身监护社会化

并在"在家安居、在地安居"上多下功夫。当事人作为居住者在过去的空间里喜欢什么样的场所可能当事人自己也未必清楚，然而，监护人应感受当事人的想法，并在有限的居住空间/生活空间中去助其实现。基于以上理由，本节特意通过"缓慢的环境改变"探求监护人对当事人居住环境予以援助的理想方式。

正确把握当事人与城镇、地区的关系，在对当事人的住所进行援助的时候，首次从建筑规划的视角帮助当事人改善了居住环境。因此，监护人在自身实践中如能自觉意识到住宅规划知识的重要性就好了。[1] 今后，希望监护人和建筑专家合作，共同帮助当事人营造舒适的居住环境。

第二节 人身监护与自我决定
——协商机制的社会化

上一节指出监护人实施人身监护的本质在于：确保当事人的住所，营造其能"在地居住"并延续既有生活的居

---

[1] 日本少数优秀实务工作者与建筑领域的专家正在合作制定支持成年监护的手册。其中代表性组织是"大阪'协商决定'支援研究会"（大阪法院、大阪律师协会、大阪社会福祉协会、大阪司法书士会和法律援助中心大阪分部），其公开发表了一份手册，该手册以图表形式展示了在确定被监护人住所时需要与建筑专家合作的场景。参见大阪决策支持研究会，2018，https://www.osakaben.or.jp/info/2018_0510_2.pdf。

住环境。然而，现实中也有可能发生因监护人的决定导致当事人离开自己住惯地区的情况。那么，在这种情况下，本身就缺乏判断能力的当事人应该住在哪里？又该以什么方式生活呢？针对当事人的住所问题监护人也经常被迫做出艰难的判断和选择。本节主张监护人应召集与当事人相关的援助人员召开讨论会，共同商讨当事人的照护待遇。

本节聚焦人身监护协商机制的社会化，拟重新探讨以援助当事人在地生活为目的的自我决定的应有状态。

一、关于智障人士自我决定的研究课题

截至目前，社会学研究者是如何看待成年监护制度的呢？简言之，主流的学术观点是：成年监护制度从制度上为尊重当事人意愿、代其发声、助其行事提供了保障，是从一种冒险角度进行思考的成年监护制度。[1] 如果不将判断能力的欠缺视作个体残障，而着眼于社会的角度做些准备和应对，就需要进一步充实以成年监护制度为代表的各项制度。随着成年监护制度的普及，围绕自我决定的讨论变得尤为尖锐，律师、司法书士等实务工作者开始思考成

1　藤村正之「自己決定とパターナリズム」、福祉社会学会『福祉社会学ハンドブック―現代を読み解く98の論点』、中央法规出版、2013、32頁。

第五章　基于成年监护的人身监护社会化

年监护制度中对当事人协商决定援助/自我决定援助的理想状态。[1]

在对待智障人士意愿上，如何正确理解当事人决定的事情并帮助其实现，一直以来被看作援助方的事。[2] 正如有学者指出，"当我们说智障人士不能作自我决定之前，监护人应时常反思自己多大程度领悟到了当事人传递的信息"，[3] 以监护人为代表的援助者需要培养这方面的"领悟能力"。要求监护人具备这种能力的背景是：由于当事人周围的人能力不足，无法领悟或者无视当事人的意愿，认为智障人士无法给自己做决定。正因如此，周围人尊重当事人实现自我决定，并助其实现的努力以及与之建立的联系才显得尤为重要。[4]

综上所述，社会学一直在探讨社会能在多大程度上为智障人士提供助其自立的环境。成年监护制度本身是作为一种倡导性制度而被完善的，本来，普及成年监护制度就应与推进援助自我决定同步而行。不仅如此，探求一种理

---

[1] 例如，日本律师联合会在2015年10月1日召开的第58届人权维护大会·研讨会（第2分科会）上，召开以"从'成年监护人'到'决策支援制度'——以实现认知症和残疾人的自我决定权为目标"为主题的会议，引起了强烈反响。详情请参照『総合的な意志決定支援に関する制度整備を求める宣言』。

[2] 寺本晃久「自己決定と支援の境界」、『Sociology Today』、1999、10期、28—41頁。

[3] 中西正司、上野千鶴子『当事者主権』、岩波書店、2004、41頁。

[4] 江原由美子『自己決定権とジェンダー』、岩波書店、2002、197—200頁。

想的人身监护还必须直面以下问题：为什么有时成年监护制度不能帮助当事人做自我决定？是监护人能力不足还是制度自身的结构性问题所致？

因此，笔者在本节中将了解当事人意愿、改善其生活环境的监护人的判断和决定机制（制度、组织、周围的援助者、亲属）作为分析对象，目的是考察当事人是如何表达意愿的，福祉专员和监护人又是如何解释当事人意愿的，以及周围的人是如何领悟当事人意愿的。

迄今为止，社会福利学领域已有不少关于智障人士自我决定实践方面的研究，但大多停留在概念讨论层面，"涉及自我决定具有哪些特征的调查和实证研究都非常少"，这是因为"很难掌握智障人士自我决定的实际情况。另外，基于这些实际情况在自我决定的援助方法上也存在挑战"。[1] 也有人指出，既有"研究多集中在援助者对当事人的影响上，援助和环境对当事人自我决定产生的影响尚不明晰"。[2]

最大的问题是，一方面，强调了自我决定的"环境"的重要性；另一方面，几乎所有的研究都是从当事人与照

---

[1] 與那嶺司、岡田進一、白澤政和「生活施設における知的障害のある人の自己決定の構造―担当支援職員による質問紙に対する回答を基に」、『社会福祉学』、2009、49巻4期、28頁。

[2] 笠原千絵「他の人ではなく自分で決める―当事者主体の自己決定支援モデル開発に向けたグループホームで暮らす知的障害のある人の参加型調査の分析」、『ソーシャルワーク研究』、2006、31巻4期、295―302頁。

第五章　基于成年监护的人身监护社会化

护人员的"双边关系",[1] 或者从包含亲属在内的三方关系中来探讨自我决定的机制。由于很难在当事人和援助者双边关系的援助中引入第三方视角,也有人指出这种双边关系"容易使援助陷入家长式的威权之中,不适合作为援助'自我决定'的理想方法"。[2] 正如土屋所指出的,如何研究、分析自我决定的机制是研究智障人士的长期课题。

相对上述先行研究,本节研究的是在以当事人和照护人员(或亲属)为中心的自我决定机制中,具有当事人法定代理权的监护人如介入其中将会产生怎样的影响。本节将从上述视角出发考察自我决定的"环境"。毫无疑问,帮助智障人士实现自我决定的"环境"很重要,但如果在这个"环境"中加入监护人这个变量,自我决定的机制会发生怎样的变化呢?

基于上述问题意识,本节将监护人这一变量置于支持智障人士自我决定机制的构成要素之中,从与照护人员及亲属的关系出发,分析监护人对当事人所做决策的干预方式。在多名援助者参与的案例中,监护人与福祉专员或亲属之间围绕代理人的作用可能会产生意见冲突,导致关系

---

[1] 沖倉智美「知的障害当事者への意思決定支援をめぐるソーシャルワーカーの専門性——春季大会シンポジウム当事者と向き合う専門性とは何か」、『社会福祉学』、2013、54巻3期、89頁。

[2] 土屋幸己「知的障害を伴う人の『自己決定』支援の方法論に関する考察」、『社会福祉士』、2002、9期、160頁。

紧张。本节列举的案例就属于这种情况。

二、本节案例分析的特征

本节介绍的是智障福利领域具有悠久历史的 N 市社会福祉法人在 2011 年发生的一个事例。该福祉法人从 20 世纪 80 年代初就在日本倡导残疾人应在"在地生活"而非入住机构，具体而言，就是在集体之家[1]对智障人士实施地域生活援助。本案例来自具有社会福祉士资格的社会福祉法人理事长西定春，福利专业杂志《福祉劳动》（现代书馆出版发行）中也曾介绍过这一案例。[2] 西定春之所以分享这个案例是为了提醒大家注意，利用成年监护制度可能会与监护人产生矛盾。《福祉劳动》上刊载的案例是以报告者个人视角撰写的，案例叙述视角存在一定程度的偏颇。

笔者在本节对与案例相关的多位参与者进行了跟踪调查，收集了各方的辩解，尝试尽可能客观地重新审视该案例。具体来说，除案例中心人物福祉专员之外，还将成年

---

[1] グループホーム是 group home 的外来语，即"认知症老年人共同生活之家"，是针对认知症老年人的小规模多功能护理机构，以居住在本市町村内的"要援助"2 级以上的老年认知症患者为对象，特点是人数少、共同生活，旨在借助专业工作人员的帮助让认知症老年人在家庭氛围中尽可能自立地生活。本书译为"集体之家"。——译者注

[2] 西定春「成年後見人は必要か—当事者意思を無視しうる現行成年後見制度の抜本的見直しを（特集　障害者虐待防止法と権利擁護）」、『福祉労働』、現代書館、2012、136 期、78—85 頁。

第五章　基于成年监护的人身监护社会化

监护人（律师）、负责日常护理的另一名福祉专员的观点和思考、笔者的观察记录以及记载亲属主张的法院记录作为分析资料，多角度进行剖析。如前文所述，原本是从当事人和照护人员的双边关系或加上亲属这一三边关系出发来把握智障人士的自我决定，但笔者拟从监护人相关的视角重新予以探讨。

首先，笔者阐述一下该案例的特征。本节研究的是当事人坚持一定要住在自己住惯的地区，身为社会福祉专员的社会福祉法人理事长（以下简称"福祉专员X"）[1]与家庭法院遴选的成年监护人（律师）在决定当事人住所的问题上意见对立，最后发展到了监护人向家庭法院请求人身保护这样一个极端罕见的事例。当然也有监护人把当事人搬到一个新地方后，相关人员竟然找不到当事人的事例。本案例的结果是，当事人留在原来的住所延续以往的生活，也正因如此，笔者才能在事件发生后重新采访到相关人员。笔者除了对福祉专员之外还对成年监护人（律师）和当事人进行了访谈（2015年2月22日和2017年5月22日实施）。另外，家庭法院允许阅览记载有亲属主张的部分审判

---

[1] 本案例当事人之一是具有社会福祉士资格的社会福祉法人理事长，之后用"福祉专员"来表述。本案例所展现的X氏的援助理念和行动不是从社会福祉法人理事长的角度出发，而是源于福祉专员（社会福祉士）的专业性。基于以上理由，本节关于X氏的行为规范，不是作为社会福祉法人理事长的职务，而是以福祉专员的专业性予以把握并加以分析和考察的。

记录。笔者将这些资料都列入分析对象对本案例进行了重新考察。[1]

其次,当事人的智障程度不同,表达自己想法的方式和做法有很大的不同。如土屋所言,"虽统称为智障,但涵盖范围广,其中有的人经常处于无法表达的状态,有的人则通过一些援助能够进行自我决定,很难用一种方法应对"。[2] 多大程度上能够用语言表达或用肢体语言表达也各种各样。本节对其特征的分析和阐述非常重要。为了把握当事人的判断能力和表达想法的方式,笔者与当事人进行了面谈,因为是初次见面,准确地捕捉到了当事人(由自闭症、残疾的特性引起的)反应。通过对当事人面对面的接触以及参与观察得到的信息也作为了笔者分析参考的资料。

最后,笔者在引用本案例时将法人名称、地域、个人等特定表述作了匿名处理。因此,在不影响分析的范围内存在个人属性相关事项与现实不同的表述。[3] 另外,再补充说明一点,基于以上原因,本人论文中对上述事例的介

---

[1] 此次并未特意直接访谈亲属,而是通过参考亲属写给成年监护人、成年监护人向家庭法院提交的"人身保护请求书"等资料,梳理了亲属的主张和观点。

[2] 土屋幸己「知的障害を伴う人の『自己決定』支援の方法論に関する考察」、『社会福祉士』、2002、9 期、160 頁。

[3] 该社会福祉法人的福祉专员在定期发行的会报中向该法人活动的赞助者报告了 3 次围绕成年监护制度发生的事件。甚至以本案例发生为契机,在智障人士援助领域呼吁多年相互合作的全国社会福祉法人运营者参与协助,联合应对。这一经历使得该案例在社会福利领域具有一定知名度。

第五章　基于成年监护的人身监护社会化

绍与本节的论述，在论述方法和内容上有很大的不同。

三、案例研究

(一) 案例概要

笔者先概述一下本案例的大致情况。笔者为确保客观性对以下两份资料进行了归纳，一是成年监护人 C（律师）向家庭法院提交的"人身保护请求"的审判资料，二是作为被告方的福祉专员 X 向家庭法院提交的"陈述书"。以下本文中的 X 是社会福祉法人的理事长，是具有社会福祉专员资格的福利专家。

当事人 A，男性，60 多岁，被认定为重度智障和自闭症，但可以日常会话。父母在县外经营饮食店，有一个重度残疾的姐姐。近年父母相继离世。A 从养护学校[1] 毕业后，前后换过两份工作，由于他曾对母亲和一位路上女性行人有暴力行为，生活一直安定不下来。

20 世纪 80 年代，因残疾人自立协会、DPI 日本会议等残疾人运动而闻名的 B 向 X 咨询了 A 的事情，X 运营的社会福祉法人的小工厂和集体之家接受了 A。当时，日本还没有兴起帮助智障人士"在地生活"的潮流。接收当天，

1　养护学校也称"特别支援学校"，是专为身心残疾或有大病的儿童开设的学校。——译者注

父亲送 A 来到车站站台并把他交给了该机构的职员，就这样，A 进入集体之家开始了新生活。A 虽然习惯了那里的生活，但对该机构职员仍然经常有暴力行为。

此后，A 在该社会福祉法人的小工厂和集体之家生活了近 30 年。白天，A 在日托机构接受生活援助，傍晚到第二天早上住在集体之家。A 领有残疾养老金和生活保护费，每月收入约 11 万日元。

由于父母离世，遗产需要进行分割。A 的姐姐向家庭法院提出申请，对 A 实施成年监护。律师 C 被选为成年监护人（以下称为"监护人"）。监护人 C 上任当天去该法人机构与福祉专员 X 以及当事人 A 进行了面谈。虽然事先通知了该社会福祉法人，但当天监护人 C 并没有立即接手 A 的存折和印章等。大约 2 周后交接时，监护人 C 发现 A 的存折里有一笔可观的积蓄。

父母离世后，A 唯一的亲人只剩下了姐姐。姐姐与福祉专员 X 认识多年，但两人关系早已恶化。作为律师出身的监护人 C 在姐姐和福祉专员 X 之间承担起了把姐姐想法传达给 X 的责任。在双方矛盾日渐加深的情况下，监护人 C 开始考虑动用监护人权限将 A 转到其他集体之家，而福祉专员 X 则试图通过终止服务合同来阻挠。监护人 C 为接走 A 而访问该法人，福祉专员 X 拒绝将 A 送至其他地方，也不让 A 与 C 见面。

第五章 基于成年监护的人身监护社会化

此后,对于福祉专员 X 的行为,监护人 C 根据《人身保护法》第 2 条及《人身保护规则》第 4 条,向法院提出"人身保护请求"申诉。[1] 人身保护法是指"以通过司法审判迅速且容易地恢复被非法剥夺的人身自由为目的""根据该法规定,被限制人身自由的人不必走法律程序即可申请救济"。

最终,在大阪残障运动先驱 B 的斡旋下,福祉专员 X 和监护人 C 的冲突才得以解决。C 撤销了"人身保护请求",A 则留在该社会福祉法人的机构继续以往的生活。

接下来,笔者从福祉专员 X、监护人 C、A 身边负责照护工作的 Y(社会福祉士)以及笔者对 A 的观察记录等多角度对本案例进行分析。

(二)福祉专员 X(社会福祉士)的认识与见解

福祉专员 X 对本案例的认识和观点如下。另外,以下的记录是笔者向福祉专员 X 询问了本案例的相关情况并在此基础上整理成文的。

从 2013 年到 2017 年,笔者对福祉专员 X 进行了十几

---

[1] 《人身保护法》第 2 条是指"没有通过法律上的正当手续,被限制人身自由的人根据本法的规定可申请救助"。另外,《人身保护规则》第 4 条规定,"本法第 2 条所指的申请只能在以下情况下提出:明显违反法律规定的手续或程序的情况下做出限制或有关限制的司法裁决及处分。但是,若存在可实现其救济目的的其他适当手段,则不得提出申请,除非该手段已明确无法在合理时间内实现其救济目的"。

次访谈和参与观察，进行了长时间的调查。笔者在田野调查中，与福祉专员 X 一起考虑成年监护制度所面临的课题和问题点并一起开展活动。在此过程中，笔者与福祉专员 X 建立了信赖关系，为引起更多研究者关注成年监护制度，笔者将本案例撰写成社会学论文并在刊物发表。

2000 年前后，在 A 的暴力行为终于稍稍有所平息时，他的父亲去世了，两年后，母亲也去世了。父母生前长年遭受 A 的暴力和 A 姐姐的谩骂，精神很痛苦。夫妻俩曾一起去福祉专员 X 那里咨询过离婚的事情，为残疾的姐姐办理了委托入住机构。实际上，身体残疾的姐姐虽在该法人的集体之家体验了生活，但姐姐并不适应以智障者为中心的服务环境。

姐姐作为残疾人一直积极参与残疾人解放运动，曾在金融机构工作过一段时间，花钱大手大脚，还缠着父亲要钱。A 的亲属只剩下姐姐了，在其母亲的葬礼之后，福祉专员 X 批评了姐姐"想想你母亲有多不容易吧"，这是站在做父母立场所说的，但姐姐听了后很反感，并且开始回避与 X 的交往。此外，姐姐意识到自己比 A 大，产生了想要代替父母照顾 A 的想法。

第五章 基于成年监护的人身监护社会化

　　然后，以父母的遗产分割为契机，姐姐为了确定自己和弟弟 A 的份额，向当地的律师协会咨询是不是可以利用成年监护制度。在决定 A 的遗产份额时，福祉专员 X 作为 A 的代理人主张应将姐姐获得的生前赠予资金也一并考虑在内，但姐姐认为那些钱是父母给的零花钱，在财产分割问题上她会和成年监护人商量，告诉 X "请你不要再多嘴了"。

　　从这件事以后，姐姐希望将 A 的住所（在该集体之家居住了 30 年）从该集体之家转到自己附近（但福祉专员 X 认为 A 父母的遗愿是 A 能在该集体之家继续生活）。2011 年姐姐向家庭法院申请成年监护，律师 C 作为第三方被选定为 A 的成年监护人。这是 C 第一次担任监护人。C 在被选定后拜访集体之家并与 A 会面。由于当时 C 还没有提出要变更 A 的住所，所以双方并没有就当事人住在哪里进行商议。

　　之后，在福祉专员 X 与姐姐意见不统一的情况下，监护人 C 提议让当事人搬家。当 C 再次前往集体之家的时候还带来了同一律师事务所的 7 位律师，一共是 8 个人。他们在未与 A 见面（确认当事人的想法）的情况下，迫使福祉专员 X

"把给 A 的权利交出来"。X 告知他们，集体之家是私人领地，不许他们踏入一步。双方在道路和机构属地边界间经过一番争论，X 拒绝将 A 交给监护人 C。因为数年前 X 身边也发生过类似事件，为保护 A 不被监护人强行带走别无他法。

一个多月以后，上述 8 名律师以违反人身保护法为由起诉福祉专员 X，案件名为"人身保护请求"。在整个案件审判过程中，法院向 X 陈述如下："如果是成年监护人决定的则没有办法。代替当事人签订合同的是成年监护人，撤销也理应由监护人提出。因此，（与贵会的）合同已经因成年监护人的产生而作废了。"

之后不久，X 就向号召成立"全国残疾人解放运动联络会议（全残连）"的 B 进行了咨询。大约 30 年前，A 就是在（全残联的创始人之一）B 的引荐下被该集体之家所接收。在 B 的介绍下，得到了援助全残联的律师 D 的协助。律师 D 说服了监护人 C，这是因为监护人 C 与律师 D 之前就相互认识才有可能。通过 D 的斡旋，C 撤销了基于《人身保护法》的诉讼。就这样，诉讼问题得以解决。监护人 C 在那之后的一年左右都没有去过集体之家（也没有和 A 见面）。现在每月有一

第五章　基于成年监护的人身监护社会化

次会计方面的手续往来,每年夏天去拜访 A。A 现在也和以前一样,留在该集体之家继续生活着。

上面笔者通过对福祉专员的 X 进行访谈,获得了本案例的详细信息,包括在《福利劳动》杂志上刊载的论文中因篇幅所限而省略的内容,特别是了解了当事人入住该福利机构的整个经过,了解了 X 数十年来与当事人及其家人之间的交往。笔者在下一部分拟基于监护人 C 的认识和见解从其他视角来剖析本案例。

(三) 监护人 C(律师)的认识与见解

这是监护人 C(律师)对本案例的认识和见解。以下内容基于两方面资料构成。本案例分析前半段是由监护人 C 自己总结并提供文件资料,后半段是笔者基于对监护人 C 实施的访谈而写成的文章。笔者在公开以下内容时每次都会向 C 确认并征得其同意。

缘由

2011 年 1 月,姐姐提出成年监护申请,同年 6 月,律师 C 被选定为监护人。由于集体之家不配合调取监护所需的文件以及家庭法院的调查,所以从申请到选定的过程花费了 5 个月左右的时间。姐姐认为集体之家虽然管理着 A 的财产,但并不透明，想和弟弟 A 自由地见面，集体之家也不配合。为了随时都可以探望 A，姐姐当时就向成年监护人 C 提出了想要变更 A 所在入住机构的愿望。

2011 年 8 月，监护人 C 在集体之家与 A、福祉专员 X 以及 X 的妻子进行了交谈。X 从一开始就表现出了对监护制度的不信任和不合作的态度。虽然监护人 C 事先发消息联络，要求该福利法人交出 A 的存折和财产方面的全套资料，但当天该福利法人并没有移交相关材料。当时，X 的妻子还说："如果当事人（A）离开集体之家，姐姐能够全方位照看的话，我们没意见。"

虽然姐姐也向该福利法人表达了想和 A 一起过盂兰盆节的意愿，却遭到 X 等人的拒绝。之后，监护人 C 再次拜访了该福利法人，接手了 A 的存折等财产方面的资料。监护人 C 认为，A 不能自由地与亲属见面是个问题，而且从 X 的态度来看，让其协助监护似乎也不大可能，监护人 C 与相关人员就 A 的经济状况、机构的变更进行了磋商。倘若再更具体商议变更入住机构的话，A 还得与新的接收机构面谈，为此，监护人 C 提前向 X 等人寻求协助。此外，继续推进 A 父母的遗产分割。

第五章 基于成年监护的人身监护社会化

2011年12月,姐姐想邀请弟弟中旬来自己家住上一段时间,故向该福利法人致电。沟通中X的妻子提出钱的问题,双方发生口角。姐姐说正在考虑变更为新机构,X的妻子怒吼道:"既然你那么任性的话,明天你就把A带回去吧。"

过了几天,C为A和其姐姐的会面打电话联络时,X的妻子问他:"从A的姐姐那里听说你们要把他转到其他机构,是真的吗?"他说:"这件事正在讨论,但也不应该因此而受谴责。"X的妻子说:"虽然我们知道无权阻拦你们换机构,但如果A的姐姐对我们这么不信任,照顾A也是件辛苦事,我们希望她马上办理离所手续。"律师C说就算是改变机构,但因为还没有定下来接收的新机构,会就尽快离开集体之家进行商议,然后挂断了电话。

之后,虽然姐姐和该福利法人暂时谈妥了弟弟正月在姐姐家里过的事,为了协商,姐姐的丈夫给该福利法人打去电话,X的妻子以各种理由搪塞,摆出了不想让A回家暂住的态度。姐姐的丈夫表示,"接下来想帮A换一家机构",X的妻子说,"你要是这么想的话,那就立刻搬出去吧"。当姐姐的丈夫问道"立刻是什么时候?"时,X的妻子回答说:"与我们机构的合同 12 月底结束。"

律师 C 从姐姐那里听说了上述经过,表示在 A 入住新的集体之家之前,由姐姐、姐夫二人监护,因此对集体之家发去了文书:"如果你们解除合同,A 不得不在 12 月底离开该法人机构,我会在 12 月下旬去接回当事人 A。"

然而,该福利法人改变了态度,主张"变更当事人 A 的机构是越权行为,是践踏人权",向律师 C 发送了要求其前往集体之家进行商议的文书。律师 C 再次邮递了证明文件,告知集体之家,"与贵法人的合同将于 2011 年 12 月 30 日解除,同日将去接回 A"。

2011 年 12 月 30 日,姐姐、姐夫、监护人 C 和多名律师去接 A,福祉专员 X 主张"擅自寻找其他机构不合乎常理""A 父母的想法还生效,是不会放 A 出去的""现在正在和家庭法院商量,等待家庭法院的判断",于是拒绝了接回 A 的请求。律师 C 等人说,希望把 A 带到这里来,X 说"A 去想去的地方玩了,不在这里",律师 C 也没能和 A 见上面。

律师 C 于 2012 年 2 月针对 X 与其妻子,向法院提出了人身保护请求。之后,D 律师介入了

第五章　基于成年监护的人身监护社会化

（协助C的律师认识律师D，但律师C和律师D之间并不直接认识）。律师D语气强硬地表示，A患有自闭症，变更居住场所可能会对其当事人带来不良影响，在这种情况下监护人能负得了这个责任吗？

D律师的上述观点以及在此期间A和姐姐多次会面，姐姐和该法人的关系也多少有所改善，此外，监护人和集体之家之间也一直保持沟通。所以双方才最终谈妥，律师C也于2012年5月撤销了人身保护请求。

撤销人身保护请求后，律师C梳理了A与集体之家的合同关系和资金关系。在2014年9月与当事人A见面时，参观了A平时生活的集体之家。之后，C每月履行一次会计方面的文书，每年夏天与A面谈一次。

以上是笔者为本书中的案例研究，将监护人C事后整个经过进行回顾，并对该案例进行重新梳理写成的文章（笔者于2017年5月22日收到）。接下来介绍一下笔者对监护人C实施的半结构化访谈。对监护人C的访谈于2015年2月22日在C的律师事务所进行。

笔者对监护人C（律师）的半结构化访谈及其回答

领悟当事人A的想法后是否就可以完全相信

他的话呢。当事人判断能力减退是利用申请成年监护制度的前提条件。因此，要想了解 A 真正的想法还须倾听 A 周围人怎么说。在本案例中，周围的人就是 A 的姐姐和福祉专员 X。

但福祉专员 X 在准备申请成年监护人阶段不提交智障诊断书等文件，采取不合作态度，从一开始就表现出对监护人的敌意。在利用成年监护制度这件事上态度蛮横。从 X 口中说出的话也有一种威胁的意味。从这件事来看，机构方面的协助是不可或缺的，否则无法见到当事人 A。

当亲属的意见和援助者的意见发生冲突时，成年监护人客观地判断双方意见非常重要。当然，亲属不是顾客，成年监护人也不是姐姐的代理人。这次，可将作为亲属的姐姐的意见理解为：（1）A 应该有变更机构的自由，为什么不能尝试其他的机构呢？（2）想弄清楚集体之家是如何（在机构中）管理 A 的金钱，从这点来看，家人能够与 A 自由见面是理所当然的事情，在金钱方面表达对集体之家的不信任也有必要。一开始，我还怀疑双方是不是有金钱纠纷，结果确认了在金钱管理上没有问题，虽然管理方式有点粗放，但没有问题。

第五章　基于成年监护的人身监护社会化

作为成年监护人，我确认了集体之家没有虐待 A，也没有挪用 A 的财产。在此基础上，关于自闭症，我（成年监护人）不是专业人士，对自闭症的理解也不深刻，所以对转移住所带来的问题认识不足。目前，我接受委托担任两家（除了本案例外还有 1 家）监护人。

监护人 C 就该案例阐述了上述认识和观点，特别是关于当时的决定和判断根据，将 A 的话作为他本人的意愿来听取也是慎重的。该案例中从哪里能反映出 A 对其住所表达的意愿呢？之后，笔者从一直在 A 身边进行援助的福祉专员 Y 的视角确认了当事人的意愿。福祉专员 Y 又是如何看待福祉专员 X 与监护人 C 之间发生的事呢？

（四）另一位福祉专员 Y（社会福祉士）的认识与见解

福祉专员 Y 是一名社会福祉士，在 X 担任理事长的该福利法人集体之家与 A 同吃同住。作为 A 的具体负责人员，福祉专员 Y 和 A 一起度过的时间很长，是最了解 A 的想法和表达方法的援助者之一。

以下记述是笔者对福祉专员 Y 的访谈，倾听他是如何感知 A 在日常生活中的想法，并将这些话转化为文字写成文章。对福祉专员 Y 的访谈于 2015 年 2 月 22 日在该社会福祉法人机构内实施。

A 对在电视上播放的动漫等才会表现出兴趣来。另外，如果听到熟悉的音乐就会立即说出"Candies!"[1] 如果不事先告知 A 具体安排的话，A 马上就会陷入情绪混乱，会经常询问"现在在哪里？""你要去哪里？"感到厌烦的时候，A 会明确地说讨厌。基于这些理由，可以认为 A 能够明确地表达自身的想法。

几年前的某一天，在面向残疾人的音乐会上，A 曾和姐姐一起同行。A 因为和姐姐在一起不自在，虽然没有主动说话，但也没有表现出不愿意和姐姐在一起的样子。此外，还能看得出姐姐对弟弟 A 的挂念。领悟到了姐姐想要在 A 身边一起生活的坦率想法。在这一点上，Y 对于姐姐的印象与 X 有所不同。

当问到星期天想做什么时，A 明确地说"想去××"。这些想去的地方大多是在 A 出生成长的地方附近，有 30 分钟左右的车程。有时发现 A 不见了，也可以在这些场所附近找到他。虽然 A

---

1 Candies，20 世纪 70 年代日本最活跃的女子偶像组合。——译者注

第五章　基于成年监护的人身监护社会化

会发生这些情况，但也没有拒绝过回集体之家。因此，笔者认为 A 知道现在生活的地方是集体之家，但偶尔还会非常想去自己喜欢的、从小成长的地方。

如果事先告知 A 的话，旅行或在一个新地方干些什么的也是可以的。因此，他未必会因场所的变化产生头脑混乱。

福祉专员 X 认为，姐姐想把 A 接到自己附近生活的愿望并没有站在当事人 A 的立场上。因此，福祉专员 X 出于保护 A 的考虑，拒绝了姐姐的请求。但福祉专员 Y 领悟到了姐姐想和 A 一起生活的坦率心情。Y 认为只要充分理解 A 的残疾特点，多留意照顾和积极应对的话，改变住所也未尝不可。像这样，即便同样身为福祉专员，X 和 Y 之间在 A 的住所问题上也存在认识和见解的差异。

（五）笔者与 A 本人交谈时的观察记录

笔者在对福祉专员 X（社会福利工作者）、监护人 C（律师）、福祉专员 Y（社会福利工作者）实施访谈后，再次与 A 本人进行了面谈。笔者在与 A 交流的同时，确认福祉专员 X、监护人 C、福祉专员 Y 从各自视角出发捕捉当事人意愿的表达方式。

与 A 本人的面谈是 2015 年 2 月 22 日白天在集体之家进行的，加上当天晚上又访问了 A 生活的集体之家，实施了参与观察。23 日，也在集体之家观察了 A 的白天活动情况。我尽可能主动打招呼，试着与 A 交流，努力理解 A 表达想法的方式。笔者对当时的观察记录如下。

  大概是事先福祉专员 Y 向 A 反复讲述了当天的安排，A 一进到笔者和福祉专员 X 谈话的房间里，就喊着笔者的名字"某某先生"并鞠了一躬。A 被福祉专员 X 催促着就座，坐到了椅子上显出一副局促不安的样子。福祉专员 X 让 A 从笔者带来的点心盒里挑选喜欢的食物，问他喜欢哪一个。A 读着包装上的文字，嘴里嘟囔着"蓝莓"，然后拿在手里吃了。笔者问 A："你觉得在集体之家生活得好吗？""我不知道！"他清楚地大声回答。过了几分钟，A 心神不定地站了起来，开始在房间里以 3 米左右的距离来回走动，不久就离开了房间。过了一会儿楼上传来了一阵呼喊声。福祉专员 X 说，A 因情绪紧张陷入狂躁状态。

  第二天，笔者又造访了集体之家，并试着在 A 坐着的作业用的机器对面坐了 15 分钟左右，没跟他说话，只是静静地观察着福祉专员 Y 与他的交谈。对"昨天星期天你都干什么了?""早饭吃了什么?"这样的提问,A 有时沉默不语,有时又像前一天那样大声回答"不知道!"。之后,过了 2 个小时左右,A 又来到了笔者的身边。福祉专员 Y 说,"他好像想和您(笔者)说说话",可能由于找不到什么话题,A 最后并没有说什么。他不时地将视线转向我这边,好像确认我还在不在。过了一会儿,笔者回去时和 A 打招呼,发现他正从旁边镜子里望向笔者。

通过面谈,笔者发现 A 能够明确表达自己的好恶,而且只有在有安全感的情况下才能冷静地站在原地。笔者通过自己的观察后发现,虽然 A 不是每次都能够表达自己的想法,但对值得信赖的人还是会表达自己想法的。截至 2017 年,笔者每年在一些活动场合都会与 A 见上几面,A 就这样慢慢与笔者熟识了。现在即使 A 与笔者同处一室也不会头脑混乱,开始把笔者当熟人看待。

四、围绕当事人意愿专职人员之间的对立和三个分析标准

从本节的问题设定来看,本案例的要点可以总结为以

下三点。

第一，在成年监护人和福祉专员 X 帮助当事人实现自我决定的措施和方法方面，作为成年监护人的法律从业人员（律师 C）未能与 A 碰面并确认当事人的想法（由于 X 的阻拦，无法会面）。从福祉专员 X 的角度来看，监护人 C 忽视了 A 的"想法"，想要将 A 的住所转移到亲属附近。

第二，当事人 A 的父母在世时与福祉专员 X 在长年交往过程中形成了彼此信赖关系，A 的生活也较为安定。父母去世后，亲属（姐姐）和福祉专员 X 的关系恶化。A 要想继承遗产就必须申请成年监护人等。由此，监护人和福祉专员 X 之间围绕着如何援助 A 产生了冲突。

第三，由于围绕 A 的援助方式产生了冲突，同时，当事人的代理人法律专职监护人与福祉专员之间没能建立一个与 A 共同交流的机制。

如前所述，智障人士自我决定是以当事人和福祉专员的关系为中心展开论述的。与此相对，本节将当事人作为利益相关者纳入其中，探讨对当事人的自我决定产生怎样的影响，这是很有意义的。因此，接下来从当事人、福祉专员、监护人的三方关系（包含亲属的话为四方关系）考察自我决定的理想状态。具体从以下三个分析标准重新探讨：（1）当事人意愿的把握方法；（2）监护人的信息来源；（3）专职人员间的合作。

第五章　基于成年监护的人身监护社会化

首先，(1) 关于当事人意愿的把握方法。在福祉专员和成年监护人之间，对患有智障的 A 的意愿的把握方法及其处理方式不同。作为福祉专员的 X 和 Y 都认为 A 有表达自身意愿的能力。相比从谈话和举止中领悟 A 明确的表达，监护人 C 原封不动地全盘接受了 A 的主张。正如前文所述"在了解 A 的想法时，是否可以完全相信 A 本人的话？"当事人正是因为判断能力减退才使用成年监护人的。因此，监护人应慎重听取当事人的表述。

其次，(2) 关于监护人的信息来源。监护人 C 并没有通过与 A 的交谈来确认 A 是如何表述自身想法的，除了上述"是否可以完全相信当事人 A 的话？"除此之外，从办理成年监护申请手续之初开始，福祉专员 X 对监护人 C 持不合作态度。监护人 C 无法与 A 以及福祉专员自由交流。几年前，在该集体之家也发生了同样的事件。福祉专员 X 对于监护人 C 心怀戒备是事实。从这些情况来看，监护人即使想要确认当事人的想法也无法与他见面。

这样一来，成年监护人推断 A 想法的信息来源就被锁定在了唯一的亲属——姐姐身上。根据笔录，姐姐主张让 A 住在自己附近，并且不信任机构方面管理弟弟的财务。福祉专员 X 和监护人 C 和作为唯一亲属的姐姐，到底谁能代替 A 并表达他的想法呢？笔者认为，一方面，无论是福祉专员 X 抑或是没有见过当事人 A 的监护人 C，还是几乎近30年没有见过A的姐姐,都没法完全理解A的想法。另一方面,虽然监护人C认为有必要了解亲属和福祉专员X的意见,但实际上只是把亲属的主张作为A的想法而采取行动。

最后,(3)专职人员间的合作。由于监护人C与福祉专员X之间关系恶化,因此C在未能见到当事人A的情况下迫不得已办理了一些手续。作为当事人自我决定的法定代理人,监护人与同一事务所的7名律师直接提出接回A的要求,随后采取了"人身保护请求"的法律措施。围绕A的援助问题,原本是为了寻求A的最大利益(最佳选择),专职监护人和福祉专员理应互相合作的关系沦为站在各自立场相互攻击的地步。

五、基于人身监护的协商机制的社会化

(一)对当事人意愿的理解和专业性的差异

首先,笔者拟探讨福祉专员与法律出身的监护人的援助理念并考察其差异。

在对智障人士自我决定的援助中,援助者之间"领悟当事人的意愿"以及对援助内容形成共识、树立共同目标

第五章　基于成年监护的人身监护社会化

是很重要的。[1] 本案例中，专职人员在援助理念上存在着明显差异，很难从共识/共同目标出发把握援助内容以及方法。福祉专员 X 虽然承认当事人想法很重要，但并没能将 A 表述的"想法"作为当事人的本意予以落实。

一方面，福祉专员和法律专职监护人在如何把握智障人士想法上存在着专业差异。"爱知县身心障碍群体研究所"的职员认为，福祉专员思考对智障人士自我决定的援助指的是"既要反映当事人的要求，也要在日常工作和生活场所中让其得以实现"。[2] 也就是说，福祉专员所思考的自我决定援助理念是，将当事人表达的意思理解为当事人的要求对其日常生活进行援助并使其落实。

另一方面，从法律领域专职监护人"能完全听当事人说的话吗"的言论中体现出，他们承认当事人所表达的想法，但认为在决定援助方针上应保持中立。这里当事人表达的"意愿"与当事人最佳选择的客观判断未必一致。的确，在实际援助中，最佳选择往往优先于当事人的"意愿"。正如"仅靠自我决定和尊重当事人意愿，有时无法保

1　千葉伸彦「障害のある人の自己決定－重度知的障害者支援に関する一考察」、『東北福祉大学大学院総合福祉学研究科社会福祉学専攻紀要』、2003、1期、62頁。

2　渡部匡隆、望月昭、野崎和子「知的障害をもつ個人の自己決定に基づくQOLの向上－作業場面において本人の要求が実現されるための援助方法の検討」、『日本行動分析学会年次大会プログラム発表論文集』、1998、16期、58—59頁。

护当事人的生命，也无法实现福利"，在权利维护方面，"从专业角度出发，即便侵犯了当事人的个人权利，出于保护当事人的立场也应对其进行专业性和社会性的紧急保护和危机介入援助"。[1]

监护人虽然需要支持当事人的自我决定，但不能照搬当事人的想法，而应从其他途径讨论当事人的最佳利益。最佳利益的讨论与介入权利侵害是两个不同的问题，应分开予以讨论。这事关人权，对所有的援助者来说无论什么专业都是共通的援助原则。针对这一问题，本节关注的问题是：在当事人表达了自己想法的时候，以监护人为代表的专家如何后退一步慎重地去理解当事人的想法，尤其需要重新审视的是，监护人在探讨当事人最佳选择时是否充分掌握了应掌握的信息。

事实上笔者了解到的是，监护人 C 并没有掌握 A 当下生活在这样环境下的心情，对自闭症的特征知之甚少，也未能对重要信息来源之一的福祉专员 X 和 Y 就 A 的情况进行询问。结果亲属（姐姐）这个唯一的信息源决定了对 A 的援助方针。因此，不能说是在对 A 最佳选择的讨论基础上决定的援助。有人指出，监护人在有限的信息中独自做出决定容易出现代理失误，这种家长式做法会带来较高的

---

[1] 池田惠利子「社会福祉士と権利擁護」、新井誠、池田惠利子、金川洋『権利擁護と成年後見 MINERVA 社会福祉士養成テキストブック17』、ミネルヴァ書房、2009、2—11頁。

第五章　基于成年监护的人身监护社会化

风险，理想的状态应该是，"探索不被专家所支配的成年监护制度的援助方法。多位专家参与到一位当事人的案例中来，以多位专家的权力抗衡某一位专家的权力"。[1] 监护人在决定援助方针的时候也要多加考虑如何避免从单一的信息源想当然地得出当事人的意愿。

又一方面，我们可以从该案例中得到福祉专员与监护人相处方式的启示。福祉专员 X 认为自己最了解当事人 A 的意愿，故而对于监护人、当事人姐姐的主张充耳不闻。然而，笔者认为正确的做法应该是：福祉专员 X 暂时收起对监护人的不信任，向监护人传递已经定下来商议当事人最佳利益的机制。在协商的时候，福祉专员 X 应冷静地告诉监护人，如何根据当事人的言行举止判断其想法和自闭症的特性。福祉专员应向法律领域的监护人分享援助智障人士的常识，专业不同的专职人员对当事人进行援助时，尤为重要的是建立一个相互沟通达成共同援助目标的机制。

正如监护人自己声称对于自闭症的了解是"门外汉"一样，专职人员在自身专业领域是专家，但在成年监护方面未必算得上专家，这一点也很重要。专职监护人的专业性只不过是指拥有不同专业资格的专业性。[2] 即使是法律

---

[1] 中西正司、上野千鶴子『当事者主権』、岩波書店、2004、180—181 頁。
[2] 上山泰「成年後見制度の最近の傾向」、新井誠、池田惠利子、金川洋『権利擁護と成年後見 MINERVA 社会福祉士養成テキストブック17』、ミネルヴァ書房、2009、104 頁。

从业人员也并不意味着是成年监护的专家。第三章和第四章显示专职监护人比当初预想的要多。以法律界人士为代表的各类专职人员以选定监护人为契机越来越多地踏入先前从未涉足的福利现场。在这一职务变化的过程中,一直以来在法律框架内从事的职业中加入了福利要素,要求他们从监护人的立场对福利领域中援助自我决定的应有状态要有一定了解。

(二)法律职亲属的定位和照护待遇决定的应有状态

其次,从法律领域专职监护人的工作方法和特性来考察监护人的援助,特别是监护人与希望利用成年监护人制度的亲属的关系。

在本案例中,监护人仅从亲属那里得到了援助当事人的信息来源,这是为什么呢?除了与上述福祉专员之间的关系问题之外,难道就没有其他理由吗?笔者想从与专职人员特殊关系来予以探讨。对于法律领域专职监护人来说,在决定当事人的援助方针方面,比起与表达不清楚的当事人进行沟通,向亲属了解当事人的意愿可能更快更可靠。这与法律界特有的工作方式不无关系。对于法律领域专职监护人来说,大多数情况下被委托人都是明文规定的,特别是委托人的咨询以及基于合同的律师业务,其开始和结

第五章　基于成年监护的人身监护社会化

束都是有明确规定的。[1] 而且每位专职人员在职业生涯中凭经验掌握的工作推进方法[2]"与个人身上的职业印记密不可分"。[3]

当法律从业人员被选为监护人、成为当事人的代理人时，这个前提就会动摇。首先，确认当事人的想法并不容易，即使有福祉专员作为当事人的代理人，对监护人来说也只是提供福利服务的对象，像这次的服务选择机制，监护人从利益冲突的视角出发不得不采取慎重的中立立场，这样一种机制潜藏着一定风险，监护人容易成为亲属的委托人。如果选定的监护人不具备与意愿表述困难的当事人进行沟通的能力，亲属的存在及其发言的分量是否会增大呢？[4] 这样就产生一种倾向，即跳过了作为委托人的当事人的想法，在和亲属关系的基础上进行判断和选择。按照疑似委托人的意见开展工作，这在那些一直关注当事人的参与者眼里似乎是在当事人缺席的情况下做出了重要决定。

解决这个问题的关键还在于，监护人是否已建立了以当事人为中心牵头决定护理待遇的协商机制。在联合国残

---

[1] 与此相对，福祉专员与委托人之间的关系对比鲜明。从福利服务的使用合同来看，签订合同前和合同结束后都有援助工作要做。

[2] Hughes, E. C., *Men and Their Work* (New York: The Free Press, 1958).

[3] 三井さよ「生活の場での協働/専門職性（シンポジウム「チーム医療教育をどうするか？—チーム医療の時代の従事者の教育」）」、『保健医療社会学論集』、2013、23卷2期、34頁。

[4] 当事人和家属本来就是不同的主体。家属代理事务的过程中也潜藏着家长主义，以监护人为首的相关援助人士必须自觉地意识到这一点。

疾人权利公约签署前的委员会上,残疾人提出"不要把我们排除在外"(Nothing About Us Without Us),成年监护人在落实当事人意愿时也要遵循这一原则。[1] 根据这一观点,作为当事人法定代理人的监护人,必要时有与当事人见面的权利和义务。在立场上,监护人可向福祉专员提出与当事人会面的强烈要求。此外,还可以要求召集包括亲属、行政人员、福祉专员等在内的人员建立就当事人照护待遇问题进行协商的机制(援助会议)。有了协商机制,监护人就能听到各方人士提出当事人的最佳选择。这样一来,当事人的视角就被置于讨论的中心位置。此时,从追求当事人最佳选择的视角来看,拒绝监护人与当事人见面的要求或拒绝召开援助会议是不可以的,这也需要福祉专员有合作的态度(同时严禁监护人单方面将当事人带到其他地方)。

不同立场的专家从多角度对当事人的最佳利益进行协商的机制,对于在大多数情况下将个人(当事人)财产管理和决策委托给某人(监护人)的成年监护制度来说起着决定性作用。"把自己的一切委托给一位专家进行全人格(行为和心理)的管理,归根结底是一种包办替代",与此相对,医疗、福利、法律、财产等领域的各个专家"互相

---

[1] 长期以来,人们都认为现行的成年监护制度违反了《残疾人权利公约》(该公约于 2006 年 12 月 13 日由联合国大会通过,并于 2007 年 3 月 30 日开放供签字,2014 年日本批准了该公约),但在此之前,第 41 期『実践 成年後見』(新井诚编,2012)中就已经编辑了"残疾人权利公约与成年监护"特集。

监督，建立合作关系"，建立一种"以多位专家的权力制衡一位专家的权力，并使之弱化"结构，才有可能"避免出现权力代理和专职人员控制"这样的局面。[1] 防止监护人的家长式统治，绝不能忽视构建以当事人为中心的专职人员间的协商机制。

"成年监护人在办理与成年被监护人（当事人）的生活、疗养看护以及财产管理相关的事务时，务必尊重当事人的意愿，且务必考虑其身心状态及生活状况（民法第858条）"。监护人在进行人身监护方面具有最大限度确认当事人意愿的义务。因此，希望相关参与者之间建立决定照护待遇的机制，在监护人的权利和责任允许的范围召开协商会议。

（三）从当事人的意愿看自我决定援助的验证

前文论述了法律专职监护人和福祉专员领悟当事人"意愿"以及自我决定援助方法上的差异，法律人士凭经验的做法以及援助会议的重要性。在这一案例中，假设诸位专职人员以 A 为中心召开了协商会议，现在的社会福祉法人将 A 留在集体之家的决定是否基于 A 的"意愿"，对此，笔者将再次进行探讨。

本案例最大的争论是围绕 A 的住所问题。起因是姐姐

---

[1] 中西正司、上野千鶴子『当事者主権』、岩波書店、2004、180—181頁。

想与 A 住得近些，向家庭法院提请为 A 选定了监护人，该监护人想要解除 A 与集体之家的合同，将 A 转到其他地方。对于姐姐想让 A 搬到离自己近的另一个社会福祉法人运营的集体之家的提议，笔者以"另一位福祉专员 Y（社会福祉士）的认识和见解"的记述内容为中心，来验证各相关人员了解到的当事人的意愿是否从其最佳利益出发的。

当 A 被问到想做什么时，"他明确回答'想去某处'"，同时，呈现出"讨厌的时候明确说讨厌"的性格，清晰地表达了想住在哪里的意愿。而且，如果有时间"想去出生和小时候长大的地方附近"，姐姐的居住地是 A 出生成长的地方，是他喜欢的地方。一方面，姐姐产生了"想和 A 一起生活的真实心情"，也有发自手足情谊的"对弟弟 A 的挂念"。A "也没有表现出不愿意与姐姐在一起的样子"。

这些都是从 A 身边的福祉专员 Y 那里得到的信息。监护人即使与当事人 A 见面，A 也很难表达出上述内容，传递给监护人的是不明确的信息（这里显示出协商机制的重要性）。在反映上述事实和条件的基础上，可以判断 A 的"意愿"是想留在现在的集体之家还是搬到姐姐家附近的机构。也就是说，由于"A 知道现在生活的地方是自己的家，在这一基础上"，"也没有拒绝过回集体之家"，所以，可以推测 A 并不讨厌现在的生活。另外，如果事先告知 A 的

第五章 基于成年监护的人身监护社会化

话,他"未必会因居住场所的变化受刺激",因此,按照姐姐的提议可以考虑尝试让 A 去其他的集体之家生活。

但在福祉专员 X 看来,住所变更不是暂时去住住,担心之后不能按照 A 的"意愿"回原来的集体之家,所以不能草率搬家,前提是福祉专员与监护人 C 之间构建了牢固的信赖关系,并且,即使 A 不拒绝在新的地方暂时生活,在决定正式搬迁时还应该考虑 A 为自闭症患者的特殊性。现在安定的生活是花了 30 年构筑起来的,A 的年龄已超过了 60 岁,今后再花 10 年来适应新的环境,尝试建立稳定的生活,其风险不容忽视。正是鉴于这一点,即便姐姐想和弟弟 A 住得近,或者弟弟 A 也想和姐姐住得近一些,但从最佳利益的视角出发,各方相关人士应在援助会议上对此进行认真探讨和磋商,并最终慎重地做出决定。

如上所述,(1) 对于 A 来说,创造生活场所是非常花费时间的事情,现在的生活也是经过了艰难的反复摸索和失败后所形成的;(2) 各方参与者共享了一些信息,包括当事人在集体之家的生活没有发生什么突出问题,以及福祉专员看到问题之后首次得出结论,就是让 A 重新建立新的生活场所可能缺乏合理性。到了这个阶段,当事人和当事人周围的全体参与人员终于可以对 A 在"自我决定"上进行援助了。[1]

但是，在这一"协议机制"下得出的结论终究是相关援助人士对 A 的"意愿"的一种领悟，各相关人士应意识到这只是目前暂时的最优方案。虽然已经明确了在目前阶段搬去姐姐家附近的集体之家这一决定不合理，但并不表示今后 A 的最佳利益不会改变。什么是当事人的最佳选择？这些都是由个别事例总结出来的，对当事人来说并不是永恒不变的，因此，在法律上无法定义。[2]

我们所能够做的是，经常把与当事人相关的援助人员聚集在一起，协商出一个大家都可以接受的宽泛的协议作为当事人 A 的最佳利益。因此，将来可能会要求相关援助人员重新对当时的最佳选择再次磋商。福利利用服务方面的理念是"以利用者为中心"，利用方的主张与福祉专员观点可能发生的冲突就隐藏在援助服务之中，[3] 协商机制社

---

[1] 正如所有人都是在与适当的人商量的情况下决定自身相关事宜一样，在围绕智障人士自我决定的讨论中，自我决定并不是指个人单独决定。近年来，上述观点逐渐成为主流。秋元认为，相较于"替代决定"，即使判断能力不足，在适当的帮助下也可以进行自我决定的"带有援助性质的意愿决定"（supported decision-making），参见细川瑞子『知的障害者の原理―「自己決定と保護」から新たな関係の構築へ』、信山社、2007。"接受他人的建议并不等于不是自己的想法"，参见秋元美世『社会福祉の利用者と人権―利用関係の多様化と権利保障』、有斐閣、2010。

[2] 菅富美枝「障害（者）法学の観点からみた成年後見制度―公的サービスとしての『意思決定支援』」、『大原社会問題研究所雑誌』、2012、641 期、59—77 頁。

[3] 米本秀仁「社会福祉の政策と実践を計画するための視座―『利用者本位』を手がかりに」、『社会福祉研究』、2012、113 期、18—24 頁。

第五章　基于成年监护的人身监护社会化

会化应该是福利事业运营者对利用者周围的危险和疑虑的一种回避。

(四) 利益相关者之间对立的组合

本节列举的案例是福祉专员与（接受亲属想法的）监护人对立的示意图（A 对 B、C）。除此之外，还可以设想各种潜在的组合。例如，有亲属和福祉专员一起孤立成年监护人的情况（B 对 A、C）。具体来说，可能会以监护人财产管理的透明性为由，向家庭法院提出解除监护人职务的请求。另外，还存在监护人与福祉专员结成一派孤立亲属的情况（C 对 A、B），利用第三方监护人常常由于这三种模式孕育出对立和冲突。

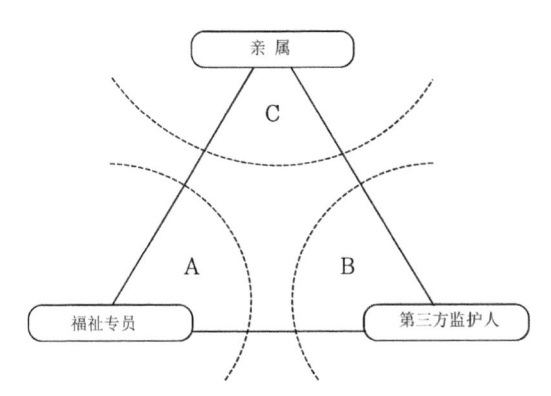

图 5-2　围绕第三方监护人的对立组合

资料来源：笔者制作。

本节采用福祉专员被孤立的示意图（A 对 B、C），将专职人员间共享"自我决定"理解以及互相协作作为解决对策。但本节提出的观点对于监护人被孤立的示意图（B对A、C）以及亲属被孤立的示意图（C对A、B）并不适用，还需要另外对各案例进行探讨和分析。

第三节　生活协同组合的成年监护
——从"人身监护"到生活援助

第五章第二节研究的是，监护人从人身监护方面帮助当事人决定住所时，基于自身权限和责任为当事人、亲属、福祉专员（根据情况由附近居民或民生委员、行政人员等担任）建立了协商机制，其理想状态是参与机制的各方从各自视角探讨当事人的最佳利益选择，且每次都能达成暂时的开放性意向。另外，还论述了监护人的人身监护和决策方式与其自身专业性（及其工作的推进方式）并非没有关系。

本节考察的是第三方监护中市民监护的人身监护。前文论述了大多数监护人是有专业资格的专职人员，本节以生活协同组合的成年监护事业为例，拟阐述市民参与成年监护的特征。这是由生活协同组合担任的法人监护，是劳动合作社进行的市民监护。目前来看，家庭法院出于对亲

第五章　基于成年监护的人身监护社会化

属监护存在一定风险的考虑，倾向于遴选有专业资格的专职人员担任成年监护人，这就抑制了市民监护和法人监护的数量。本节专门选取了生活协同组合这一法人组织实施的市民监护，拟展示市民监护应具有的援助方式，对不同于专职监护的市民监护的可行性进行再探讨。因此，笔者进行了访谈并参与观察以及以此为基础进行了案例研究，以期分析劳动合作社在生活协同组合成年监护事业中所特有的援助体制的特征。

截至目前，本书主要探讨了法定监护，本节拟从活动理念出发，将意定监护为服务中心的生活协同组合从事的成年监护事业作为分析对象探讨意定监护。笔者是从去专家、去专职的视角，重新探讨非专业性的、基于合作和团结互助等价值观的成年监护究竟是什么样的。

一、生协福利最前沿的成年监护事业

生活协同组合（以下简称"生协"）的成年监护事业始于2008年。生协从团购消费品[1]的配送出发，在家务护理、就餐、出行、育儿等服务制度化之前就开始应对民众

---

[1] 福祉俱乐部生协将食材和加工食品统称为"消费品"，把所经营的物品换成"消费品"而不是商品，是为了显示"使用方的意志"，"追求使用价值而不是商品价值"。参见福祉クラブ生活協同組合『ワーカーズコレクティブ—地域に広がる福祉クラブのたすけあい』、中央法規出版、2005。

需求提供以上服务。截至目前，生活协同组合的福利服务领域和服务对象不断扩大，逐渐扩大到了成年监护制度。

本节着眼于日本率先致力于成年监护事业的福祉俱乐部生活协同组合（以下简称"福祉俱乐部生协"）的措施。本节第三部分论述的是福祉俱乐部生协的组织特征及从事成年监护事业的意义。本节第四部分（案例研究①）和第五部分（案例研究②）分析的是生协的案例。在劳动合作社的援助形态/体制下提供的成年监护（特别是人身监护）有什么特征？[1] 阐明专职人员的人身监护与劳动合作社的人身监护有何不同。如果说生协的成年监护事业具有优势，其优势又在哪里？这是笔者希望探究的。

生协的成年监护事业确实扩大了生协的福利领域，然而，其价值绝不只是增加了一个援助领域而已。正如后文所述，此乃关乎生协存在意义的一大进步。为什么这么说呢，成年监护人其本质是为了贯彻当事人在财产管理和人身监护上的协商决定，所以，生协担任成年监护人（等）意味着陪伴会员直到生命的最后一刻，那生协又能陪伴会员多久呢？

从生协来看，既然自己作为意定监护人并与会员签订了合同，就不能中途（由于生协的原因）停止成年监护事

---

[1] 本节第四、第五部分是对税所 2016 年和 2017 年发表论文的大幅充实和全面修改。

第五章　基于成年监护的人身监护社会化

业，具有一旦开始就不会停止的特点。通常，生协在利用方会员与劳动合作社之间签订合同后开始提供服务。在成年监护事业中，"福祉俱乐部生活协同组合"是合同受权人。[1] 这是因为成年监护业务承担的风险太大，个体的劳动合作社无法承担这种风险。由此可见，成年监护是一份充满压力和挑战的工作。

特别是身份保证也是生协成年监护事业中的一项，因此，在事业的起步阶段各方围绕风险管理展开了激烈的争论。生协提供成年监护事业服务的同时也承担了极大的风险。不像以往生协只是在福利中增加了一个援助领域，从某种意义上可以说成年监护事业是站在生协福利的最前沿。[2] 本节将生协的成年监护事业定位于生协福利的前沿[3]并探讨其举措。

生协为何明知风险很大还要从事成年监护事业呢？或

---

[1] 福祉俱乐部生协与会员签订公平证书合同（由"事务委任合同"和"意定监护合同"组成），其第一条记载如下："委任者（甲）对受任者福祉俱乐部生活协同组合（乙）委任有关甲的人身监护及财产管理的事务（以下称'本案委任事务'），乙接受。"

[2] 在开展本调查时，据了解在全国的生活协同组合中，只有和歌山市的"纪之国医疗生活协同组合"致力于成年监护事业。因此，笔者与福祉俱乐部生协的理事一起拜访了"纪之国医疗生活协同组合"，并实施了访谈。据悉地区医疗的核心诊疗所与和歌山家庭法院密切合作，实现了"纪之国医疗生活协同组合"的法人监护。这里根据笔者2016年5月16日在"纪之国医疗生活协同组合"进行的访谈。

[3] 从生协视角，对生协的成年监护事业进行的研究尚属空白。本来，生协的成年监护事业在日本也仅有数家开展，是最先进的。

者说为什么生协必须开展成年监护事业呢？这与生协存在的意义密切相关。生协旨在将组织成立之初的理念"自我思考、自我决定"贯彻至会员生命的最后一刻，以伙伴的身份帮助会员福利。[1] 要想真正实现这一点，就不能将财产管理和人身监护（决定护理待遇）这一领域的特权委托给亲属，而是要由生协承担。生协坚信能妥善处理这一问题的不是远亲而是自己。

在现代家庭发生变化的过程中，协同组合部门如何参与并承担至今为止由家庭和亲属承担的财产管理和财产监护（决策）呢？带着这一问题意识，本节对生协的成年监护事业进行考察。

二、生协成年监护事业的定位

（一）从先行研究看生协的成年监护事业

生协的成年监护事业显示其位于地域福利中的生协研究与地域福利中的成年监护研究的交汇处，这是为了更全面地分析生协成年监护事业的意义。

截至目前，"生协作为地域福利主体的定位一直是受限制的"，地域福利与生协相互之间虽具很强的亲和性，其采

---

[1] 福祉クラブ生活協同組合『ワーカーズコレクティブ―地域に広がる福祉クラブのたすけあい』、中央法規、2005。

第五章　基于成年监护的人身监护社会化

取的措施"没能充分地凸显出来"。[1] 尽管"发现了制度没能应对的诸多需求",生协事业或会员凭借自发活动也开展了不少"应对各种社会课题和地区性课题的活动",[2] 但生协为什么一直没有被当作地域福利的主体呢?[3]

一种解释是,这是福利事业的特性导致的,[4] 也就是说"各地的生协并没有高调标榜自己'为社会作贡献,而是把提供会员所希望的、或地区所需要的服务当作'理所当然的事情'去做"。有人指出,生协既然是会员间的互助组织,其活动对象就应只限于会员福利。[5]

生协在很久以前就直面"是为了会员的福利还是地域的福利?"这一问题。现在,虽然生协的目的是提高会员的生活水平,但也有意见认为既然会员在本地区生活,如果本地区社会的整体状况堪忧,会员的生活品质也无法得到

---

[1] 山口浩平「社会資源としての生活協同組合」、『生活協同組合研究』、2011、424期、4頁。
[2] 山口浩平「社会資源としての生活協同組合」、『生活協同組合研究』、2011、424期、4頁。
[3] 将生协视作新的福利承担者进行探讨的开端是滩神户生协的居家福利相关研究,见『新しいコミュニティの創造—灘神戸生協の在宅福祉』(全国社会福祉協議会、1986)。参见朴姫淑「生協と福祉に対する研究成果と課題」、『生活協同組合研究』、2010、411期。
[4] 山口浩平「社会資源としての生活協同組合」、『生活協同組合研究』、2011、424期、4頁。
[5] 日本生活協同組合連合会地域福祉研究会『地域福祉研究会「報告書」——誰もが安心して暮らせる地域づくり』、日本生活協同組合連合会、2010、39頁。

提升。[1] 地域福利的理念原本就是，"居住在地区的人们自发组织起来营造人性化的令人安心生活的地区""在根本上与生活协同组合的原理是共通的"。[2] 身为地域社会的市民会员作为超老龄化、少子化社会的一员，没有把自己"托付给谁"，而是将选择"自我思考、自我决定"这一生活方式和工作方式的人们聚在一起，[3] 从这一角度进行思考的话，地域福利和生协福利之间便有了很强的融合性。

接下来，笔者将阐述意定监护对于推进地区综合护理体系具有的重要作用。在地域社会的生活中如何灵活运用成年监护制度这一课题早就为大家所关注。[4] "为了让老年人尽可能地在自己住惯的地区凭借自身能力独立生活，"[5] 在构建地域综合护理体系的过程中，成年监护制度作为该体系的一环被纳入进来。[6] 在这个意义上，生协的成年监护事业也可理解为是支持地域福利的一项重要举措。

---

[1] 日本生活協同組合連合会地域福祉研究会『地域福祉研究会「報告書」——誰もが安心して暮らせる地域づくり』、日本生活協同組合連合会、2010、39頁。

[2] 山口浩平「社会資源としての生活協同組合」、『生活協同組合研究』、2011、424期、4頁。

[3] 福祉クラブ生活協同組合『ワーカーズコレクティブ―地域に広がる福祉クラブのたすけあい』、中央法規出版、2005。

[4] 飯村史恵「成年後見制度と権利擁護システム」、『地域福祉研究』、1999、27期、43—50頁。

[5] 『持続可能な社会保障制度の確立を図るための改革の推進に関する法律』第4条第4款。

[6] 千野慎一郎「南アルプス市における地域包括ケアシステム構築への取組み」、『実践　成年後見』、2015、59期、38—43頁。山本繁樹「地域包括ケアシステムと成年後見人等による支援」、『実践　成年後見』、2015、59期、50—60頁。

第五章　基于成年监护的人身监护社会化

　　监护人维护权利的职能不仅要帮助当事人不再遭受身体和财产权利的侵害，还要尊重当事人的意愿，包括对当事人的自我实现进行援助。[1] 因此，普及成年监护制度仅仅依靠完善条件和机制是不够的，还要确保监护人和当事人之间建立起更深层次的联系。[2]

　　意定监护制度在推进地域福利的进程中十分重要，之所以这么说，是因为意定监护制度中当事人在有判断能力的情况下选择自己信赖的人，事先对将来的援助内容以公证方式进行约定。正如意定监护制度"可以理解为将自我决定具体化"[3] 所指出的，它比法定监护更容易贯彻当事人自我决定的制度。当今的状况是，成年监护制度中大部分属于法定监护，是当事人在缺乏判断能力时才首次面对监护人，这种情况占据援助与被援助关系的绝

---

[1] 岩间认为，帮助受害人免遭虐待等侵害是理所当然的权利维护，但不仅如此，代替当事人表达意愿，帮助他实现生活中的希望和愿望，更是一种"积极的权利维护"。参见岩间伸之「『市民後見人』とは何か―権利擁護と地域福祉の新たな担い手」、『社会福祉研究』、2012、113期。

[2] 岩間伸之「市民後見人の位置づけと活動特性（特集　市民後見人の養成・支援）」、『実践　成年後見』2012、42期、6頁。

[3] 菅富美枝「『意思決定支援』の観点からみた成年後見制度の再考」、菅富美枝編『成年後見制度の新たなグランド・デザイン』、法政大学大原社会問題研究所、2013、217頁。

大部分。[1] 与此相对，以"自我思考、自我决定"为理念的生协理所当然地选择了灵活运用意定监护制度。

这里简要阐述一下旨在实现自我决定理念而新引入的意定监护制度。[2] 意定监护制度分"即时型""未来型""转移型"三种模式。"即时型"指的是签订意定监护合同后立即申请遴选意定监护监督人并即时进行监护。"未来型"指的是在当事人有充分判断能力的情况下为将来做准备，签订合同，当判断能力下降时申请选定意定监护监督人，合同随即生效。在二者之间还有"转移型"。"转移型"指的是签订意定监护合同的同时也签订意定代理合同，在当事人有判断能力的情况下按照意定代理合同办理事务，判断能力下降后，向家庭法院申请选定意定监护监督人，再开始意定监护。

福祉俱乐部生协在意定监护制度中将"转移型"摆在了援助的中心位置。

---

[1] 例如，2018 年的数据显示，意定监护（选择意定监护监督人，意定监护合同生效的件数）为 764 件，相比之下，法定监护为 35 785 件。参见最高裁判所事务总局家庭局『成年後見関係事件の概況』、https://www.courts.go.jp/toukei_siryou/siryo/kouken/index.html。该最高法院事务总局家庭局每年公开的"成年监护相关案件概况"中的意定监护制度件数为"进行了意定监护监督人遴选的审查、意定监护合同生效的当事人"，计入意定监护监督人选择申请件数。需要注意的是，与生效前的意定监护合同登记件数不同。例如，像本节中处理的案例是"转移型"，因为在当事人判断能力下降之前，在事务委托合同中接受监护援助的情况不计入件数。

[2] 稲岡秀之「移行型任意後見契約」、『実践　成年後見』、2015、58 期、33 頁。

第五章　基于成年监护的人身监护社会化

(二) 市民监护、意定监护的特征及本节生协研究的创新性

生协的法人监护在第三方监护中也具有市民监护及意定监护的特征。笔者这里首先想阐述先前是如何讨论市民监护及意定监护的。市民监护人"不一定要有明确的定义"[1]可定义为,"通过研修等掌握监护活动所需的法律福利知识和实务应对能力的普通市民,经过家庭法院的裁定成为成年监护人,自发且诚实地从事监护活动为社会作贡献的人"。[2] 家庭法院相关人员认为,亲属以外的一般市民由于不具备"法律福利方面的知识",在选定一般市民担任监护人时态度"犹豫"。据说,近来社会福祉协议会把市民监护人作为选定监护人的条件,这样的情况增加了。[3]

但"市民监护人并不适合以签订意定监护人合同为前提的意定监护人制度",[4] 理由是,法定监护中市民监护人不但要受社会福祉协议会的培养与监督,还要受家庭法院选定的成年监护人的监督,而意定监护中市民监护人只需

---

[1] 上山泰『専門職後見人と身上監護』、民事法研究会、2008、52頁。
[2] 大貫正男「市民参加の成年後見制度―市民後見人の現状と課題」、『実践成年後見』、2010、32期、10頁。
[3] 大貫正男「市民参加の成年後見制度―市民後見人の現状と課題」、『実践成年後見』、2010、32期、9—10頁。
[4] 大貫正男「市民参加の成年後見制度―市民後見人の現状と課題」、『実践成年後見』、2010、32期、13頁。

接受意定监护监督人单方面监督。[1] 这使得家庭法院特别重视具有专业资格的专职人员（参照第四章第二节），同时对没有专业资格的人（市民）产生了根深蒂固的偏见。

与此相反，在社会福祉学的实践研究领域，市民监护一直是被从积极正面的角度去理解的。例如，市民监护的特征可列举以下几点：由于工作单位和住址接近、步行容易、去当事人家庭访问次数较多。当事人和援助者住的距离近，关系到"花一定时间领悟当事人想法"的援助，凭借"专职人士所缺乏的市民感觉""向当事人进行日常生活方面的提问以及向当事人周围的相关人员提问"中感受到的，从居民的角度开展援助活动更容易实现。[2] 对于市民监护和意定监护有上述观点，但是否同样观点也适用于生协成年监护事业呢？本小节的目地就是通过案例研究推导出经验性观点，以期为成年监护研究作出自己的贡献。

最后，笔者想归纳一下本节生协研究的创新性。[3] 一直以来，不少研究者都对生协的福利事业寄予了厚望。杉本在2014年发表的论文中列举了生协福利研究的代表性群

---

[1] 大貫正男「市民参加の成年後見制度―市民後見人の現状と課題」、『実践 成年後見』、2010、32期、13頁。

[2] 岩間伸之、井上計雄、梶田美穂、田村満子『成年後見人の理念と実際―市民と專門職と行政のコラボレーション』、中央法規出版、2012。

[3] 佐藤在1988年、1996年和2002年的研究与佐藤等在1995年的研究是劳动合作社领域出色的社会学研究。

第五章 基于成年监护的人身监护社会化

体,诸如京极高宣[1]、朝仓美江[2]、千田明美[3]、上野谷加代子[4]等。另外,朴姬淑[5]将有关生协和福利的研究分为三期,对成果丰富的先行研究进行了整理。这些研究总体上强调了生协作为护理承担者的优越性,那么,生协援助的优势是否同样适用于成年监护事业呢?

前面论述了成年监护工作的负荷与其他福利服务有很大的不同,这与时间轴和组织管理体制方面存在差异有很大关系。生协预先想到要为会员提供这样一整套服务,当会员缺乏判断能力后提供包括身后事在内的服务,陪其走向人生终点。此外,生协还会代替亲属保管会员的财产,参与决定护理待遇方针。要想实现上述设想,自然需要超过以往程度的信赖,但也需要高水平的服务供给体制以及组织管理体制。生协不仅要接受会员的监督,还必须经得起意定监护监督人和家庭法院的监督。

尽管如此,生协之所以要开展成年监护事业只是为了帮助会员实现自我决定的人生。会员即使丧失了签订合同

---

[1] 京極高宣『生協福祉の挑戦』、コープ出版、2002。
[2] 朝倉美江『生活福祉と生活協同組合福祉——福祉 NPO の可能性』、同時代社、2002。
[3] 千田明美『ほほえみに支えられて—コープこうべくらしの助け合い活動 19 年間の歩み』、コープ出版、2002。
[4] 上野谷加代子「地域福祉の今日的課題と協同組合の可能性—社会資源としての生活協同組合」、『生活協同組合研究』、2011、424 期、5—14 頁。
[5] 朴姬淑「生協と福祉に対する研究成果と課題」、『生活協同組合研究』、2010、411 期、51—66 頁。

的能力，也能和以前一样接受生协的服务而生活，后事也可以不用远亲处理，这一基于现状考量的援助方法就是成年监护制度。通过引入成年监护事业，"帮助会员走向人生尽头"对生协来说，是极有意义的事业。

在这一背景下，生协的成年监护事业反复摸索经验，历经屡次失败，走过了 10 年的历程。通过本节论述，我们可以推导出当今成年监护事业位于生协最前沿位置这一结论。

三、福祉俱乐部生协与生协成年监护援助合作社的组织特性

笔者从 2015 年 6 月开始在福祉俱乐部生活协同组合（以下称"福祉俱乐部生协"）开展了为期 3 年左右的田野调查，每月参加一次福祉俱乐部生协成年监护援助合作社的例会，同时进行参与观察。另外，正式的田野调查结束以后，福祉俱乐部生协希望笔者对运营状况提出建议，笔者从客观的立场对该组织未来的发展方向发表了一些看法，与生协成年监护援助合作社建立了长期的信赖关系。

本部分，笔者在先行研究、田野调查所得资料以及访谈的基础上，记述了福祉俱乐部生协的成立过程以及福祉俱乐部生协从成立到创立生协成年监护援助合作社的过程。

第五章　基于成年监护的人身监护社会化

(一) 福祉俱乐部生协的创立理念

1989年4月，在横滨市港北区（总部：港北区新羽田町868）成立了日本首家福利专业生协——福祉俱乐部生协。该组织活动范围不断扩大，目前福祉俱乐部生协有107个劳动合作社（根据田野调查资料《参加和利用指南》）。截至2015年3月底，有16 415户家庭加入，是全日本唯一从事福利事业的生协。[1]

福祉俱乐部生协的理念是让会员们在自己住惯了的地区中互相帮助，活出自我。因此，重点在充实家庭福利方面开展活动福利。[2] 以"早晚自己也会使用"为前提的会员互助服务回应会员们的需求，将服务内容扩展到快递、家务、用餐、出行、育儿援助、入住机构的运营、日间照护中心、CO·OP[3] 共济（保险）、照护计划制订等19个领域，有不少于3 500位工作人员活跃在25个自治体/行政区。

劳动合作社是福祉俱乐部生协内的任意团体，通过与生协签订对等的合同（双边合同）而成立。会员们自己负责出资、经营、劳动，将本地区所需和服务作为市民事业

---

[1] 市民セクター政策機構「次世代に引き継ぐたすけあい ワーカーズ・コレクティブがつくる『福祉クラブ生協』[神奈川]（特集　参加型福祉社会は可能か？)」、『社会運動』、2015、420期、96—97頁。
[2] 福祉クラブ生活協同組合『ワーカーズコレクティブ—地域に広がる福祉クラブのたすけあい』、中央法規出版、2005。
[3] CO·OP指的是日本生活协同组合联合会。——译者注

进行推进福利。[1] 会员们参与劳动合作社的活动，在生活上帮助其他会员，同时也是福祉俱乐部生协的运营主体。[2]

日本第一个劳动合作社——生活俱乐部生协于1982年在横滨市成立，（截至2014年3月）在神奈川县内有约250个劳动合作社，其中大约7成与护理和育儿等居家福利有关。[3] 福祉俱乐部生协就是1989年从这个生活俱乐部生协中诞生的。所谓劳动合作社是指居民自己创造地区所需的服务，通过向包括自己在内的会员提供服务、立志为地区社会作贡献的组织。从这一意义来说，劳动合作社可以说是市民地区作贡献的"场"。并且，劳动合作社的运营方式具有以下特点：共同出资，全体成员平等地参与经营，而不是雇用者与非雇用者的关系，全体会员来决定工作方式和报酬，是以一种新型劳动为目标并付诸实践的场所。[4]

在考察生协的成年监护事业时，有必要充分理解这种成年监护事业是基于劳动合作社的理念所提供的服务。福祉俱乐部生协汇聚各地区的居民作为会员加入进来，出于

---

[1] 福祉クラブ生活協同組合『ワーカーズコレクティブ—地域に広がる福祉クラブのたすけあい』、中央法規出版、2005、233頁。
[2] 福祉クラブ生活協同組合「W.Coの価値と原則」（田野调查资料）。
[3] 中村久子「生きにくさを抱える若者たちと共に働く・暮らす—ワーカーズ・コレクティブによるコミュニティワークの実践」、『協同組合研究』、2015、34巻2期、32頁。
[4] 福祉クラブ生活協同組合『ワーカーズコレクティブ—地域に広がる福祉クラブのたすけあい』、中央法規出版、2005。

第五章　基于成年监护的人身监护社会化

将来自己也会使用生协的服务这一立场，保障利用者有多样的福利服务可选择，回应会员的需求，以实现"地区（社区）最佳福利"为目标。因此，生协的成年监护事业不是那种毫无特色的公共福利或以营利为目的的购买福利服务，而是作为第三种选择，创造出"会员之间互助"的形式。[1]

综上所述，福祉俱乐部生协的劳动合作社并非从现有的有限服务中进行选择或向他人提出要求，而是坚持用自己的方式解决老龄社会的各种课题。那么，与专职监护人的人身监护相比，生协成年监护援助合作社的成年监护事业具有怎样的特征和性质呢？本节希望探究这一问题。

（二）生协成年监护援助合作社的设立过程

2006年5月29日，在福祉俱乐部生协的理事会上，有一位会员表示，"希望福祉俱乐部生协发挥监护人的作用"（根据田野考察资料《对成年监护人事业的努力研究项目报告》）。理事会（2006年11月27日）接受了这一建议，"关于今后互助活动的业绩，考虑到在信任基础上对监护人代理和支持会员（权利维护）的需求可能会增加，应探讨如何推进成年监护制度事业"。

话虽如此，对于生协来说，"成年监护事业"完全是全

---

[1] 福祉クラブ生活協同組合「W. Coの価値と原則」（田野调查资料）。

新的尝试,因此,对这一提议回应道,"边学习成年监护的内容,边持续深入探讨介入成年监护事业的基本构想以及开展活动的项目",并向理事会做了汇报。在筹备成年监护事业过程中,福祉俱乐部生协对会员实际情况进行了调查。对从事家务援助、居家护理援助、生活援助的工作人员实施的调查结果显示,"在对服务利用者予以生活援助,加深与之信赖关系的过程中,人们对监护人的需求"的确越来越高了。下面这份田野调查是基于《"合作社"对家务护理、居家护理援助、生活援助实际情况的调查报告》。[1]

例如,报告列举了一位接受家务援助服务的女性(80多岁、独居、无依无靠),若自身判断能力部分丧失时如何管理不动产等财产?若发生残障时应采取怎样的措施?报告指出以上这些问题亟须探讨。另外,报告中还列举了一位接受居家护理援助服务的女性(70多岁、独居、未婚)的案例,该当事人有很多亲属,但她对亲属都不信任。在弟弟做身份保证人的情况下入住了养老机构,但内心缺乏安全感,并由此引发了精神疾病,致使照护变得更加困难。另外,报告中还有这样的例子,一位接受居家护理援助的男性(77岁,独居)患腰痛和认知症恶化,很难独自生活。入住机构需要两位担保人,他和妻子离婚有几十年了,

---

[1] 福祉クラブ生活協同組合「各家事介護・居宅介護支援・生活支援 W.Co からの実態調査まとめ」(田野调查资料)。

第五章 基于成年监护的人身监护社会化

妻子是欧洲人,和女儿长住欧洲,于是相关机构联系到他女儿,让她从欧洲回到日本并在短暂的逗留期间迅速决定了她父亲入住养老机构。

如上所述,由于身边缺乏合适的财产管理人或担保人,不信任亲属,或亲属住得较远、与亲属有隔阂等致使缺乏可以依靠的对象等,成为劳动合作社面临的难题。也有人认为,身体机能和表达能力下降的时候,即使家人照顾得不恰当、不充分,合作社工作人员也只能旁观,"在援助过程中,工作人员苦思冥想的是如何应对当事人和家人意见不一致的情况","有可能被虐待,有可能成为消费受害者""向患有轻微认知症的服务利用者要印章往合同上盖的时候觉得很棘手"等问题纷至沓来。

正因为他们是在会员身边从事家务援助、居家护理援助、生活援助的工作人员,才能发现这些生活上的问题。会员的生活是靠劳动合作社提供的各种服务组合使用得以维系。劳动合作社职责范围之外的需求可以通过相应的外部服务解决。但上述这些问题,并不是介绍给其他劳动组合、地域综合支援中心或者社会福祉协议会等其他社会资源就能解决的。如此一来,福祉俱乐部生协察觉到,许多会员面临的问题是现有服务所无法解决的。

2007年3月,上述这些问题汇总成《关于实施成年监护事业计划的答复》提交给了理事会。2007年4月,理事会批准设立了"成年监护事业实施计划"。当福祉俱乐部生协得知会员对成年监护事业寄予厚望时,为解决会员所面临的新的生活问题,决定成立福祉俱乐部生协成年监护援助合作社。2008年4月19日,生协成年监护援助合作社的成立大会在生活俱乐部神奈川文化设施创意生活馆召开。[1]

(三) 从福祉俱乐部生协看成年监护事业的意义

福祉俱乐部生协致力于成年监护事业至少有以下两点意义:第一,针对社会变化导致会员面临的问题(需求),开创了由生协提供服务的道路;第二,倡导社区最佳的生协福利特征在今后成年监护事业中也将发挥有效作用。

如上所述,在没有亲属、没有子女、有亲属但住得远或亲属之间有隔阂的群体不断增多(参照第三章第一节)这一社会变化的背景下,通常属于个人而不能转给他人的财产管理和人身监护的决定权不得不依赖第三方,于是诞生了成年监护服务。

福祉俱乐部生协表示:设立这一服务"不是国家层面的最低标准福利(国家最低标准)、不是市町村层面的福利(市民最低标准),也不是以营利为目的的老年服务,而是以'彼此互助福利'为目标""为帮助那些需要帮助的人,

---

[1] 福祉クラブ生活協同組合 W.Coあうん『成年後見サポート W.Coあうん10周年記念誌——成年後見サポート W.Coあうん10年のあゆみ』、福祉クラブ生活協同組合 W.Coあうん(田野调查资料)、2018。

第五章 基于成年监护的人身监护社会化

通过参与型方式解决其不安和需求，扩大其自我决定范围，让其过上丰富多彩人生的生活工具"（摘自田野调查资料《关于实施成年监护事业计划的答复》）。[1] 成年人监护的事业运营也是为实现这一理念。福祉俱乐部生协致力于成年监护事业是帮助会员贯彻"自我决定"直到生命尽头这一宗旨不可或缺的服务。这一认识清晰地体现在以下表述中。

>即使身体、思维、判断能力和生活能力下降，为自己能有尊严、能进行自我决定的老年生活而做准备（未雨绸缪），没有采用以专职人员为主体的专职监护人（律师、司法书士），也没有采用约八成亲属（包括远亲）监护人（截至2006年亲属监护人占8成），在迄今为止的活动业绩（信赖关系）的延长线上，创造了"市民监护人"这一让广大民众有机会作为承担者的方便大家使用的体制，开拓了社区最佳福利的新领域（摘自田野调查资料《关于成年监护事业计划的答复报告》）。[2]

---

[1] 福祉クラブ生活協同組合「成年後見制度事業への取り組み検討プロジェクト答申」（田野调查资料）、2007、93頁。

[2] 福祉クラブ生活協同組合「成年後見制度事業への取り組み検討プロジェクト答申」（田野调查资料）、2007、94頁。

生协成为监护人从而在"活动业绩（信赖关系）的延长线上"与会员之间继续保持了信赖关系，这里赞美了生协成为"市民的监护人"的优越性。生协亲自承担成年监护事业，创造了成年监护的第三种选择，大批劳动合作社的会员成为监护的"承担者"，在不依靠亲属和专职人员的情况下实现了"地区最佳福利"。

（四）生协成年监护援助合作社的成年监护事业概要

会员作为利用者与福祉俱乐部生协签订"综合援助合同"，接受意定监护的援助。作为援助者的劳动合作社会员接受18小时（6小时×3天）的市民监护人培养讲座，之后还要在各种研修会学习相关知识。截至2019年11月，共有42名工作人员帮助了45名会员（累计68名）。[1] 在神奈川县全境开展事业的具体服务内容和费用如表5-1所示。[2]

---

[1] 2008年成立以来，"综合援助合同"件数累计为80件。其中会员死亡终止的情况有15件，根据会员的要求解约的情况有12件，截至2019年11月的《综合援助合同》件数为50件。达到意定监护合同生效的情况为4件，大多数以意定监护合同生效前（事务委托合同）的会员的生活监护援助为中心。以上数据基于『福祉クラブ生協の成年後見支援活動の取り組み』。

[2] 生协成年监护援助合作社的自愿监护报酬比一般的专业人员担任意定监护人时的报酬低。例如，律师或司法书士成为受托人时，一般来说管理财产的金额在5 000万日元以下的话每月3万日元左右，参见高橋弘「法定後見制度の改善・改正の展望」，新井誠、赤沼康弘、大貫正男編『成年後見法制の展望』，日本評論社，2011。

第五章 基于成年监护的人身监护社会化

表5-1 福祉俱乐部生协成年监护援助合作社的
服务内容与利用费用

综合支援合同	合同费用 (制订人生未来计划和日常生活援助计划)	10万日元
意定监护生效前	基本费用 (定期访问和提供咨询服务)	3 500日元/月
	人身监护支援（生活支援） (提供福祉、医疗等信息，参观老人院等设施、入住养老机构时陪同，福祉服务的缔结、履行、监视、解约等)	950日元/小时
	日常财产管理支援 (支付税费，提取存款，管理有价证券等)	950日元/小时
	信息管理保管费 (保管存折的情况)	2 000日元/月
	身份保证支援 (入住养老机构、住院、出院、租赁房屋签约时的代理付款和身份保证事务)	3 000日元/月
意定监护生效后	基本费用 (每月定期访问一次和提供咨询服务)	20 000日元/月 (意定监护监督人的报酬另计)
	人身监护（生活支援） (处理与生活相关的一切必要事务)	
	日常财产管理 (管理所有的收入与支出)	

资料来源：笔者制作。

注：该表参见「W.Coあうん利用料金表（2014年3月1日）」（フィールドワーク资料），基于笔者实施田野考察时所获得的资料。此后，在2019年9月修改了使用费用。主要变化如下：(1) 之前合

同费是"综合援助合同"（事务委托和意定监护）10万日元，死后事务委托合同5万日元，共计15万日元，修改后将3个合同［事务委托合同、（转移型）意定监护合同、死后事务委托合同］作为一次性合同，综合支援合同为20万日元；（2）定期访问的费用为3 500日元到4 000日元；（3）人身监护的使用费从950日元到1 400日元不等（2019年12月13日笔者对工作人员进行了访谈）。

生协成年监护援助合作社的会员大多数存在重复参与福祉俱乐部生协内其他劳动合作社活动的情况。这些人在生协成年监护援助合作社之外，以护理员、护理援助专员、生协生活计划顾问的身份参加活动。因此，虽说是市民监护但在生协成年监护援助合作社中存在着社会福祉专员、护理福祉士、行政书士、财务顾问等各种各样的专业人员。这是生协成年监护援助合作社援助特征的要素之一。而且，照顾到会员性别、性格、家庭结构的差异，把不同劳动合作社工作人员的专业知识、技术、观点搭配组合，为每位使用服务的会员配备两名服务者（正职负责人和副职负责人）。[1]

生协成年监护援助合作社的"综合援助合同"由"事务委托合同""（转移型）意定监护合同""死后事务委托

---

[1] 生协成年监护援助合作社中的工作人员大多数是社会福利社的从业者，有社会福利社的资格证书，也有在其他劳动合作社工作过的经验。正因为有这样的基础，生协成年监护援助合作社的市民监护事业才能顺利进行，生协成年监护援助合作社作为市民监护团体是特殊的。因此，即使通过生协成年监护援助合作社的案例提取出了应用市民监护的条件和要素，也很难将其推广。但在分析其他市民监护组织时，可以对比、套用本节分析得出的条件和要素。

第五章 基于成年监护的人身监护社会化

合同"三部分构成,"事务委托合同"分为"监护合同"和"生活、疗养护理、财产管理等委托合同"。"生活、疗养护理、财产管理等委托合同"指的是因疾病等需"要援助"之际赋予援助者事务代理权的合同。

为防患于未然,签订"综合援助合同"后,会员在福祉俱乐部生协制作的《生活设计笔记》上亲自记录自己期望的生活和遵循的价值观、期望的医疗/护理方式、遗嘱/继承/墓地的意向、想联系/不想联系的人等信息。有时劳动合作社的责任人也会帮着一同完成。在生协成年监护援助合作社的例会上,责任人也会分享从定期访问时的对话中收集到的信息,目的是应对突发情况,即便这一案例责任人因某种情况突然辞职,成员之间也可以共享与援助相关的状况。

"(转移型)意定监护合同"的规则是家庭法院在利用者的判断能力下降时,根据意定监护受托人的申请选定意定监护监督人,并使之生效。由此,将公正证书合同规定的当事人的生活、疗养护理、财产管理相关事务代理权赋予福祉俱乐部生协,具体内容为医疗合同、住院合同、护理等合同及其费用支付管理的代理权、邮件接收、存款和保险的管理、不动产和动产的保存与管理、契据、权利证和印章登记卡、遗嘱等重要文件的管理(存放在银行的保险箱里)、与行政等部门的交涉等,也可以包括尊严死的遗嘱（生前遗嘱）。

"死后事务委托合同"包括向行政机关申请死亡证明、在养老金事务所办理手续、葬礼及骨灰安放相关事项、未接受的债权和未清偿债务相关事项、其他生活事项的办理、向继承人移交财产等。

如上所述，在合作社会员有判断能力的情况下，作为"综合援助合同"制作"事务委托合同、意定监护合同、死后事务委托合同"并予以公证。在意定监护合同生效之前，两名负责人每月进行一次定期访问，解决当事人随时出现的问题，同时为将来的意定监护生效做准备。在定期访问中了解当事人身体状况和生活状况，询问有什么困难，通过聊天了解当事人的想法，和当事人一起填写《生活设计笔记》，还要了解一些当事人不好公开表达的亲属关系等。这一阶段是劳动合作社工作人员的职责，对于会员来说定期访问也是他们精神依靠的一种机制，具有重要的意义。某工作人员这样说道：

> 独居生活的人随着年龄的增长，判断能力衰退，对未来感到不安，这时，需要有人帮助签订合同，需要身份保证人。不仅如此，实际上还需要精神上可以依靠的人。如重视财产管理可选择职业监护人。仅仅管理财产是不够的，还需要一位

第五章　基于成年监护的人身监护社会化

能一起思考未来风险的人（对工作人员的采访）。

在每月举行一次的生协成年监护援助合作社全体工作人员例会上，除了汇报当月的咨询案例数和咨询内容、会计报告等，合作社的工作人员还会汇报上门援助的情况（当天的身体状况、咨询内容等），分享服务利用者的信息（为了保护个人信息会议结束后回收全部资料）。另外，关于负责该案例的工作人员和理事会还会针对个别案例的援助方针单独召开协调会议，讨论并做出最终决定。

生协成年监护援助合作社的援助活动是以意定监护生效（前）的援助为主，每月进行一次约 1 小时的个别访问援助。笔者也曾随同生协成年监护援助合作社的工作人员进行定期访问。之后，笔者想实施半结构化访谈并征得了会员的许可。如此一来，笔者直接对会员实施了访谈，弄清了其利用"合作社"成年监护事业的经过和利用后生活上的变化。

下面介绍的案例①②是与第五章第一节中处理的案例 D 以及 E 相同（只是在第五章第一节压缩了一半以上内容）。本次是从不同视角对这两起案例的再次分析。虽多少有些重复，为方便读者阅读和理解，笔者再对案例进行一下简单回顾。另外，本节第六部分将案例研究①②的分析和考察一并论述。

289

四、案例①——意定监护生效前的援助案例

(一) 案例选择的方法与伦理关怀

笔者在与劳动合作社工作人员同行访问一事上得到了工作人员的帮助,事先征求了接受访谈者的同意并实施了访谈。2015年,在实施本项调查那年签订"综合援助合同"的案例合计31例,是劳动合作社的上级组织,另外包含1例意定监护生效(后)案例,剩下的30例是意定监护生效(前)的。其中,笔者在征得神奈川县内的4名会员的许可后,对其进行了共计6次定期登门访问。这4名会员的具体状况是:有3名意定监护生效(前)的会员,1名意定监护生效(后)的会员(后者在同行访问后不久便去世了)。考虑到刊登采访内容时访谈对象最好还处于有判断能力的状态,因此,所选案例希望是意定监护生效(前)的案例。

笔者在此基础上从以下三个标准来筛选案例:①即使身边有亲属,也委托生协负责成年监护的案例(这是为了探讨为什么委托生协进行成年监护);②在利用生协成年监护援助合作社的成年监护事业前一直接受劳动合作社的援助(这是为了探讨生协扩大福利服务范围的问题);③对生协的事业产生共鸣,继而作为劳动合作社的工作人员开展

第五章　基于成年监护的人身监护社会化

活动的会员（这是为了探讨在使用成年监护事业中，生协的理念是如何产生影响的）。

笔者出于案例研究的需要，在与工作人员一起定期拜访利用者的过程中再次邀请 K 协助访谈，后来 K 欣然应允。2015 年 11 月 23 日，在生协成年监护援助合作社工作人员的陪同下，笔者基于调查问卷进行了长达 2 小时的半结构化访谈，特别是为了能够搞清楚 K 使用生协成年监护援助合作社的成年监护的过程，笔者围绕 K 之前的生活、家庭环境、亲属关系、价值观、人生观等进行了询问。

在公布研究成果的时候，为避免协助调查人员被识别出来，笔者向 K 说明了会对个人、地区、团体等匿名化处理并询问了 K 希望应该怎样表述。K 同意隐匿人名、公开地区和组织名称的处理方式并在承诺书上签了字。K 本人也征得了生协成年监护援助合作社理事会和福祉俱乐部生协理事的同意。

（二）访谈结果

K 是一位 84 岁的女性，独居在日本东海道沿线幽静的住宅区一处独门独院。护理保险认定为"要护理"1 级，K 利用护理保险以及福祉俱乐部生协的服务，一个人自由自在地生活，她对自己的状态很满意。她接受福祉俱乐部生协提供的餐饮服务以及制作护理计划等援助，每周接受一次日间服务，锻炼身体机能。

K生于昭和六年（1931），是家里排行最小的孩子，父亲是私人医生，K有1个哥哥，5个姐姐，最大的姐姐比K大15岁。K对自己的人生经历、后半生以及与福祉俱乐部生协的关系做了如下介绍。

成长经历——就业——作为社会一员的生活

K出生于神奈川县相模原市。父亲很早去世，K的姐姐们和哥哥对K非常照顾，甚至支持K去上学。在女校念书的时候，有一次K去军需工厂的通信企业参观，结果被录用了。毕业后，K进入这家企业工作，从1948年开始在这家大型电机制造厂工作了33年。

兄妹关系和婚姻生活

父亲死后，K搬到了横滨。哥哥复员后成了公司职员，结了婚有了孩子。老家的房子是K妈妈盖的，在K 44岁的时候，母亲也去世了。K用积蓄买了一套公寓，在那里生活了5年左右。

K 49岁左右结婚。丈夫在一家海运公司工作，这家公司在二战前是一家大型海运公司。K的丈夫从那里去了前线战场，后来被苏联扣留。丈夫从苏联遣返后，入职了那家公司。K把自己的公

第五章 基于成年监护的人身监护社会化

寓处理掉后,以自己的名义在丈夫名下的土地上盖了房子。她结婚时辞了职。因为在企业工作了33年,所以K有养老金,丈夫在经济上也比较宽裕。

加入福祉俱乐部生协

第一次在传单上看到福祉俱乐部生协的时候,K就认为这是一个很不错的组织,所以想加入。当时K就和丈夫说了自己的想法,可K的丈夫强烈反对。K的解释是,或许是她丈夫被扣押在苏联期间日子过得很艰苦,从福祉俱乐部联想到了共产主义吧。

丈夫去世后K决定马上加入生协。K觉得(福祉俱乐部生协)的宣传品吸引她的是,像她这样没有孩子的人,丈夫也可能比自己先一步离开人世,因此K认为得找一个可以依靠的地方。一直以来,K在公司这个大组织的保护伞下生活,遇到的困难也不多,(加入福祉俱乐部生协)就像是重新回到了组织的保护之下。

因为体力多少也还算跟得上,K抱着试着帮帮忙的心态进入生协,最初每周负责1次食材配送的工作,具体就是,K把包括自己那份在内的3份食材带回自己家,附近的会员再从K家把食材拿回家。[1]

利用生协成年监护援助合作社的契机

丈夫去世后，K 开始处理丈夫收集的邮票和模型船等收藏品的时候，福祉俱乐部生协上门护理事务所的家务助手向 K 介绍了生协成年监护援助合作社，告诉 K "福祉俱乐部生协也有这种服务"。

（对亲属不满）还是因为没有继承人，人一旦继承财产就会产生贪欲。这样就不能按照自己的意愿生活，而是被继承人安排生活了。当有利益摆在面前时，继承人开始为自己的行为编出各种各样的理由。例如有亲属想把 K 的房子处理掉，把这笔资金用在自己或者侄子身上，所以 K 与亲属渐渐疏远了。归根结底，继承人会倾向于照顾对自己有利的人，往往会优先考虑自己的利益而不是考虑对方的想法。

在这一点上，K 认为生协成年监护援助合作社没有优先考虑自身的利益，一直是站在服务利用者的立场上考虑问题，在这一点与继承人是不一样的。

---

[1] 福祉俱乐部生协有"关爱员工劳动合作社"，作为"重点"业务，负责将中心送到工会成员家中的货物进行分类，再配送给附近的工会成员。

第五章　基于成年监护的人身监护社会化

亲属关系以及对生协成年监护援助合作社的期待

7个兄弟姐妹中哥哥排行老四，其余都是姐姐。二姐有个女儿（外甥女），四哥有两个孩子，其余姐姐都没有孩子。四哥的儿子（侄子）继承了老家的房产，但和我们姐妹有的地方合不来。丈夫刚一去世，侄子就想把K的房子处理掉，让K搬到自己那边住。对此，K较为不满。在把丈夫的坟墓安置在镰仓的圆觉寺（镰仓五山之一）时，K在今年夏天也完成了自己的永代供养[1]手续。现在还有两个姐姐，因为和我二姐的女儿（侄女）很合得来，所以很亲近。

K想请生协成年监护援助合作社处理好自己的身后事。因为已经签订了永代供养的合同，之后的事情由寺庙来处理，但房子、存款这类事还是希望能够基于法律有效处理，最好是按照和银行的遗嘱信托处理。2003年，K的丈夫去世时，K就与银行签订了遗嘱信托，[2] 那时生协成年监护援助合作社还没有成立。2008年生协成年监护援助合作社成立后，K与生协成年监护援助合作社

---

[1] "永代供养"指的是购买了这一服务，寺院就会派人每年定期祭祀，永不停止。——译者注

[2] 信托银行提供关于订立遗嘱和死亡时执行遗嘱的商品并收取手续费。

签了合同。

K长年在大企业工作,对隶属大组织感到安心,辞职后通过加入福祉俱乐部生协,应该是获得了类似于进入大企业的安全感。加入生协后想做些力所能及的事,一直在配送点工作。这样的经历让K对"公益""互助"等活动理念产生共鸣,增强了对福祉俱乐部生协的信赖。这一经历使得她成为服务的受惠者时,对服务的提供者福祉俱乐部生协感到很放心。

K利用成年监护事业的契机是,从福祉俱乐部生协从事上门护理服务的劳动俱乐部的工作人员那里得到了信息。该工作人员由于一直援助K,所以了解K对未来的烦恼,把生协成立了新劳动合作社开展成年监护的消息告诉给了K。

K一直以来都对福祉俱乐部生协提供的服务感到满意,且十分认同生协的理念,对生协非常信赖,于是她提前思考利用生协的成年监护事业为自己的临终做准备。在生协成年监护援助合作社成立之前,K为自己身后事做的准备工作是与银行签订了遗嘱信托,后来生协成年监护援助合作社成立之后,K决定利用生协成年监护援助合作社的成年监护事业。当时,K对生协的信赖和对互助思想产生的共鸣成为她选择服务时重要的决定因素。笔者将在本节第

第五章 基于成年监护的人身监护社会化

六部分对此案例进行深入考察。

本部分介绍了 K 使用生协成年监护援助合作社的成年监护事业的经过，但在分析生协成年监护援助合作社的援助内容时有必要确认意定监护实际生效的案例。下一部分将介绍"即时型"意定监护合同生效的案例。

五、案例②——面向意定监护生效的援助案例

（一）本案例的特征和分析标准

通常，生协成年监护援助合作社在当事人有判断能力时基于事务委任合同（意定代理的委任合同）实施财产管理和人身监护的事务，当事人判断能力低下时，事务委任合同切换为意定监护合同，履行事务的"转移型"是基本型，前文已做了阐述。"即时型"是为了在签订自愿监护合同后马上生效，但不能恰当地把握当事人生活的重点或者希望得到什么样的援助，所以，福祉俱乐部生协并不是成年监护事业的理想模式。

对于"即时型"案例，生协成年监护援助合作社方面会慎重考虑是否可以签订合同。本案例是基于这一情况，在考虑解除合同的同时探索意定监护合同生效的案例。对于生协成年监护援助合作社来说，正因为案例处于援助的

边缘才有很多烦恼和矛盾。所以在解决每一件事上都是对照组织的理念来个别应对。这在通常的意定监护合同生效前的监护援助中很难看到,生协成年监护援助合作社的人身监护援助特征在本案例中反而凸显了。

因此,为划分生协成年监护援助合作社的人身监护特性,在以下引用案例下分别画虚线、单下划线、双下划线。虚线表示笔者对制度进行补充说明,单下划线表示(无论是专职还是市民)监护人共同的人身监护的一般业务,双下划线表示生协成年监护援助合作社工作人员特有的援助行为。也就是说,这些通常都是专职监护人不大实施的援助行为。

1.【虚线】=关于意定监护制度和生协成年监护援助合作社的合同内容需要补充说明的地方

2.【下划线】=一般要求成年监护人实施"财产管理"和"人身监护"

3.【双线】=生协成年监护援助合作社的工作人员特有的"人身监护·生活援助"

案例概要如下:

2016年6月16日,当事人与生协成年监护援助合作社签订"即时型"综合援助合同,但由于此后当事人妻子意外去世,生效手续延迟,实际上是在2017年3月选定了意定监护监督人。

第五章　基于成年监护的人身监护社会化

笔者以 2016 年 6 月（开始援助）到 2017 年 1 月（意定后发现即将生效之前）约半年的援助记录为分析对象。如前所述，生协成年监护援助合作社为所有案例配备了两名主要负责人。以下介绍的内容主要来源于主要负责人之一的女性职员 Z 的援助记录。该份记录详细记载了 Z 在此期间的援助内容以及感受到的烦恼和矛盾。这份援助记录是 Z 直接交给笔者作为参考资料的。下面引用了其中一些经过事先匿名化处理信息，勾勒出了本案例的大致轮廓。

另外，在案例研究中，笔者不仅仅依靠援助记录也利用陪同 Z 定期访问的机会实施了参与观察（2017 年 2 月 16 日）。由于当事人已处于判断能力低下的状态，所以很难从当事人那里获得与调查合作相关的授意和签名。因此，笔者从福祉俱乐部生协理事会那里获得了协助调查的同意。在本书公开发行前，生协理事会也确认了本节的相关内容。

（二）基于援助记录的案例介绍

援助前的状况

当事人 78 岁，"要护理" 1 级，无子女，只有一个亲哥哥。他从大型电机制造厂退休后，每月有约 21 万日元的养老金，另外，还有 500 万日元左右的存款。当事人和其妻子住在面向神奈川县老年人的高档租赁住宅。

与生协成年监护援助合作社签约时，妻子正待在特别养护老人院（以下简称"特养机构"）。妻子每月有5万日元左右的养老金。她还有一个弟弟。当事人接受生协成年监护援助合作社的家务援助服务，且每周使用接受4次生协成年监护援助合作社的日间护理服务。

援助开始

【6月16日】生协成年监护援助合作社的护理援助专员联系我（Z）。护理援助专员说，他（78岁的当事人）因为"健忘"所以"需要有人管理财物"。因此，为了向当事人说明生协成年监护援助合作社的"综合援助合同"，我登门拜访了当事人。实际上，在会面的时候，我认为当事人并不是"健忘"，而是患上了认知症。我告诉与护理经理一同前来的当事人的哥嫂："当事人缺乏判断能力，可能无法签订合同。"但由于和当事人住得比较远的哥哥夫妇渴望签订合同，所以我对重要事项进行了说明，当事人在"综合援助合同"文件上签了名。

虽然当事人很需要援助，但"意定监护"是否合适，我对此颇为头痛。本来应该是采取"法定监护"才对的。即便能够公证，但如果因为认

第五章　基于成年监护的人身监护社会化

知症无法建立信赖关系，一年内就得退还合同保证书解除合同，这是我在生协成年监护援助合作社理事会上了解到的。

对制作公证书（意定监护合同与事务委托合同）的援助

6月27日，人身监护。开始准备制作公证书。为了确认籍贯，和当事人一起去市民中心拿住民票和户籍复印件，给公证人打电话预约。

6月28日，当事人第一次给我打了电话，询问存折放在哪里了，我回答说"在事务所的保险柜里保管着"。

7月1日，公证人询问了合同内容，主要意思是这次是"即时型"，所以只签订"意定监护合同"就可以了。话虽如此，准备医生的诊断书等申请文件需要一个月的时间，所以告诉他"事务委任合同"是必要的，他也就同意了。公证人开始积极地制作公证书，我征求当事人的同意就开始努力工作了。

7月5日，办理人身监护。办理日间照护服务及其他使用费的扣款手续。我在当事人家中确认驾照等身份证明文件后前往公证处，从约好见面的当事人哥哥处获得了印章证明，然后把证明材料交给了公证处办事人员。公证人对当事人提出了各种各样的问题。虽然当事人勉强表示愿意签订成年监护合同，但在公证人再次向其解释该制度时，当事人有些不知所措。

7月11日，定期访问。陪当事人去银行领取汽车税的退税。在公证处听完公证人的说明后签名盖章，分别将当事人的手机快捷拨号键1设置成了我的手机号、2为个人手机号码、3为护理援助专员、4是他哥哥。

财产管理·人身监护援助的启动

7月21日，护理援助专员和信息交换。护理援助专员要我陪着当事人去泌尿科。由于他妻子的入住机构的费用为每月7万日元，所以需要减轻当事人的费用负担。

7月22日，给当事人妻子入住的特养机构打电话，告诉那里的咨询员我是当事人的意定监护人，询问了当事人妻子的状态。据咨询人员介绍，妻子的认知症已经达到需要监护人的程度。特养机构想将丈夫（当事人）的保证人资格转给妻子的亲弟弟，委托妻子的亲弟弟办理法定监护手续，但这几个月弟弟没有来访，所以一直维持原样。

7月26日，当事人每月承担妻子特殊护理费

第五章 基于成年监护的人身监护社会化

用 7 万日元,告诉当事人家庭经济不宽裕,今后要节约开支。<u>确认保险证,陪同当事人去泌尿科就诊</u>。向医生做自我介绍,由于当事人无法控制服药剂量,医生让我将药物控制在最小限度。回到当事人家中,把药放入指定地方。在当事人家中进行财产清单的编制和收支核算。

8月9日,10点访问时两名家务助手在交接工作,<u>我向他们确认了一下药品的管理方法</u>。看到早饭后的药还没吃,我问他吃早饭的事,他歪着头没有回答。<u>在冰箱里备好了沙拉和素面。洗餐具的时候看到茶叶渣发霉了,往碗池的三角滤网倒的时候发现了里面有很多烟蒂</u>。中途请家务助手接班。<u>本来医生是禁止他饮酒的,但冰箱里几乎都是饮料和酒</u>。

8月19日,定期访问。针对9月护理计划进行了协商。为了开具意定监护生效所需的诊断书,<u>决定9月陪同当事人去脑神经外科,让医生开具诊断书</u>。

9月23日,收到生活费后,他含着眼泪说:"好久没见老婆了。"于是,<u>我带他去特养机构看望妻子</u>。

妻子的葬礼

9月27日，妻子去世。早上6点多接到消息。7点，我给护理援助专员打去电话，7点40分到达当事人家，8点开车载着当事人到达特养机构。我与他妻子的弟弟见面，互相做了自我介绍。从工作人员那里接到了其妻子的死亡诊断书，听取了医生的说明。在机构里还有35万日元存款。守夜和遗体告别仪式只限定在亲属范围。当事人必须当天办理特养机构的离开手续，只能等待当事人哥嫂来商议丧葬事宜。回去后，当事人给我打了好几次电话，我做了回复。他好像担心丧葬费用，我告诉他劳动合作社会员Z会代为支付。这次人身监护援助的时间长达10个小时。

和其妻子的弟弟面谈，让弟弟负责与生协的葬礼公司进行协商。令人头痛的是，劳动合作社会员Z对葬礼的参与程度。他妻子死后事务并没有被委托。我认为首先要考虑到的是当事人到葬礼会场的接送问题。计划对安放骨灰和奠仪回礼等事项进行援助。9月，人身监护（生活援助）和信息管理保管费的账单总额达到了33 364日元。另外，意定监护合同生效后，每月使用费为2万日元。如果是这样的话，劳动合作社的活动就会

第五章　基于成年监护的人身监护社会化

出现赤字。

10月6日，人身监护方面制作奠仪一览表。收到了688 060日元的葬礼费收据。

10月13日，他打电话来说"没钱"。我把奠仪一览表拿给他并向他说明了葬礼费用。从银行取出钱款，支付了葬礼费用，又交给当事人包括治牙费共8万日元。

10月18日，制作葬礼费用的收支一览表。给特养机构的工作人员打电话，告知25日我们去结算保险费和存款。

10月25日，陪同当事人结算完特养机构的护理费用。领取了其（妻子的）护理保险证、医疗保险证等。确认遗物并委托处理。将机构给的5 000日元奠仪交给当事人。当事人的钱包里有7万日元。在市民中心返还给他妻子的证明文件，办理丧葬费补助金申请和报销手续。到银行缴清款项，返回当事人家中，将药物交给当事人。因为找不到养老金证书、笔记本，所以给日本养老金机构打电话，告知当事人妻子去世，拜托他们将文件寄送到生协成年监护援助合作社的事务所。

10月26日，当事人哥哥打来电话，答谢我在办丧事上的帮助。我将奠仪一览表、收支一览表交给当事人，表示再慢慢找骨灰安放处、墓地。

11月17日，定期访问。报告奠仪和感谢信的寄送情况。告知当事人，今后将选出意定监护监督人并受家庭法院的监督。请当事人填写同意书及委托书。在银行提取7万日元交给当事人。当事人说每月7万日元无法生活。

意定监护合同生效

11月22日，在脑神经外科就诊。医生就提交家庭法院的诊断书问了一些问题。医生好像不知道意定监护制度，所以我出示了公证书并予以解释。当事人妻子去世，养老金事务所给我写了一封信，委托我提交其妻子的死亡申请。

12月2日，早晨，在当事人家里确认邮件，然后和当事人一起去医院领取诊断书。去市民中心索要妻子的住民票（注销住民票）。借此机会顺便去养老金事务所，办完当事人妻子的死亡报告和养老金请求，返还户口本和住民票。到了中午，当事人说"想吃拉面"，于是在附近餐饮店吃饭（劳动俱乐部Z的餐费自费负担）。车停在了购物中心，所以我陪他买了晚餐的食材。

12月21日，8点40分，在当事人家里确认邮件和药物，并请当事人撰写委托书。9点，陪

第五章 基于成年监护的人身监护社会化

<u>同当事人去银行</u>。当事人希望领取每月 15 万日元。虽然规定了每月 7 万日元，<u>但这次因为过年，我取了 10 万日元给他</u>。

当事人原本是福祉俱乐部生协的会员。生协成年监护援助合作社与当事人产生交集的契机是，当事人向生协成年监护援助合作社的护理援助专员进行咨询。初期信息显示，当事人出现"健忘"的情况逐渐增多，被怀疑患上了认知症。认知逐渐恶化，如果明确其判断能力明显下降，到时候开具的公证"效力将会受到质疑"。"由于未能与当事人的意定监护人建立充分的信赖关系"，"因此无法顺利实施意定监护人事务的情况也很常见"。[1]

在这种情况下，生协成年监护援助合作社很难让会员们的生活通过成年监护事业来实现"把当事人当作伙伴来实施生活援助，以贯彻落实当事人的自我决定权"的理念。这就是为什么同样是在意定监护制度的条件下生协成年监护援助合作社会重视"转移型"援助的原因。即便有面临解除合同并退还 10 万日元合同费的风险，生协成年监护援助合作社也要尝试摸索着开展援助活动。在开具公证书时，公证员询问，如果是"即时型"的意定监护合同，是不是

---

1 矢頭範之「任意後見制度」新井誠、赤沼康弘、大貫正男編『成年後見制度——法の理論と実務第 2 版』有斐閣、2014、184 頁。

就不需要"事务委任合同"？由于工作人员需要一个月准备诊断书等相关资料办理意定监护合同，这段时间，为了能够实行财产管理、人身监护的代理权，把一般的"事务委任合同"写入了公证书。

后来，由于当事人的妻子突然去世，意定监护合同晚了半年左右生效，所以，即便是"即时型"的意定监护合同也可能会出现意外，幸运的是双方签订了"事务委任合同"。若没有签订"事务委任合同"取得代理权的话，生协成年监护援助合作社在此期间很难实施援助。

六、分析与考察

在案例①中，从整体（包括会员在内的亲属关系）上，描绘了会员使用生协的成年监护事业的状况。通过与生协成年监护援助合作社签订"综合援助合同"，K可以不依靠亲属，继续过自己想要的生活。如果没有生协成年监护援助合作社的成年监护事业，当事人将来必须把医疗、护理、身后事等委托给亲属。这种情况下当事人没法安心地生活。从这个意义上，成年监护制度具有能够让当事人在住惯了的地方接受援助一直生活到生命尽头的功能。下面我们将考察生协成年监护援助合作社的成年监护事业的意义和特征。

第五章　基于成年监护的人身监护社会化

案例②选取了援助意定监护合同生效的案例，探讨了缺乏判断能力的当事人和生协成年监护援助合作社的工作人员是如何通过财产管理和人身监护而产生联系的。与职业监护人的"人身监护"相比，生协成年监护援助合作社的财产管理和人身监护具有什么特点呢？通过本节中的讨论，笔者得出了如下结论：生协成年监护援助合作社的援助特征是将"人身监护"置于生活援助之中，使得既存"人身监护"概念的外延扩大了。

（一）生协成年监护的特征 1
——基于"共同体"的成年监护和协商决定援助的组织体制

根据案例①的分析，笔者论述了生协成年监护援助合作社的人身监护和协商决定援助的特征。

在生协成年监护援助合作社的成年监护事业中，"共同体"保障了与生协理念产生共鸣的会员的生活，这一点至关重要。生协的成年监护事业是在当事人判断能力下降之前通过以会员之间的交往/关系基础之上构建的成年监护活动。另外，签署"综合援助合同"后，通过每月 1 个小时的面谈了解当事人在生活中重视什么？被什么所困扰？然后与生协成年监护援助合作社全体工作人员共同探讨解决这些问题的对策。

万一不清楚当事人的意愿，可以"与当事人有共同价值观的生协成年监护援助合作社的工作人员进行讨论"，推导出与当事人想法近似的决定（对工作人员的询问）。之所以这么说，是因为生协成年监护援助合作社的工作人员与会员在居民和消费者的协同性中发现了价值，并且对福利服务的互助性（福利服务的受众和供给方均是会员）怀抱信任。[1] 根本在于作为集团的构成一员，他们对于事务的判断标准有一定的同质性，例如，会员们大都对"大量购买、大量消费"的现代社会价值观持一种批判态度（对工作人员的询问）。[2] 会员对生协的理念产生共鸣而加入生协，可以说，会员和援助者（工作人员）是具有共同价值观的，以此为基础，将会员的协商决定与"共同体"的理念进行对照，从而制订最佳援助方案，生协具备了其他机构所没有的协商决定援助的特点。

接下来，笔者就生协成年监护援助合作社协商决定援助的方式及其体制进行探讨。生协成年监护援助合作社召开例会的目的是让会员将自己所有的拜访记录与全体成员共享。生协成年监护援助合作社之所以坚持信息共享是因

---

[1] 京極高宣『生協福祉の挑戦』、コープ出版、2002。

[2] 上野千鹤子把劳动合作社的宗旨表述为一种资本主义批判的意识形态传统，即试图通过创造生产和消费的"替代性流通渠道（alternative circulation）"，以取代以市场为基础的商品流通。参见上野千鹤子『ケアの社会学—当事者主権の福祉社会へ』、太田出版、2011、276 頁。

第五章 基于成年监护的人身监护社会化

为在成年监护中需要对每个用户进行有针对性的援助,"不仅需要两位负责人参与其中,还需要更多成员的智慧和信息"(对工作人员的访谈)。所有参加每月例会的工作人员都会关注会员的援助内容。虽然这种人身监护援助方式颇费时间成本,但它是由劳动合作社自身性质所决定的。劳动合作社在会议上花费足够的时间是值得肯定的,正如劳动合作社运营的特征一样,"平等意识和会议时间的长短象征着劳动的自我决定、参与经营的方式"。[1] 这个支持体制之所以能够确立是因为劳动合作社的特性,即全员出资经营和劳动。[2]

这在追求当事人最佳利益的人身监护中是决定性因素。因为,通过财产管理和身份监护来援助协商决定的方法指的是当事人周围不同职业、不同专长的工作人员聚集一堂,每位工作人员都以当事人的意愿和期望为前提,提出认为对当事人最理想的协商决定援助方式,任何一位现场参会的工作人员的意见都有可能被接受,引导参会人员达成一种暂时的基本共识(参照第五章第二节)。在追求当事人最佳利益上,除了花时间进行讨论以外别无他法。

尽管如此,援助体制的可持续性到底如何还是令人担

---

[1] 上野千鶴子『ケアの社会学―当事者主権の福祉社会へ』、太田出版、2011、307頁。
[2] 田中夏子「今なぜ、『協同労働』?―ワーカーズコープ等の取り組みの経過と課題」、『日本の科学者』、2011、46巻4期、936—941頁。

忧。例如，实施本调查时，"综合援助合同"件数为39件（截至2016年9月）。在笔者参与观察的一年半时间里，例会的报告形式从自由叙述转变为格式化的Excel表填写。对于近期没有什么特别变化的案例，往往用一句话概括。为缩短会议时间不断探索优化汇报形式。接受"综合援助合同"的会员[1]与工作人员均呈上升趋势，一直以来的信息共享方式已接近极限。虽然人们说尽量"希望将这种方式坚持下去"，但并不是参与决策的人数越多就越能做出好的决策。生协成年监护援助合作社的协商决定援助的形式今后将如何变化备受关注。

（二）生协成年监护的特点2
——以居民为视角的家庭收支管理、人身监护/生活援助

本部分将围绕案例②探讨论述生协成年监护援助合作社的家庭收支管理、人身监护特点。

第四章第三节从生活经营、家庭经济的角度论述了专职监护人的家庭收支管理，但即便相同的家庭收支管理，生协成年监护援助合作社的特征在于突出地反映了居民的立场。为了重整家庭收支，监护人更倾向于把现金存起来，

---

[1] 生协成年监护援助合作社是2008年由14名工作人员设立的。截至2019年11月，共有42名工作人员。另外，其中男女比例为，女性73.8%，男性26.2%（根据田野调查资料『福祉クラブ生協の成年後見支援活動の取り組み』）。

第五章 基于成年监护的人身监护社会化

将每月的生活费定为7万日元。由于每月家庭收支都出现赤字，工作人员Z一直厉行节约，但绝不是公事公办，正如我们过年时会想吃些丰盛美味的饭菜一样，要站在同为市民的角度，从市民感觉出发实施家庭收支管理。

除了每月定期访问所需3 500日元之外，服务接受者还承担了每小时950日元的与"人身监护援助（生活援助）"相关的费用，工作人员Z希望当事人尽可能节约生活费用，这种情况下，还是担心上述事项的每月花销会超3万日元。这里，我们看到的不是一位滥用特权的监护人，而是站在同为居民立场帮助当事人处理家庭经济的监护人。

接下来，笔者要探讨的是生协成年监护援助合作社的财产管理和人身监护。首先，对案例②的下划线部分进行阐释。虽然这些都是监护人该做的事情，但从这些不起眼的地方立体地呈现出了生协成年监护援助合作社的援助理念。

虽说陪同当事人去银行领取汽车税退税是监护人财产管理的职责，但并不要求成年监护人一定亲自陪同当事人一起去。这体现了一种援助理念，就是在处理与当事人存款有关事项时监护人尽可能在场。实际上，笔者跟随监护人陪同当事人取款时，看到他俩站在银行的自动取款机前，当事人在监护人的提示下输入密码取了款，虽然有几次密码输入错误，但监护人并没有觉得这是个问题，他重视的不是办事效率，而是与当事人一起处理事情本身。

其次，在案例②对双下划线表示的"人身监护"部分进行论述。这是生协成年监护援助合作社工作人员特有的人身监护和生活援助内容，与上述要求监护人的（带括号的）"人身监护"有所不同，凸显出了生协成年监护援助合作社的人身监护特点。

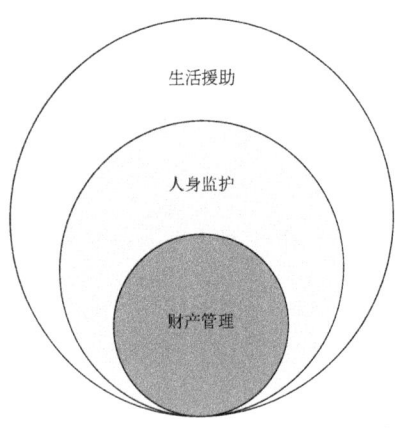

图 5-3　生协拓展的"人身监护"概念

资料来源：笔者制作。

为顺利展开讨论，有必要先明确以下内容：正如"人身监护"指的是，代表当事人履行生活方面的合同行为是在"决定权限基础上做出的决定和安排"，[1] 不包含"人身监护"的护理等实际行为。所以，监护人的职责是伴随合

---

[1] 小賀野晶一『民法と成年後見法－人間の尊厳を求めて』、成文堂、2012、203 頁。

第五章　基于成年监护的人身监护社会化

同的"决定和安排"，[1] 但生协成年监护援助合作社的援助有时却包含着无法用一般意义的"人身监护"概念能说清楚的内容。这是为什么呢？接下来，笔者将对其原因进行考察。

例如，工作人员 Z 每次陪当事人去医院，细致体察当事人的健康状况，管理其服药事项。按理说，可以安排移动援助的助手陪当事人去医院就诊，[2] 或每次拜访当事人时，查看冰箱里的食物，把了解到的当事人饮食方面的详细情况记录下来。但有时 Z 也会帮着洗洗厨房的餐具，倒掉茶壶里腐败的茶叶，在这些小事上亲力亲为，而不是交给家务助手。而且，在准备公证证明、财产管理上的各项手续、探望妻子等方面，当事人都是乘坐工作人员 Z 的车去的。严格来说，这些都是包含在事实行为中，无法用基于"决定和安排"的"人身监护"概念来解释。

由此，可以推导出以下假说：生协成年监护援助合作社所从事的"人身监护"并不是一般意义上的"人身监护"，而是从生活援助角度实施的人身监护。笔者再看表 5-1"福祉俱乐部生协成年监护援助合作社的服务内容与利用费用"，注意到此表是从《生协成年监护援助合作社使

1　小贺野晶一『民法と成年後見法—人間の尊厳を求めて』、成文堂、2012。
2　若需要判断当事人的医疗需求或出现紧急住院等情况，监护人须代表当事人将当事人的医疗信息告知医生，因此，掌握当事人的健康状况非常重要，属于监护人"人身监护"的一般范畴，但监护人没有必要每次都陪同前往医院就诊。

用指南》（2014年3月1日）中直接转用过来的——意定监护生效一栏中赫然写着"人身监护（生活援助）"，下面写的是"与生活相关的一切需要处理的事务"。也就是说，生协成年监护援助合作社并不是无意识地将"人身监护"作为生活援助来实施，而是有意识地、肯定地、积极地将"人身监护"置于生活援助的位置上。

由于工作人员Z的"人身监护"尤其是在"人身监护（生活援助）"这一阶段，是在意定监护生效前，所以，确切地说做的是"人身监护援助（生活援助）"的各种工作。这是工作人员Z把当事人妻子去世后的一切事务（遗物整理、奠仪管理、骨灰存放、奠仪回礼等）作为自己的分内之事。工作人员Z明白这些本不属于自己意定监护的工作范畴，是从特养机构负责人那里听说当事人妻子的事和选择成年监护人的事，但尽管如此，工作人员Z还是在困惑的情况下接手了当事人妻子的身后事务。

七、从有限的"人身监护"到生活援助

具有专业资格人士专职化的成年监护的替代方案，可以有什么样的形式呢？本节通过生协的成年监护事业，从去专家/去专职人员的角度探讨了成年监护的应有状态。

尽管我们在自己一生中都非常珍视培养起来的关系，

第五章　基于成年监护的人身监护社会化

但在失去判断能力的情况下，能否继续维持这些关系就很难说了。例如，如远房亲戚代替当事人进行生活管理，就有可能切断当事人一直以来用心维系的各种社会关系。我们每个人追求的人生价值不同，就需要监护人要具备一种感知力。

这种情况下生协最大限度地发挥了成年监护的作用。对那些和生协理念产生共鸣的会员来说，能有同伴在共同体中支持他们继续既有的生活，这难道不是生协经营成年监护事业的初心吗？通过研究案例①笔者发现，在生协的成年监护事业中，当事人即便判断能力不足、无法明确表达意见，但凭借生协的成年监护事业，依然可以在既有人际关系中延续其作为组织一员的作用。

并且，通过研究案例②阐明了生协成年监护援助合作社人身监护的特征。生协成年监护援助合作社为实现福祉俱乐部生协提出的社区生活和自我决定这一理念，实施了成年监护事业。因此，没有直接引用以前的"人身监护"概念，而是将"人身监护"的概念扩展为"人身监护（生活援助）"。这是所谓"人身监护"的边界、"决定和安排"这些理论和原则所无法理解的。

生协成年监护援助合作社在广泛的生活援助中进行了一种实践，即将在地区中生活所需的援助作为"人身监护"（生活援助）。对于生协成年监护援助合作社来说，"人身监护"和生活援助不是并列关系，生活援助是上位概念，"人身监护"是下位概念。成年监护事业之所以必要，是为了实施必须有代理权的生活援助，是利用成年监护的"财产管理"或"身份监护"来应对这些问题。

之所以采取这种援助形式是因为生活援助先于"人身监护"。对生协成年监护援助合作社来说，成年监护事业只是实践福祉俱乐部生协理念的一种手段——将会员自我决定的生活维持到生命终点。正因如此，才没有被以往的"人身监护"概念所束缚，而是将"人身监护"置于生活援助之中，并将原有的"人身监护"概念扩展到了"人身监护"（生活援助）。

终章

本书的成年监护社会化概念

终章　本书的成年监护社会化概念

一、成年监护社会化概念再评价

本书对以法学家为中心论述的"成年监护社会化"的用法和语法进行了重新评价，试图从社会化的多义性着手重新阐释社会化的概念。成年监护制度在逐渐普及的过程中是怎样为人们利用的呢？笔者通过对多个案例的分析，反思既存的"成年监护社会化"概念，同时揭示这一概念难以涵盖各种情况。本书试图将制度理念与居民现实相融合，从成年监护的现象中提炼出新的社会化概念。笔者将在下文中再次梳理既存的"成年监护社会化"概念，通过本书第三章、第四章和第五章阐述独具创新性的成年监护社会化概念。

"成年监护社会化"借用了同时期"护理社会化"（第一章第三节）而被创造出来。专家们至少从以下四层含义对"成年监护社会化"进行了讨论（第二章第一节）：（1）成年监护制度是经由市町村长申请制度在社会法中得以运用；（2）在市町村长申请制度的运行过程中，民间、行政机关、司法的合作以及地域网络是不可欠缺的；（3）将监护人的作用从家庭中解放出来，向整个社会开放；（4）监护人的主要承担者是市民监护人（第二章第一节）。

第三章、第四章、第五章分析了几个具体利用成年监护制度的场景，目的是揭示成年监护制度在被更多利用的过程中，"成年监护社会化"论无法解释的实际情况。笔者从这些案例研究中提炼出了构成新的社会化概念的六要素。

第一是民间企业制度普及带来的社会化（A）。成年监护制度如此普及的背景与民间企业在实际交易过程中必须使用该制度分不开。成年监护制度具有让缺乏判断能力、被市场排挤出来个人为市场所接纳并重新融入市场的能力。在生命保险公司请求保险金理赔的实际操作中，有时会要求签约者利用成年监护制度。那时候，鉴于有必要适应当地社会的传统和习俗，各公司制定的成年监护制度利用标准也各不相同。民间企业是成年监护制度利用和普及直接相关的重要部门之一，在某些情况下，也是决定能否利用成年监护制度的重要利益相关方（第四章第一节）。

第二是成年监护申请费用的社会化（B）。市町村长申请制度并不是在行政内部独立运用的，而是通过附近居民和町内会等干部、民生委员、地域综合支援中心等地域福利活动发掘出其潜在需求。即便将这些潜在需求传达给行政部门，也并不直接导致市町村长申请这一结果。在运用市町村长申请的过程中，与虐待认定、制度申请直接相关的专职团队的存在起着决定性的作用。笔者认为，制度设计固然重要，但为使制度在现实中发挥作用（让市民法作为社会法来发挥作用），中间集团显示了在整个体系中的重

终章　本书的成年监护社会化概念

要性（第三章第二节）。

　　第三是去家庭化/去专业化的社会化（C）。这里说的社会化并不是成年监护的承担者单纯地从亲属转移到第三方这一去家庭化意义上的社会化。这一转移是家庭法院对亲属的不信任和对专业人员的信任内生的结果，是一种强制达成的社会化。这也是本书的独创性之所在。笔者认为这是专职化引起的社会化（第四章第二节），其对于成年监护制度的推广产生了很大的影响。监护人的选定标准向重视财产管理能力的方向倾斜，在人身监护方面具有优势且被期待发挥作用的市民监护的可能性被弱化了，结果造成了成年监护社会化多样性的消失。

　　第四是家庭收支管理的社会化（D）。成年监护制度的引入使得当事人的家庭收支从家庭、亲属中分离出来，家庭收支不是由当事人而是由监护人来管理。这里，财产是否切实用于当事人成为判断的标准，也就是说，家庭收支管理社会化的同时也实现了家庭收支的独立核算。另外，监护监督人和家庭法院会对其家庭收支管理的妥当性进行检验，这是为贯彻让当事人使用自己财产的理念，也是为防止监护人腐败和非法占用。这种家庭收支管理的社会化，与其说是将亲属从财产管理的负担下解放出来，不如说是将与监护人协调的成本作为新的负担强加给了家庭（第四章第三节）。

第五是协商机制的社会化（E）。通过监护人的人身监护，当事人是否具有自我决定能力成为焦点。当事人的意愿存在于与之相关的每一位角色。将当事人周围每一位援助者心中的"当事人的想法"汇总成集体性意见的过程很重要。为什么呢？因为第三方监护人几乎都是专职人员，他们每人的专业背景不同，援助内容、自我决定的想法也不一样，特别是在人身监护问题上，专职人员之间有时也会出现意见相左的情况。法律专家仅限于应对财产管理和合同签署行为，而福利专业人员不仅要应对财产管理和合同签署，还在援助的方式方法上予以应对。

因此，监护人要想对当事人实施援助，就需要所属、职业、立场不同的专职人员通力合作、共享信息，有必要经常就当事人所期望的援助进行商讨，寻找当事人的最佳利益。成年监护社会化时，笔者期待通过监护人的人身监护援助推动当事人做出自我决定。期待通过人身监护探讨当事人的照护，从而开辟协商的空间，实现成年监护社会化（第五章第二节）。因此，通过成年监护社会化，当事人照护待遇的决定机制从具有亲密性的私人处理方式转向具有公共性的协商机制。

第六是市民带来的去专家的社会化（F）。除专家以外的其他相关人员的实质性参与成为成年监护社会化过程中至关重要的因素。这不仅仅是有市民监护就可以了。在当

终章　本书的成年监护社会化概念

事人的决策制定过程中，理想状态并非由一位监护人而是由多位成员推导出当事人的自我决定。此时，就需要构建花一定时间仔细讨论某人自我决定的组织体制、环境。如果能由那些与当事人长期相处且价值观相同的成员来推动，那就再好不过了。

成年监护制度去专家化后，在援助内容和援助标准的判定方面，监护人凭借着同为居民的市民经验实施家庭收支管理和人身监护。如果考虑到这是为将当事人自我决定贯彻到生命的最后一刻，就不会拘泥于以往狭义的"人身监护"概念，而应从更宏观角度审视人身监护，将成年监护作为构筑贯穿整个人生关系的手段（第五章第三节）。

如上所述，本书通过田野调查，分析出以下六个基本的"成年监护社会化"概念（A—F），参见图终-1。

"成年监护社会化"概念与成年监护社会化概念的差异是从哪里产生的呢？法律制度是从设想一定利用方式的基础上被建构出来的，但成年监护制度是在当事人容易丧失主体性的情况下，各种各样的人参与到该制度的运用中，用不同于原先的形式利用制度或发现当初没想到的利用方法。这样一来，制度本来的宗旨就发生变化了，制度运用时很容易呈现丰富多彩的形式。正因如此，要想从实践层面把握成年监护制度的实际情况，有必要超越法律予以讨论。

325

成年监护社会学

〔社会学〕　　　　　　　　　　　　〔法学〕

护理社会化　　　　　借用　　　成年监护社会化
　　　　　　　　　　　再评价
成年监护社会化

成年监护社会化
6个分析概念
— A：制度普及的社会化
— B：成年监护申请费用的社会化
— C：去家庭化/专业化的社会化
— D：家庭收支管理的社会化
— E：协商机制的社会化
— F：市民带来去专家的社会化

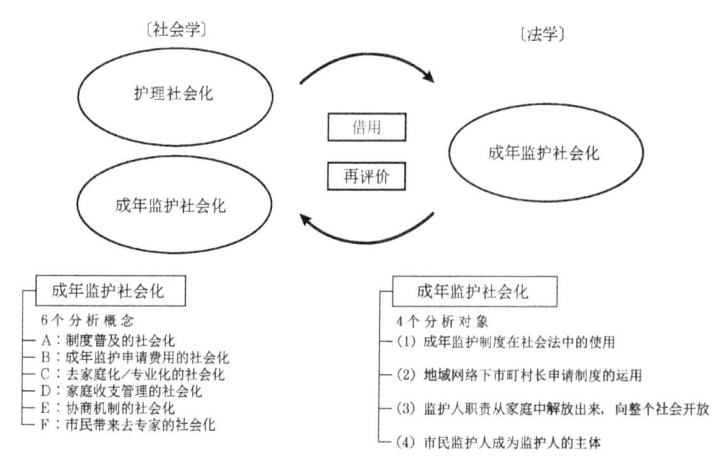

成年监护社会化
4个分析对象
—(1)成年监护制度在社会法中的使用
—(2)地域网络下市町村长申请制度的运用
—(3)监护人职责从家庭中解放出来，向整个社会开放
—(4)市民监护人成为监护人的主体

图终-1　本书推导出的成年监护社会化概念

资料来源：笔者制作。

地域社会的人的生活
家庭结构的变化　家庭功能的缩小　专家的必要性　家庭意识的变迁
　　　　　　　　　　　　　　　▽第三章

成年监护需求的认定者	成年监护需求的发现者	【民间企业】
成年监护中心/专业集团	医院/民生委员/附近邻居/町内会	第四章第一节
	地域综合支援中心	·生命保险请求

　　　　　　　　　　　　　　　▽第三章

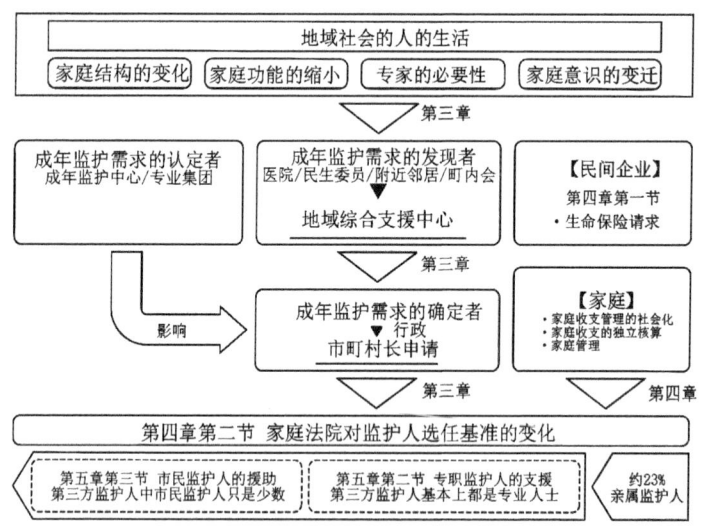

　　　　　　　　成年监护需求的确定者
　　　影响　→　　行政
　　　　　　　　市町村长申请

【家庭】
·家庭收支管理的社会化
·家庭收支的独立核算
·家庭管理

　　　　　　　　　　　▽第三章　　　　　　　　　　　第四章

第四章第二节　家庭法院对监护人选任基准的变化

第五章第三节 市民监护人的援助　　第五章第二节 专职监护人的支援　　约23%
第三方监护人中市民监护人只是少数　第三方监护人基本上都是专业人士　　亲属监护人

图终-2　实践层面的成年监护社会化进展

资料来源：笔者制作。

终章　本书的成年监护社会化概念

另外，有专家指出，这六个社会化概念并不是单纯的并列关系。在被称为成年的监护社会化的现象中，(A)作为制度普及的社会化→(B)申请费用的社会化→(C)作为去家庭化/专职化的社会化→(D)家庭收支管理的社会化→(E)作为协商机制的社会化→(F)市民去专家的社会化。这六个概念是向相同的目标演进。[1] 也就是说，如图终-2所示，成年监护社会化是一系列不断演进的现象。

二、从成年监护社会化看个体、家庭、市场与国家的关系

(一) 个体与家庭

利用成年监护制度的过程中，成年监护社会化现象蕴含着个体、家庭、市场、国家的关系。随着成年监护制度的普及，第三方监护人的选定逐渐增多，通过财产管理和人身监护社会化，个体与家庭的关系亟待重组。家庭成员与监护人如何对待当事人的财产？第三方监护人的作用和责任与家庭成员有何不同？对家庭成员会产生怎样的影响？

---

[1] 大泽真理教授当时供职于东京大学社会科学研究所，2017年8月22日曾就"去家庭化/专业化"和"去专家"是否矛盾发表了评论。之后，经过探讨，本图中的六个概念并不是并列关系。笔者发现，将其置于成年监护社会化概念的发展过程中二者并不矛盾。在此，笔者想对大泽教授提供的宝贵意见表示感谢。

在成年监护制度的背后，成年监护人与家庭成员之间潜伏着和谐与紧张的关系。

截至目前，伴随成年监护制度的普及，作为家庭成员所能做的事情、社会认可家庭成员所做的事以及因家庭成员身份而被允许的事都在不断发生变化。通过选定第三方监护人，家庭成员从支付手续、办理合同的合同主体中被解放了出来。家庭成员之间只剩下纯粹的家庭成员关系，这是一种不同于以往家庭关系的新型人际关系。以人身监护来处理当事人自我决定使得家庭的作用也发生了变化。多数情况下，由于第三方监护人的出现，作为绝对的意见而被尊重的亲属的意见淡化了。成年监护社会化具有将当事人的自我决定从亲属的家长主义权威中解放出来的作用。

是否把家庭成员的职责限定在情感、医疗同意、保证人等更狭窄的领域呢？成年监护社会化蕴藏着某种冲击力，这种力量可以彻底改变当事人与家人以及援助者之间的关系。

（二）个体与市场

市场将合同行为视作其经营的根源，因此，成年监护制度的普及对市场也产生了很大的影响。在交易中，与判断能力不充分的人签合同总是带有一定风险。为克服这一风险，旧民法中设置了（准）禁治产者制度，但这一制度

终章　本书的成年监护社会化概念

几乎没有被利用过。因为制度在不断被利用过程中会产生严重的漏洞。市场为顺利完成交易会要求顾客、利用者、其家人利用禁治产者制度，但这并不是简单的事，于是，现行的成年监护制度登上了历史舞台。众所周知，成年监护制度作为新的权利维护制度为世人所知，其目标是供那些缺乏判断能力的人们广泛利用。

在规避交易风险这一点上，成年监护制度作为权利维护制度而被认可，与以前的禁治产者制度具有同等的法律效力，对市场来说也更容易处理。所以"从当事人的立场出发"，市场可以引导顾客利用成年监护制度。在保险金申请理赔的过程中，生命保险公司有时会要求顾客利用成年监护制度。但重要的是，即使民间企业要求选定了成年监护人也不会关心监护人的属性（专职人员或者亲属等）。预先设想家属成为监护人去申请成年监护制度，第三方专职人员被选定为监护人的情况就多了。这是在制定法律制度时所没有想到的。

谁能成为成年监护制度（法定监护制度）监护人不是制度的利用者说了算，而是家庭法院决定的。在利用制度的过程中，比较显著的特征是司法机关牵涉其中，这极大地促进了成年监护专职化的发展。一直以来被认为是"成年监护社会化"，实际上只不过是具有专业资格人士的专职化。以这样的形式发展起来的成年监护社会化，对个体和家庭生活均产生了巨大影响。本书从家庭收支的独立核算与人户分离的视角进行了论述。

(三) 个体与国家

围绕如何将民法上的成年监护制度作为权利维护制度来利用，凸显了行政机关的作用。成年监护制度以当事人或者四亲等内的亲属申请使用为原则，若是上述人员无法发挥作用，行政机关必须依据职权办理市町村长申请的相关手续。行政机关对于谁需要成年监护制度，或者哪些范围适用成年监护制度等判断性问题感到比较棘手。此外，市町村长申请制度的运用还为行政机关带来了如何鉴别虐待的难题。

除了负责申请使用该制度之外，申请费用和第三方监护人的报酬等也是由行政机关承担。虽然申请费用一次性付清，但第三方监护人的报酬是当事人活着的时候需要持续支付的。因此，行政机关必须每年编制预算。作为权利维护制度去利用成年监护制度须慎之又慎。

而且，成年监护制度中包含了关于福利承担者的讨论。讨论内容有，福利不是国家创造的而是人们在市民社会中通过实践活动创造出来的。本书以生协的成年监护事业为例考察了生协的成年监护事例。笔者认为这是一种"去国家化"的社会化，同时也是以"去专家化"为目标的成年监护社会化尝试。

三、结语——面向成年监护制度的新可能性

如上所述，本书从"个体与家庭""个体与国家""个体与市场""个体与专家"四个视角，对成年监护制度中所体现的成年监护社会化概念进行了论述。围绕成年监护社会化，将"个体""家庭""市场""国家"统合在了一起。

在本书收尾之际，笔者想透过在生协成年监护工作实践中获得的启示，对成年监护制度的未来提出一些建设性意见。通常在国家（"公共性"）和家庭（"亲密性"）之间存在着中间集团。社会学就是在这个中间集团中产生的社会性因素，特别是本书将市民社会分为市场原理和与之对抗的中间集团两大部分，论述以非营利组织为核心的市民活动和企业的市场活动的区别，指出其关联性特征，前者为"协作性"，后者为"市场性"。

从上述角度来看，成年监护社会化可以理解为，其承担者从以家庭为轴心的"亲密性"转变为以专职为中心的"市场性"群体。另一方面，"亲密性"向"合作性"演变，成为（以意定监护为中心）生协的成年监护事业，这意味着对协同组合理念产生共鸣的会员们的生活在这一共同体中获得相互支持。成年监护制度在这种情况下发挥的

作用是，当事人在判断能力下降后与所属共同体之间的联系和成员资格也不会被切断，依然能维系原先的人际关系。

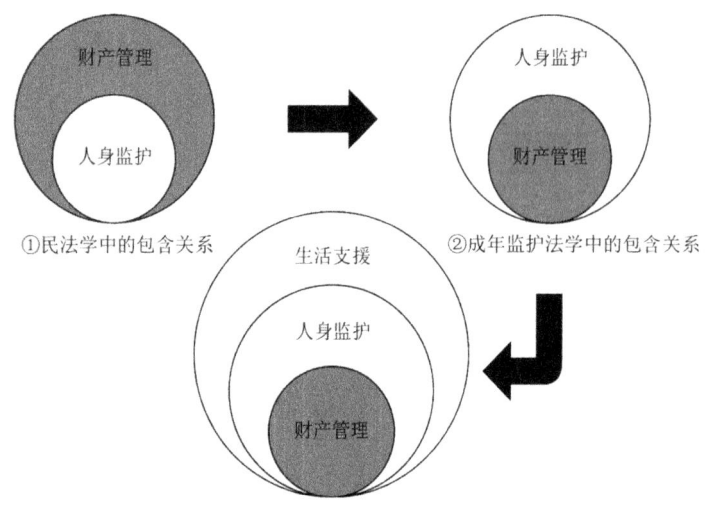

①民法学中的包含关系　②成年监护法学中的包含关系

③生协在生活支援中拓展人身监护的概念

图终-3　本书中成年监护社会化的新可能性

资料来源：笔者制作。

成年监护制度需要花费一定时间构建基于协作性/共同性的关系。但在住宅方面有人指出，如同集合公寓、共有住宅的事例所显示的，在既有生活中注入新的共同性并不是一件简单的事情，初期状况、参与者阶层、每个人的情况伴随住所的改变会带来一些摩擦和压力。[1] 由生协的成

---

[1] 吉廣紀代子『ひとり暮らし—老後の選択』、吉野工房、1999。稲見直子「高齢者によるコレクティブハウジングの可能性—ひょうご復興コレクティブハウジングの事例から」、『ソシオロジ』、2009、164期、21—37頁。

终章　本书的成年监护社会化概念

年监护事业而重新形成的关系是否也与这种情况相同，有必要慎重思考这一问题。[1]

本书通过分析和考察得出的这些结论，对于以成年监护法学为中心的现有成年监护研究具有什么意义？笔者想探讨未来成年监护制度的可能性并对本书进行总结。

如前所述，新井诚、小贺野晶一、上山泰等一批日本成年监护法学会的研究者以"人身监护"为中心对2000年实施的现行成年监护制度进行了启蒙，制度在实际运用上日趋理念化。由此，人们试图摆脱仅是管理财产的旧法，希望运用"人身监护"为核心的制度。这就是上图所说的从①到②的变化。

与此相对，生协的成年监护事业将"人身监护"视为对会员生活援助的一部分，将其作为实现生活援助的一个手段来定位监护人的人身监护援助。如图终-3所示，从②到③的变化，其特征是，"人身监护"可以/不可以的边界变得不那么清晰了。笔者认为，这些实践显示了今后成年监护社会化的新的发展方向，具有重要价值。

今后，围绕成年监护社会化的视野可以扩展到感情劳动、人与人之间的信赖关系，甚至是贯穿整个人生的"全

---

[1] 本书所展现的生协的成年监护并不是最好的方法，而是在具备一定组织因素和条件下成年监护可以得到很好的利用。但随着利用者年龄的增长，会在适应生协方面出现困难。这是笔者从伊藤智树副教授（富山大学）的评论中获得的启示（2017年3月23日），在此谨表谢意。

333

人关系",探索人身监护的理想方式。在这种意义上,如何构想成年监护社会化的实现?通过成年监护制度可以多大程度展望家庭关系的形成?本书尚遗留诸多没能完全阐述清楚的课题,笔者希望在今后的研究中继续进行探究。

参考文献

Abery, H. B. and Stancliffe, R., "A Tripartite-Ecological Theory of Self-Determination," Wehmeyer, M. L., Abery, H. B., Mithaug, D. E. and Stancliffe, R. J. (eds.), *Theory in Self-Determination: Foundations for Educational Practice* (Springfifield, IL: Charles C. Thomas Publisher Ltd., 2003), pp. 43–78.

Duvdenvary, I., Ben-Zur, H. and Amber, A., "Self-determination and mental retardation: Is there an association with living arrangement and lifestyle satisfaction?" *Mental Retardation* 40, no. 50 (2002): 379–389.

Foucault, Michel, *La volonté de savoir* (Paris: Gallimard, 1976)（渡辺守章译『知への意志―性の歴史 I』、新潮社、1986）.

Freidson, E., *Professional Dominance: The Social Structure of Medical Care* (New York: Atherton Press Inc., 1970)（進藤雄三、宝月誠译『医療と専門家支配』、恒星社厚生、2005）.

Merton, R. K., *Social Theory and Social Structure: Toward the Codification of Theory and Research* (New York: The Free Press,

1940; 1957）（森東吾、森好夫、金沢実、中島竜太郎译『社会理論と社会構造』、みすず書房、1981）.

Thiele-Wittig, M. , "Interfaces between Families and the Institutional Environment," Leidenfrost, N. B. (ed.) , *Families in Transition*, International Federation Home Economics, 1992, pp.169-175（マリア・ティーレ＝ヴィッティヒ「家族と生活関連の諸機関との相互関連」ナンシー・ライデンフロースト編、松島千代野監修、家庭経営学部会訳『転換期の家族―ジェンダー・家族・開発』産業統計研究社、1995）.

Wood, W. M. , Fowler, C. H. , Uphold, N. and Test, D. W. , " A review of self-determination interventions with individuals with severe disabilities," *Research and Practice for Persons with Severe Disabilities* 30, no. 3 (2005) : 121-146.

Hughes, E. C. , *Men and Their Work* (New York: The Free Press, 1958).

赤沼康弘「法定後見制度」、新井誠、赤沼康弘、大貫正男編『成年後見制度―法の理論と実務第 2 版』、有斐閣、2014。

赤沼康弘「法定後見制度の改善・改正の展望」、新井誠、赤沼康弘、大貫正男編『成年後見法制の展望』、日本評論社、201。

参考文献

秋元美世「権利擁護における支援と自立」、『社会政策研究』、2004、4 期。

秋元美世『社会福祉の利用者と人権―利用関係の多様化と権利保障』、有斐閣、2010。

秋元美世、平田厚『社会福祉と権利擁護―人権のための理論と実践』、有斐閣、2015。

天田城介「社会サービスとしてのケア―シンプルな社会設計こそが社会サービスを機能させる」、庄司洋子編『シリーズ福祉社会学 4 親密性の福祉社会学―ケアが織りなす関係』、東京大学出版会。

新井誠『高齢社会の成年後見法改訂版』、有斐閣、1999。

新井誠「成年後見制度の現状と課題―成年後見の社会化に向けて」、新井誠、赤沼康弘、大貫正男編『成年後見制度―法の理論と実務第 2 版』、有斐閣、2014。

新井誠「第三者後見人養成の意義」、『実践 成年後見』、2006、18 期。

新井誠編「特集 障害者権利条約と成年後見」、『実践 成年後見』、2012、41 期。

新井誠、池田惠利子、金川洋編『権利擁護と成年後見 MINERVA 社会福祉士養成テキストブック17』、ミネルヴァ書房、2009。

朝倉美江『生活福祉と生活協同組合福祉―福祉 NPO の可能性』、同時代社、2002。

粟田主一「認知症の人の暮らしを支える地域の仕組み」、『Joyo ARC』常陽地域研究センター、2014、46 巻 541 期。

馬場雅貴「成年後見制度の概要―成年後見の実際の流れ」、新井誠、池田惠利子、金川洋編『権利擁護と成年後見 MINERVA 社会福祉士養成テキストブック 17』、ミネルヴァ書房、2009。

馬場由香里「成年後見制度における第三者後見人の支援―ソーシャルワークの視点から」、『九州社会福祉研究』、2006、31 期。

千葉伸彦「障害のある人の自己決定―重度知的障害者支援に関する一考察」、『東北福祉大学大学院総合福祉学研究科社会福利学専攻紀要』、2003、1 期。

千野慎一郎「南アルプス市における地域包括ケアシステム構築への取組み」、『実践　成年後見』、2015、59 期。

江原由美子『自己決定権とジェンダー』、岩波書店、2002。

遠藤一治「損害保険取引と成年後見制度」、『旬刊金融法務事情』、1998、46 巻 20 期。

藤村正之「自己決定とパターナリズム」、福祉社会学会『福祉社会学ハンドブック―現代を読み解く98の論点』、中央法規出版、2013。

　藤村正之「個人化・連帯・福祉」、藤村正之編『シリーズ福祉社会学3 協働性の福祉社会学―個人化社会の連帯』、東京大学出版会、2013。

　藤崎宏子『高齢者・家族・社会的ネットワーク』、培風館、1998。

　藤崎宏子「現代家族と『家族支援』の論理」、『ソーシャルワーク研究』、2000、26巻3期。

　藤崎宏子「介護の社会化―その問題構成」、『法律時報』、2006、78巻11期。

　藤崎宏子「介護保険制度と介護の『社会化』『再家族化』」、『福祉社会学研究』、2009、6期。

　藤崎宏子「ケア政策が前提とする家族モデル―1970年代以降の子育て・高齢者介護」、『社会学評論』、2013、64巻4期。

　福島喜代子「成年後見制度におけるソーシャルワーカーの役割」、『社会福祉利学』、1999、39巻2期。

　福祉クラブ生活協同組合『ワーカーズコレクティブ―地域に広がる福祉クラブのたすけあい』中央法規出版、2005。

福祉クラブ生活協同組合『福祉クラブ生活協同組合W. Coあらん，2014，「W. Coあうん利用料金表（2014年3月1日）」』（フィールドワーク資料）。

古川孝順『社会福祉基礎構造改革―その課題と展望』、誠信書房、1998。

古川孝順「社会福祉の社会的機能」仲村優一、一番ヶ瀬康子、右田紀久恵監修，岡本民夫、田端光美、濱野一郎、古川孝順、宮田和明編『エンサイクロペディア社会福利学』、中央法規出版、2007。

濱嶋朗、竹内郁郎、石川晃弘編「社会化」、『社会学小辞典新版増補版』、有斐閣、2005。

林秀雄「台湾の成年後見制度における社会福祉主管機関の役割」、法政大学大原社会問題研究所、菅富美枝編『成年後見制度の新たなグランド・デザイン』、法政大学出版局、2013。

平野隆之「事例⑥特別養護老人ホームからの在宅復帰の意思実現に関する支援」、『権利擁護がわかる意思決定支援―法と福祉の協働』、ミネルヴァ書房、2018。

平澤宗夫、「新成年後見制度と生命保険取引（特集実務からみた新成年後見制度）」、『旬刊　金融法務事情』、2000、48巻4期。

平田厚『権利擁護と福祉実践活動―概念と制度を捉

え直す』、明石書店、2012。広井良典『ケア学―越境するケアへ』、医学書院、2000。

細川瑞子『知的障害者の原理―「自己決定と保護」から新たな関係の構築へ』、信山社、2007。

市野川容孝「ケアの社会化をめぐって（特集　介護―福祉国家のゆくえ）」、『現代思想』、2000、28巻4期。

市野川容孝『思考のフロンティア社会』、岩波書店、2006。

上野千鶴子・大熊由紀子・大沢真理・神野直彦・副田義也編『ケアという思想ケアその思想と実践1』、岩波書店、2008。

市野川容孝『ヒューマニティーズ社会学』、岩波書店、2012。

市野川容孝「ネオリベラリズムと社会的な国家」、『社会的なもののために』、ナカニシヤ出版、2013。

市野川容孝・杉田俊介・堀田義太郎「『ケアの社会化』の此/彼岸―障害者と介助者の敵対的自立へ向けて（特集　ケアの未来―介護・労働・市場）」、『現代思想』、2009、37巻2期。

井口高志「支援・ケアの社会学と家族研究―ケアの「社会化」をめぐる研究を中心に」、『家族社会学研究』、

2010、22 巻 2 期。

飯村史恵「成年後見制度と権利擁護システム」、『地域福祉研究』、1999、27 期。

飯村史恵「ソーシャルワークの観点からみる成年後見制度の展望―障害者権利条約第 12 条で問われているもの」、『立教大学コミュニティ福祉研究所紀要』、2015、3 期。

飯村史恵「当事者の視点から考える成年後見制度」、『立教大学コミュニティ福祉研究所紀要』、2016、4 期。

池田惠利子「高齢者の自立支援としての後見実践」、『老年精神医学雑誌』、2007、18 期。

池田惠利子「社会福祉士と権利擁護」、新井誠、池田惠利子、金川洋『権利擁護と成年後見 MINERVA 社会福祉士養成テキストブック 17』ミネルヴァ書房、2009。

池原毅和「法的能力」、松井亮輔・川島聡編『概説 障害者権利条約』、法律文化社、2010。

稲見直子「高齢者によるコレクティブハウジングの可能性―ひょうご復興コレクティブハウジングの事例から」、『ソシオロジ』、2009、164 巻。

稲岡秀之「移行型任意後見契約」、『実践　成年後見』、2015、58 巻。

井上雅雄「専門職ネットワーク型法人後見と市民後

見人養成支援」、『臨床法務研究』、2011、11 期。

井上雅雄「身上監護における義務と責任―成年後見人等の義務と責任の具体的検討」、『実践　成年後見』、2014、51 期。

一般財団法人高齢者住宅財団「『住まい方の支援』について」、『低所得・低資産高齢者の住まいと生活支援のあり方に関する調査研究報告書』、一般財団法人高齢者住宅財団、2014。

伊藤亥一郎「申立てから後見人に就任，そして今―現在進行中」、『実践　成年後見』、2000、1 期。

伊藤純「高齢者ソーシャル・サービスと新家事労働 その1」、『昭和女子大学學苑・人間社会学部紀要』、2004、761 期。

伊藤純「高齢者ソーシャル・サービスと新家事労働 その2」、『昭和女子大学學苑・人間社会学部紀要』、2005、772 期。

伊藤純「介護保険制度の実施・利用に伴う介護の社会化の進展と『新家計支出』」、『昭和女子大学學苑・人間社会学部紀要』、2007、796 期。

伊藤純『高齢者ソーシャル・サービスと「新家事労働」・「新家計支出」に関する研究博士学位論文審査報告（平成 17 年度）』、『昭和女子大学大学院生活機構研

究科紀要』、2007、16 巻 2 期。

　伊藤純「生活の社会化と家計―新しい家事労働と家計支出の発生」、伊藤セツ伊藤純編『ジェンダーで学ぶ生活経済論』、ミネルヴァ書房、2010。

　伊藤純「高齢者世帯の家計収支構造と生活の社会化に伴う『新家計支出』の発生状況」、『昭和女子大学學苑・人間社会学部紀要』、2011、844 期。

　伊藤純、伊藤セツ「介護保険制度下における『介護家事労働』の社会化と生活福利経営」、『日本家政学会誌』、2005、52 巻 11 期。

　岩間伸之「高齢者の尊厳と権利擁護―『積極的権利擁護』の推進に向けて」、『実践　成年後見』、2007、20 期。

　岩間伸之「成年後見制度と社会福祉―その接点から新たな可能性を探る」、『大原社会問題研究所雑誌』、2011、627 期。

　岩間伸之「『市民後見人』とは何か―権利擁護と地域福利の新たな担い手」、『社会福祉研究』、2012、113 期。

　岩間伸之「市民後見人の位置づけと活動特性（特集　市民後見人の養成・支援）」、『実践　成年後見』、2012、42 期。

　岩間伸之、井上計雄、梶田美穂、田村満子、『成年後見人の理念と実際―市民と専門職と行政のコラボレーション』、中央法規出版、2012。

岩崎香「成年後見制度とソーシャルワークにおける権利擁護（アドボカシー）」、『JJPSW』、2006、37巻4期。

岩志和一郎「成年後見の社会化の意義」、『成年後見法研究』、2005、2期。

岩志和一郎「『趣旨説明』成年後見の社会化（2）―地域のネットワークづくり」、『成年後見法研究』、2006、3期。

岩田香織「成年後見制度とソーシャルワークの関連について」、『静岡県立大学短期大学部研究紀要』、2003、17期。

岩田香織「成年後見制度における支援内容の検討―知的障害者支援に基づく一考察」、『東海大学健康科学部紀要』、2005、11期。

岩田正美「現代社会と家計研究の課題―家計経済研究所の31年」、『家計経済研究』、2017、114期。

家計経済研究所『介護保険導入後の介護費用と家計』、財務省印刷局、2002。

上山泰『成年後見と身上配慮日本社会福祉士会成年後見シリーズ3』、筒井書房、2000。

上山泰「『成年後見の社会化』について」、『みんけん（民事研修）』、2003、552 期。

　　上山泰『専門職後見人と身上監護』、民事法研究会、上山泰「成年後見制度の最近の傾向」、新井誠、池田恵利子、金川洋『権利擁護と成年後見 MINERVA 社会福祉士養成テキストブック 17』、ミネルヴァ書房、2009。

　　上山泰「市民後見システムの理念型—市民後見人の養成・支援・監督体制を求めて」、『実践　成年後見』、2010、32 期。

　　上山泰「成年後見制度の転用問題（2）」、『月報司法書士』、2014、511 期。

　　上山泰、菅富美枝「成年後見制度の理念的再検討—イギリス・ドイツとの比較を踏まえて」、菅富美枝編『成年後見制度の新たなグランド・デザイン』、法政大学大原社会問題研究所、2013。

　　金川洋「宗教法人がシスターの成年後見人となった事例」、『実践　成年後見』、2003、7 期。

　　笠原千絵「他の人ではなく自分で決める—当事者主体の自己決定支援モデル開発に向けたグループホームで暮らす知的障害のある人の参加型調査の分析」、『ソーシャルワーク研究』、2006、31 巻 4 期。

　　柏浩文「成年後見制度のあり方を考えさせられた一事例」、『実践　成年後見』、2010、33 期。

柏木一恵「認知症高齢者や長期入院者にかかわる病院PSWの視点から成年後見制度を考える」、『精神保健福祉』、2006、37巻4期。

春日キスヨ、田中雅子、市野川容孝「鼎談介護の社会化は進んだか（特集　介護保険3年目の再点検）」、『総合ケア』、2002、12巻4期。

加藤雅信「成年後見制度の充実と，不祥事防止」現代民事判例研究会『民事判例Ⅴ 2012年前期』、日本評論社、2012。

河端啓吾「社会福祉士が担う成年後見の現状と特性研究ノート」、『関西福利科学大学紀要』、2011、15期。

河上正二「病院・介護施設等における身元保証問題の意義と課題」、『実践　成年後見』、2018、77期。

川島聡「障害者権利条約12条の解釈に関する一考察」、『実践　成年後見』、2014、51期。

木口恵美子「知的障害者の自己決定支援」、『東洋大学社会福祉研究』、2012、5期。

小林昭彦、原司『平成11年民法一部改正法等の解説』、法曹会、2002。

小池信行「『地域後見』への途─我が国の成年後見制度の歩み」、森山彰、小池信行編『地域後見の実現』、日本加除出版、2014。

小林雅史「ジェロントロジージャーナル高齢者向け銀行実務について―成年後見制度への対応を中心に」、『インシュアランス生保版』、2011、4448 期。

香月裕爾「成年後見等の開始に関する免責約款の効力（特集　成年後見制度と金融実務東京高裁平成 22.12.8 判決をめぐって）」、『銀行法務 21』、2012、56 巻 2 期。

久保桂子、臼井和恵「公開シンポジウム生活単位の個人化の進行とこれからの家族―孤立した人びとの新しい絆の模索」、『家族関係学』、日本家政学会家族関係学部会、2012、31 巻。

熊田均「成年後見制度における市区町村長申立ての現状と課題―実務の経験を通して」、『実践　成年後見』、2010、35 期。

熊田均「身元保証等生活サポート事業の法的問題」、『実践　成年後見』、2016、65 期。

京極高宣『生協福祉の挑戦』、コープ出版、2002。

牧里毎治「研究の課題と展望―地域福祉研究を中心に」、野口定久、平野隆之編『リーディングス日本の社会福祉第 6 巻地域福祉』、日本図書センター、2011。

牧園清子『家族政策としての生活保護―生活保護制度における世帯分離の研究』、法律文化社、1999。

御船美智子「家計組織化研究の目的」、財団法人家計経済研究所編『ザ・現代家計——家計の組織化に関する研究』、大蔵省印刷局、1992。

御船美智子「家計研究の特徴と意義」、船美智子、財団法人家計経済研究所編『家計研究へのアプローチ—家計調査の理論と方法』、ミネルヴァ書房、2007。

見田宗介『現代社会の価値意識』、弘文堂、1979。

三井さよ「生活の場での協働/専門職性（シンポジウム「チーム医療教育をどうするか？—チーム医療の時代の従事者の教育」）」、『保健医療社会学論集』、2013、3巻2期。

宮内康二、小池信行、大島康生、大谷内眞吾、高橋文雄「座談会成年後見制度と地域金融機関のあり方（1）（2）（3）」、『銀行法務21』、2011、55期。

森詩恵「高齢者の生活支援サービスからみた介護保険改正とその変遷—介護保険制度導入時から2014年介護保険改正まで」、『大阪経大論集』、2016、67巻2期。

森川美絵『介護はいかにして「労働」となったのか』、ミネルヴァ書房、2015。

森岡清美、望月嵩『新しい家族社会学』、培風館、2006。

森山彰、小池信行編『地域後見の実現』、日本加除出版株式会社、2014。

中村久子「生きにくさを抱える若者たちと共に働く・暮らす―ワーカーズ・コレクティブによるコミュニティワークの実践」、『協同組合研究』、2015、34巻2期。

中西正司、上野千鶴子『当事者主権』、岩波書店、2004。

日本生活協同組合連合会地域福祉研究会『地域福祉研究会「報告書」――誰もが安心して暮らせる地域づくり』、日本生活協同組合連合会、2010。

二宮厚美「『新しい公共』と自治体のローカル・ガバナンス化」、『議会と自治体』、2010、149期。

西定春「成年後見人は必要か―当事人意思を無視しうる現行成年後見制度の抜本的見直しを(特集　障害者虐待防止法と権利擁護)」、『福祉労働』、現代書館、2012、136期。

小田正二「成年後見関係事件の概況と家裁における運用の実情」、『法律のひろば』、2010、63巻8期。

小賀野晶一『成年身上監護制度論――日本法制における権利保障と成年後見法の展望』、信山社出版、2000。

小賀野晶一『民法と成年後見法―人間の尊厳を求めて』、成文堂、2012。

小川久美子「事例からみる高齢者の住まいの確保を

めぐる実務」、『実践 成年後見』、民事法研究会、2011、37期。

岡村重夫『地域福祉論新装版』、光生館、2009。

沖倉智美「知的障害をもつ本人の自己決定への関わり―本人活動支援の実践的考察」、『社会福祉士』、2000、7期。

沖倉智美「知的障害当事者への意思決定支援をめぐるソーシャルワーカーの専門性――春季大会シンポジウム当事者と向き合う専門性とは何か」、『社会福利学』、2013、54巻3期。

奥山恭子「少子高齢社会における扶養と相続」、奥山恭子ほか編『扶養と相続シリーズ比較家族第2期1』、早稲田大学出版部、1998。

尾曲美香「共働き夫婦における新家事労働―保育所入所手続きを事例として」、『人間文化創成科学論叢』、2015、17期。

尾曲美香「育児・介護の社会化と家庭管理（小特集 家計経済研究所の家族・家計研究）」、『季刊家計経済研究』、2017、114期。

大木光子、横田京「実母の介護をめぐって子らの間に紛争のあるケース―法人後見で解決に向かう」、『実践 成年後見』、2006、16期。

大村敦志『民法総論岩波テキストブックス』、岩波書店、2001。

大村敦志『学術としての民法Ⅱ－新しい日本の民法学へ』、東京大学出版会、2009。

大貫正男「市民参加の成年後見制度－市民後見人の現状と課題」、『実践　成年後見』、2010、32期。

大月敏雄『町を住みこなす』、岩波書店、2017。

大浦明美「成年後見における自己決定と本人保護に関する思考」、米村千代編『境界と差異の社会学千葉大学大学院人文社会科学研究科研究プロジェクト報告書』、2013、260期。

大山博「保健・医療・福祉の総合化について」、『保健医療社会学論集』、2000、11期。

朴姫淑「生協と福祉に対する研究成果と課題」、『生活協同組合研究』、2010、411期。

税所真也「専門職後見人による支援の社会的機能－社会福祉専門職による支援事例の分析」、『地域福祉研究』、日本生命済生会、2013、41期。

税所真也「成年後見制度に対する意見を規定する個人的属性の研究－身上監護と財産管理の観点から」、『2012年度参加者公募型二次分析研究会成果報告書』、東京大学社会科学研究所、2013。

税所真也「親族後見人から第三者後見人へ―高齢者ケアにおける『管理・調整』主体の変化」、『家族関係学』、日本家政学会家族関係学部会、2014、33巻。

　税所真也「金融機関における成年後見制度の必要性――地域金融機関による認識と見解の分析を通して」、『ゆうちょ資産研究研究資助論文集』、ゆうちょ財団ゆうちょ資産研究センター、2015、22巻。

　税所真也「成年後見人による生活上の意思決定への関与のあり方について―知的障がい者の生活の場をめぐるトラブルの事例から」、『ソシオロゴス』、東京大学社会学研究室ソシオロゴス編集委員会、2015、39期。

　税所真也「単身認知症高齢者の地域生活において成年後見制度の利用が果たす機能」、『研究資助論文集』、明治安田こころの健康財団、2015、50期。

　税所真也「生命保険の支払請求において成年後見制度の利用が果たす機能―『成年後見の社会化』と『本人の権利擁護』の視点から」、『生命保険論集』、生命保険文化センター、2016、194期。

　税所真也「福祉クラブ生協による成年後見支援」、『生協総研賞第12回資助事業研究論文集』、生協総合研究所、2016。

　税所真也「『成年後見の社会化』」からみるケアの

社会化―士業専門職化がおよぼす家族への影響」、『家族社会学研究』、2016、28 巻 2 期。

税所真也「成年後見制度の利用が本人の消費行動と家計に及ぼす影響と変化―第三者の成年後見人による支援事例の分析を通して」、『季刊家計経済研究』、家計経済研究所、2016、112 期。

税所真也「成年後見制度を必要とする社会―民間企業と家族の視点からみた『成年後見の社会化』」、『福祉労働』、現代書館、2016、152 期。

税所真也「成年後見制度の市町村長申立てにおいて中間集団が果たす機能」、『社会福祉学評論』、日本社会福祉学会関東部会、2016、16 期。

税所真也「生活協同組合による成年後見事業の可能性―『身上監護』と『生活支援』の連携」、『まちと暮らし研究』、地域生活研究所、2017、25 期。

税所真也「成年後見の社会化に関する社会学的研究」、博士論文、東京大学大学院人文社会系研究科、2017。

税所真也「成年後見をとおした家計と家族の再編成」、『家族関係学』、日本家政学会家族関係学部会、2019、38 巻。

税所真也、飯島勝矢「今日の話題―医師が知っておくべき成年後見制度」、『Medical Practice』、文光堂、2018、

35巻8期。

税所真也、山城一平、アントニ、西定春「成年後見人による住環境支援―単身認知症高齢者の『生活空間の形成』と『福祉問題の解決』」、『住総研研究論文集・実践研究報告集』、住総研、2019、45期。

齋藤純一『公共性』、岩波書店、2000。

齋藤正彦「日本における医療側からみた成年被後見人の医療同意」、田山輝明編『成年後見人の医療代諾権と法定代理権』、三省堂、2015。

坂井靖「公証実務から見た任意後見制度の実情と問題点(特集　東アジアにおける成年後見制度)」、『東洋文化研究』、2010、12期。

坂本忠次「戦前・戦後の社会保障・社会福利財政の展開――介護保険制度導入の前提」、坂本忠次編『現代社会福利の諸問題――介護保険の現状と財政を中心に』、晃洋書房、2003。

坂田周一『社会福利政策―現代社会と福利第3版』、有斐閣、2014。

佐藤慶幸『女性たちの生活ネットワーク――生活クラブに集う人びと』、文眞堂、1988。

佐藤慶幸『女性と協同組合の社会学――生活クラブからのメッセージ』、文眞堂、1996。

佐藤慶幸『NPOと市民社会——アソシエーション論の可能性』、有斐閣、2002。

佐藤慶幸・那須寿・天野正子『女性たちの生活者運動——生活クラブを支える人びと』、マルジュ社、1995。

澤山弘「認知症高齢者等の預金トラブル防止に役立つ成年後見制度—金融機関に期待される利用促進支援」、『信用金庫』、2006、60巻6期。

千田明美『ほほえみに支えられて—コープこうべくらしの助け合い活動19年間の歩み』、コープ出版、2002。

柴田洋弥「知的障害者等の意思決定支援について」、『発達障害研究』、2012、34巻3期。

市民セクター政策機構「次世代に引き継ぐたすけあいワーカーズ・コレクティブがつくる『福祉クラブ生協』［神奈川］（特集　参加型福祉社会は可能か?）」、『社会運動』、2015、420期。

下夷美幸「家族福祉政策研究の展開と現代的課題」、『家族社会学研究』、1998、10期。

下夷美幸「家族政策研究の現状と課題」、『社会政策研究』、2001、2期。

下山昭夫『介護の社会化と福祉・介護のマンパワー』、学文社、2001。

志村武「成年後見人の権利義務と民事責任—成年後

見人による横領の事例を中心として」、田山輝明編『成年後見現状の課題と展望』、日本加除出版、2014。

袖井孝子「家族介護は軽減されたか」、上野千鶴子・大熊由紀子・大沢真理・神野直彦・副田義也編『家族のケア家族へのケアケアその思想と実践4』、岩波書店、2008。

菅富美枝『イギリス成年後見制度にみる自律支援の法理―ベスト・インタレストを追求する社会へ』、ミネルヴァ書房、2010。

菅富美枝「障害（者）法学の観点からみた成年後見制度―公的サービスとしての『意思決定支援』」、『大原社会問題研究所雑誌』、2012、641期。

菅富美枝「『意思決定支援』の観点からみた成年後見制度の再考」、菅富美枝編『成年後見制度の新たなグランド・デザイン』、法政大学大原社会問題研究所、2013。

杉井潤子「脱家族化，そして新たなる家族的関係の構築」、『家族関係学』、日本家政学会家族関係学部会、2012、31巻。

杉本真奈美「市民後見人養成研修の修了者を活かした法人後見への取り組み」、『実践　成年後見』、2010、32期。

杉本貴志「生活協同組合研究」、堀越芳昭・JC総研『協同組合研究の成果と課題 1980―2012』、家の光協会、2014。

357

祐成保志「住宅がもたらす分断を超えて」、『分断社会・日本—なぜ私たちは引き裂かれるのか』、岩波書店、2016、952巻。

炭谷茂「社会保障と人権—社会福祉基礎構造改革の目指す理念」、大山博、炭谷茂・武川正吾・平岡公一編『福祉国家への視座—揺らぎから再構築へ』、ミネルヴァ書房、2000。

鈴木良「知的障害者入所施設Bの地域移行プロセスにおける自己決定に影響を与える環境要因についての一考察」、『社会福祉学』、2005、46巻2期。

田渕六郎「牧園清子著『家族政策としての生活保護—生活保護制度における世帯分離の研究』」、『社会学評論』、2000、51巻1期。

田口さつき「高齢化時代の金融取引と金融機関の役割（特集　高齢者取引実務対応の勘どころ）」、『銀行実務』、2014、44巻9期。

田口さつき「高齢者の資産管理と新しい個人向け信託（特集　高齢化と信託—高齢者資産の管理・活用」、『個人金融』、2014、9巻3期。

田口城「生命保険取引と成年後見制度」、『旬刊　金融法務事情』、1998、46巻20期。

高橋弘「法定後見制度の改善・改正の展望」、新井

誠・赤沼康弘・大貫正男編『成年後見法制の展望』、日本評論社、2011。

高山直樹「これからの権利擁護の課題と展望」、新井誠・池田惠利子・金川洋編『権利擁護と成年後見 MINERVA 社会福祉士養成テキストブック 17』、ミネルヴァ書房、2009。

武川正吾『福祉社会新版―包摂の社会政策』、有斐閣、2011。

武川正吾「ローカル・ガバナンスと地域福祉」、牧里毎治・野口定久・武川正吾・和気康太編『自治体の地域福祉戦略』、学陽書房、2007。

武下毅「普及急がれる認知症顧客への金銭管理サポート制度―日常生活自立支援事業，成年後見制度の課題（シルバー対策は万全か）」、『金融財政事情』、2012、63巻39期。

田中夏子「今なぜ，『協同労働』？―ワーカーズコープ等の取り組みの経過と課題」、『日本の科学者』、2011、46巻4期。

田中慶子「『在宅介護のお金とくらしについての調査』の概要」、『家計経済研究』、2013、98期。

田中耕太郎「地域福祉権利擁護事業」、田中耕太郎編『ソーシャルワークと権利擁護』、ふくろう出版、2008。

田山輝明「市町村長申立制度―公的成年後見制度の観点から」、『実践　成年後見』、2010、35 期。

田山輝明「季節風民法（債権法）改正案における意思無能力規定と障害者権利条約」、『福祉労働』、現代書館、2016、149 期。

田山輝明監修、多摩南部成年後見センター、明治安田生活福祉研究所『成年後見の最前線―後見センターからの実践報告』、中央法規出版、2005。

寺本晃久「自己決定と支援の境界」、『Sociology Today』、1999、10 期。

戸田貞三『家族構成叢書名著の復興 12』、新泉社、1982。

辻川圭乃「親族後見の意義と課題」、『実践　成年後見』、2009、30 期。

辻山幸宣「新しい公共の今と『責任の体系』」、『ガバナンス』、2010、106 期。

土屋幸己「知的障害を伴う人の『自己決定』支援の方法論に関する考察」、『社会福祉士』、2002、9 期。

右田紀久惠「分権化時代と地域福祉―地域福祉の規定要件をめぐって」、右田紀久惠編『自治型地域福利の展開』、法律文化社、1993。

右田紀久惠「分権化時代と地域福祉」、野口定久・平

野隆之編『リーディングス日本の社会福利第6巻地域福祉』、日本図書センター、2011。

上野千鶴子『ケアの社会学―当事者主権の福祉社会へ』、太田出版、2011。

上野千鶴子・春日キスヨ、市野川容孝「討議介護の社会化―新たな領域の発見（特集　超高齢化社会）」、『現代思想』、2002、30巻7期。

上野千鶴子・中西正司編『ニーズ中心の福祉社会へ―当事者主権の次世代福祉戦略』、医学書院、2008。

上野谷加代子「地域福祉の今日的課題と協同組合の可能性―社会資源としての生活協同組合」、『生活協同組合研究』、2011、424期。

薬品和寿「注目される認知症支援と信用金庫業界における取組み」、『信金中金月報』、2011、10巻5期。

渡部匡隆・望月昭・野崎和子「知的障害をもつ個人の自己決定に基づくQOLの向上―作業場面において本人の要求が実現されるための援助方法の検討」、『日本行動分析学会年次大会プログラム発表論文集』、1988、16期。

矢頭範之「任意後見制度」、新井誠・赤沼康弘・大貫正男編『成年後見制度――法の理論と実務　第2版』、有斐閣、2014。

山田昌弘『近代家族のゆくえ―家族と愛情のパラド

ックス』、新曜社、1994。

　山田昌弘『パラサイト・シングルの時代』、筑摩書房、1999。

　山田昌弘「日本の高齢家族の未来―パラサイトシングルの20年後」、『公明』、2013、89期。

　山口浩平「社会資源としての生活協同組合」、『生活協同組合研究』、2011、424期。

　山本哲生「高度障害保険金と死亡保険金の優先関係（大阪地裁平成17.4.9判決）」、『保険事例研究会レポート』、2006、209期。

　山本繁樹「地域包括ケアシステムと成年後見人等による支援」、『実践　成年後見』、2015、59期。

　山下幸子「重度心身障害者と介助者とのコミュニケーションに関する質的研究」、『社会福祉学』、2002、43巻1期。

　大和礼子『生涯ケアラーの誕生―再構築された世代関係/再構築されないジェンダー関係』、学文社、2008。

　保田真希「ケアの社会化と代替をめぐる論点」、『教育福祉研究』、2013、19期。

　與那嶺司・岡田進一・白澤政和「生活施設における知的障害のある人の自己決定の構造―担当支援職員による質問紙に対する回答を基に」、『社会福祉学』、2009、

49巻4期。

　米本秀仁「社会福祉の政策と実践を計画するための視座―『利用者本位』を手がかりに」、『社会福祉研究』、2012、113期。

　吉廣紀代子『ひとり暮らし―老後の選択』、吉野工房、1999。

　全国社会福祉協議会編『新しいコミュニティの創造―灘神戸生協の在宅福祉』、全国社会福祉協議会、1986。

　全国社会福祉協議会、地域福祉推進委員会「日常生活自立支援事業の今後の展開に向けて―地域での暮らしを支える意志決定支援と権利擁護」、『平成30年度日常生活自立支援事業実態調査報告書』、全国社会福祉協議会・地域福祉推進委員会、2019。

　国立社会保障人口問題研究所ホームページ。

　厚生労働省ホームページ。

　内閣府ホームページ。

　日本弁護士連合会ホームページ。

　日本生活協同組合連合会地域研究会ホームページ。

　大阪弁護士会ホームページ。

　最高裁判所事務総局家庭局ホームページ。

　東京家庭裁判所東京家庭裁判所立川支部ホームページ。

后　记

　　本书是对成年监护进行社会学分析的一种尝试。在笔者着手研究成年监护的2010年前后，从社会学角度来思考成年监护的研究尚未展开。从那之后大约过了10年，至今情况也没有太大变化。因此，有必要从一开始就思考成年监护研究是否成立。既然没有直接相关的先行研究，笔者就从走访现场所见所闻入手，了解成年监护制度在社会呈现出怎样的情况。

　　研究首先需要把握全日本成年监护的特征。因此，笔者在使用内阁府"关于老年人经济生活的意识调查"的数据进行二次分析的时候，了解到中国地区、四国地区的民众在利用成年监护制度意识上的特征。于是开始重点对中国地区、四国地区实施了田野调查，主要选取了市町村长申请制度利用件数较高的冈山县（第三章第二节）和亲属监护人比例突出的岛根县（第四章第二节）。

　　围绕现代社会缘何利用成年监护制度，笔者很早就意识到有必要从利用制度的动机出发，分析民间企业交易场景。因此，在金融机构和生命保险公司中，笔者从实际业务责任人那里询问了必须利用成年监护制度的理由（第四章第一节）。分析过程中，笔者发现成年监护制度具有将当事人重新纳入市场的功能。

成年监护制度对当事人或其家人的生活产生怎样影响这一课题，引出了家庭收支管理社会化和家庭收支个性化的研究（第四章第三节）。在这种情况下，笔者也遇到了一些坚决反对利用成年监护制度的人。由此，开始思考监护人的援助和自我决定方面的问题（第五章第二节）。而且，笔者也遇到了一群不依靠专职人员、尝试独自探索出一种新方式来代替现有成年监护服务的人们。

在调查研究中，笔者发现监护人援助的本质是，即使当事人患上了认知症，监护人也要保障当事人居所，使其能在住惯了的居所安享晚年。所谓成年监护的研究就是对患有认知症的老年人等追求"原居安老"的研究。

以上的田野调查支撑了本书的研究，虽然其中有些未能写成论文，但笔者在山形县、石川县、长野县、东京都、神奈川县、爱知县、大阪府、兵库县、冈山县、岛根县（以及隐岐岛）、鸟取县、福冈县等地对多位参与成年监护的人士进行了多次访谈。笔者当时还是一名研究生，由衷地感谢大家能抽出宝贵时间爽快答应并协助笔者做调查。

本书是以笔者2017年向东京大学研究生院人文社会研究科提交的博士学位论文《关于成年监护社会化的社会学

后　记

研究》为基础进行修改而成的。武川正吾老师作为我的导师和论文主审教授，从 2007 年到 2017 年指导了笔者 10 年。武川老师对我的大学毕业论文提出的建议是，应论述市民社会对残疾人出行援助的重要性。针对我的硕士毕业论文，建议把研究重点放在智障人士身上，当时还是在成年监护制度备受社会瞩目之前，武川老师可以说是为我研究成年监护制度提供了契机。成年监护对笔者来说，无论是在当时还是之后一直是一个难题，也是笔者持续从事的研究。这里，对教导我应该怎样做老年人研究、博士学位论文应该怎样写的武川老师再次表示深深的感谢。

在笔者为博士学位论文的研究方向而困惑烦恼时，副导师、论文副审查委员的佐藤健二老师为我的研究指明了方向。佐藤老师总是饶有兴趣地读着我列举的一些成年监护的案例，帮助笔者从一个个事例中发现普遍的现实性问题，探索如何论述才能使本书成为社会学研究。他的一句不经意的话就给笔者提供有建设性的分析思路。

同样，作为副导师、论文副审查委员的祐成保志老师也给予笔者诸多指导。祐成老师汲取了社会学未曾探讨过的事物的意义，教会了笔者在前人未命名的现象中探寻、发现某种概念的乐趣和重要性。

藤村正之老师一直以日本学术振兴机构的特别研究员（类别为 PD）的身份给予笔者指导，直到笔者完成博士学位论文。藤村老师教会笔者一种研究方法，即在当事人缺乏判断能力、自主性降低的情况下，如何弄清其个人意愿通过监护人及其他途径在社会中形成的过程。

笔者从2012年开始参与御茶水女子大学的课堂讨论并向藤崎宏子老师请教。藤崎老师从家庭关系学和家庭社会学的问题点出发，指导我研究成年监护的方法。这也成为笔者扩大研究领域视野的契机。在此，再次对藤崎老师表示感谢。

赤川学老师通过调查实习、课堂讨论、硕士博士毕业论文研讨会等长年对笔者进行指导，尤其是教会了我完成这项研究的核心——访谈的方法。硕士毕业论文审查后，赤川老师曾建议我今后挑战其他新的研究方法，当写完本书后，没想到竟然实现了老师的期望，这令笔者很是意外。

上野千鹤子老师在笔者从大学毕业论文到硕士毕业论文审查四年的每个阶段都给予了指导。在笔者对研究缺乏自信的时候，上野老师在硕论研讨会等场合所说的每一句话都给了笔者勇气。上野老师出于自身对护理论问题的关注，鼓励笔者好好做研究，期待笔者的研究成果。

截至目前，笔者从东京大学研究生院人文社会研究科社会学研究室的前辈们那里得到了诸多帮助。从硕士学位论文的构思到提交博士学位论文，每次遇到困难都会召开研讨会。伊藤智树老师、水津嘉克老师、佐藤惠老师、三

后 记

井纱世老师、崎山冶男老师、野边阳子老师也一直支持和帮助笔者。有各位老师的支持,笔者才能把研究推向更深层次,再次对上述各位老师表示谢意。在计量分析方面,高桥康二老师总是给予笔者帮助。另外,在日常的研究生活中,承蒙富江直子老师、土屋敦老师、姬野宏辅老师、米泽旦老师的关照。感谢在漫长的研究生生活中彼此为提交博士学位论文而互相勉励的张继元先生。

在研讨会上,久保田裕之老师一直给予笔者悉心的点评和鼓励。本书的一部分能够成为家庭社会学的研究有赖于久保田老师的指导。另外,松岛惠老师和佐藤宏子老师,也给了笔者很多研究上的机会。在这里,笔者深表感激。

从2017年开始,笔者得到了担任东京大学高龄社会综合研究机构特任助教的机会。之后得到了机构主任大方润一郎老师、饭岛胜矢老师、秋山弘子老师、辻哲夫老师、大泽真理老师等多位老师严厉而热情的指导。从策划讲义之日起,笔者通过运营高龄社会综合研究学特论"支撑福利社会的制度体系"以及"高龄社会的国际比较"积累了诸多宝贵经验。笔者特别想感谢通过这些工作给予我指导的后藤纯老师和荻野亮吾先生。此外,笔者参与东京大学学生基督教青年会(东大YMCA)八年之久。虽然在整个研究生活中经历了很多困难,但因为有东大基督教青年会都挺过来了。最后三年,学校也给了笔者担任学生主事的机会。笔者想感谢一起度过这段时光的伙伴，特别是已故的奥田健二和原田明夫，还有德久俊彦都给了笔者特别关照。与笔者一起生活的村上善道、河手贤太郎、朴大信、山田望也给了笔者很多关照。

此书出版之际，笔者与川村容子女士进行了沟通，从川村处得到许多确切的建议。在此谨表谢意。

感谢决定出版本书的劲草书房编辑部桥本晶子女士。

最后，笔者想感谢一直相信并积极支持我的父母，以及陪伴至今、一起度过学习和研究生活的由美。

税所真也
2019 年 12 月 20 日
于工学部 8 号馆 722